Heiko Engelkes

MITTERRAND
Aus der Nähe gesehen

Heiko Engelkes

MITTERRAND
Aus der Nähe gesehen

Econ Verlag
Düsseldorf · Wien

1. Auflage 1981

Gesetzt aus der Times der Fa. Hell
Satz: Bauer & Bökeler GmbH, Denkendorf
Papier: Papierfabrik Schleipen GmbH, Bad Dürkheim
Druck und Bindearbeiten: Ebner Ulm
Printed in Germany
ISBN 3 430 125200

Inhaltsverzeichnis

I Der historische Machtwechsel 7

Ländliche Siegesfeier in Château-Chinon 7 · Auf zur Bastille! 12 · Wie die Mehrheit zustande kam 16 · Verehrt und verabscheut – Reaktionen im In- und Ausland 24 · Der diskrete Sieger 29

II Ein Bürgersohn vom Lande 35

Jugendzeit in der Charente – Student in Paris 35 · Krieg und Gefangenschaft 40 · Vichy und Widerstand 46

III Der junge Alleskönner der Vierten Republik 53

Beruf: Politiker 53 · Ein unentbehrlicher Minister 58 · Der Weg in die Opposition 65

IV De Gaulle und Mitterrand – die Gegenspieler 69

Ein obskures Attentat 69 · Die Ochsentour der Opposition 73 · Zum ersten Mal Präsidentschaftskanditat 78 · Eine neue Strategie für die Linke 87 · Mai 1968 – die verpaßte Chance 98

V Fernziel: Eine starke Sozialistische Partei 115

Kreuzzug für den Sozialismus 115 · Per Handstreich zum Parteichef 123 · Das sozialistisch-kommunistische Regierungsprogramm 130

VI Das erste Duell Mitterrand – Giscard d'Estaing 141

Pompidou stirbt 141 · Einheitskanditat der Linken 147 · 24 Stunden vor der Niederlage – bei Mitterrand zu Hause 155

VII Bürgermeister, Familienvater, Schriftsteller – der andere Mitterrand 165

Kommunalpolitik in Château-Chinon 165 · Treffpunkt Cluny 169 · Der ländliche Literat 172 · Danielle Mitterrand – eine stille Komplizin 177

VIII Zerreißprobe für die Linke 181

Die Kommunisten werden überflügelt 181 · Die Aktualisierung des gemeinsamen Regierungsprogramms scheitert 187 · Das vorläufige Ende der linken Union 192

IX Der Wettlauf um die Kandidatur 199
Wer ist Rocard? 199 · Das »bemooste Denkmal« wackelt 204 · Rocard unterliegt dem Parteichef 209

X Mitterrand als Präsidentschaftskanditat – die ruhige Kraft 217
Giscards Niedergang – Mitterrands Chance 217 · Die verbitterten Gaullisten 224 · Marchais' Irrtümer 227 · Interview im Superschnellzug TGV 235 · Der »Kandidatenmacher« Séguéla 240 · Der erste Wahlgang 243

XI Noch zwei Wochen bis zur Stichwahl 247
Die Taktik von Gaullisten und Kommunisten 247 · Das Fernsehduell, zweite Auflage 251 · Giscard verliert die Nerven 259

XII Vom Zepter zur roten Rose – der Machtwechsel 265
Rue de Bièvre 22 265 · Das Drama im Elysée-Palast 266 · Mitterrand wird Herr über die Atomstreitmacht 269 · Amtseinführung und Gedenkfeier 271 · Besuch des Pantheons 275 · Der neue Stil der Information 277

XIII Mitterrand und die Deutschen 279
Das Verhältnis zu Willy Brandt und zur SPD 279 · François Mitterrand und Helmut Schmidt 283 · Fortsetzung der deutsch-französischen Partnerschaft 286

XIV Der sozialistische Erdrutsch 289
Auflösung des Parlaments 289 · Die neuen Männer in der ersten Regierung 290 · Der »rosarote Tornado« 294

XV Vier kommunistische Minister 297
Ein sozialistisches Angebot 297 · Das Ergebnis der Verhandlungen 299 · Auswirkungen der Ernennung der kommunistischen Minister 301

XVI Zwischen Utopie und Wirklichkeit 305
Die Grenzen des Machbaren 305 · Die Opposition der Wirtschaft 308 · Verstaatlichen muß sein 309 · Atomenergie – ein Mittelweg 313 · Mehr Demokratie, mehr Gerechtigkeit 315 · Verteidigungs- und Außenpolitik 320 · Hundert Tage Mitterrand 325

Verwendete Literatur 326

Personen- und Sachregister 327

I

Der historische Machtwechsel

Ländliche Siegesfeier in Château-Chinon

Château-Chinon liegt im nördlichen Teil Burgunds. Die ländliche Kleinstadt mit ungefähr dreitausend Einwohnern besitzt keinen eigenen Bahnhof, sie kann aber mit zwei bescheidenen Sehenswürdigkeiten aufwarten: einer alten Schloßruine und einem besonders hübschen Ausblick über die bewaldeten Hügel des Morvan-Gebirges.

Am 10. Mai 1981, als die Wahlentscheidung zwischen den beiden Präsidentschaftskandidaten Valéry Giscard d'Estaing und François Mitterrand fällt, wird Château-Chinon aus seiner sonntäglichen Provinzruhe geschreckt. Mit Kameras und Reisetaschen behängte Reporter durchstreifen die Straßen. Vor dem renovierten Rathaus im Empirestil, dem ehemaligen Gerichtsgebäude, parken Übertragungswagen von Rundfunk und Fernsehen. Die Polizei hat Mühe, den Verkehr zu regeln. Im Vieux Morvan, dem einzigen Hotel am Platz, ist das Restaurant schon weit vor 12 Uhr besetzt. Die Inhaber lassen das Schild »complet« an die Tür hängen.

Der ungewöhnliche Auftrieb gilt dem sozialistischen

Kandidaten Mitterrand. Seitdem er vor 22 Jahren neben seinen anderen Ämtern (Abgeordneter, Generalrat, Gemeinderat) auch noch zum Bürgermeister von Château-Chinon gewählt wurde, kommt er zu jeder wichtigen Wahl aus Paris angereist, gibt unter dem Blitzlichtgewitter der Fotografen seine Stimme ab, um dann im Hotel Vieux Morvan das Wahlergebnis abzuwarten.

In einem Nebenraum des Hotels sitzt schon sein Clan aus Familienangehörigen, persönlichen und politischen Freunden: seine Frau Danielle, die ihn auf allen Reisen begleitet, sein Schwager, der Schauspieler Roger Hanin, und dessen Frau, eine Schwester von Danielle, der Industrielle Jean Riboud, Mitterrands Sekretärin Marie-Claire, seine langjährigen politischen Weggefährten Louis Mermaz und Pierre Joxe sowie der Pariser Werbemann Jacques Séguéla, der den Präsidentschaftskandidaten François Mitterrand 1981 überhaupt erst »gemacht« hat.

Mitterrand kommt hinzu, nachdem er im Rathaus die in der Woche angefallenen Akten aufgearbeitet hat. Er bestellt das gleiche Menü, das im Restaurant serviert wird: Rindergulasch nach Art des Vieux Morvan. Dazu trinkt er einfachen Landwein. »Tonton« (Onkel), wie ihn seine Freunde liebevoll nennen, führt, wie meistens bei solchen Gelegenheiten, das Gespräch an. Und er brilliert wie stets mit Detailkenntnissen – ob es um die richtige Gipsmischung für den Mauerbau geht oder um den Tabellenstand der nationalen Fußballiga oder um den Enkel des Postboten: Mitterrand weiß genau, worüber er spricht. Dabei wirkt er gelassen, beinahe gelöst. Nur einmal, als er mit der Hand über die Stirn streicht, ist zu erkennen, daß seine Finger zittern.

Solche Nachmittage gab es schon viele im Vieux Morvan – unter dem Barometer aus Hirschgeweih, den verstaubten Sportpokalen, den ziselierten Granathülsen aus dem Ersten Weltkrieg: Parlamentswahlen 1968, 1973, 1978. Präsidentschaftswahlen 1965 und 1974. Dazwischen Kommunal- und Europawahlen. Und immer war das Warten umsonst gewesen, wurden die Hoffnungen enttäuscht. Mitterrand mußte eine Niederlage nach der anderen einstecken und galt selbst bei seinen Freunden schon als der ewige Verlierer.

Auch an diesem Nachmittag glaubt von denen, die mit ihm am Tisch sitzen, und von all den anderen, die wieder einmal die Pilgerreise nach Château-Chinon angetreten haben, kaum einer an einen Sieg. Die letzten Meinungsumfragen, die nicht mehr veröffentlicht werden durften, lauten zwar positiv. Doch wer will sich darauf schon verlassen? Außerdem verleitet das Wetter, das draußen herrscht, nicht gerade zum Optimismus. Château-Chinon ist nebelverhangen, aus tiefhängenden Wolken prasseln immer wieder heftige Regenschauer nieder. Der Maisonntag hat sich wie ein trister Herbsttag verkleidet.

Der traditionelle Rundgang durch »seine« Stadt, den Mitterrand an Wahltagen mit seinem ganzen Troß und mit den angereisten Journalisten zu machen pflegt, fällt denn auch dem Wetter zum Opfer. Statt dessen mischt er sich unter die debattierenden Journalisten und plaudert über sein Lieblingsthema: Château-Chinon und den Burgund, kommunale Projekte, Weinanbau, Holzwirtschaft. Es ist inzwischen 18.30 Uhr geworden. Auf dem Lande haben die Wahllokale bereits geschlossen, nur in Paris und einigen Großstädten kann noch bis 20 Uhr gewählt werden.

Um genau 18.33 Uhr – die Uhrzeit wird von einem aufmerksamen Journalisten verbürgt – geht eine Reporterin des Nachrichtenmagazins »Le Point« zu Mitterrand, unterbricht ihn und sagt: »Nach den ersten Hochrechnungen von IFOP (ein Meinungsforschungsinstitut) haben Sie eine Mehrheit von 52 bis 53%.« Eine Sekunde lang herrscht Schweigen, alle halten den Atem an. Doch Mitterrand wirft der Journalistin nur einen seiner schnellen, fast hochmütigen Blicke zu und sagt: »So ist es besser als anders!« Dann fährt er ungerührt fort, meteorologisch und geologisch zu begründen, wieso das kalte und feuchte Klima in Château-Chinon durch drei unterirdische Wasseradern hervorgerufen wird. Erst eine gute Viertelstunde später, als ihm sein Pressesekretär eine weitere Hochrechnung zusteckt, die die erste bestätigt, murmelt Mitterrand: »Was für eine Geschichte!«

Angesichts der guten Nachricht, die sich sofort herumspricht, steigt die Stimmung im Vieux Morvan. Draußen, wo im Regen einige Dutzend Leute warten, wird schon gesungen. Doch noch wagt niemand, Mitterrand zu gratulieren, der versunken auf den Fernsehapparat starrt. Erst als sich um Punkt 20 Uhr der Bildschirm in ein elektronisches, aus lauter Strichen und Punkten zusammengesetztes Portrait Mitterrands verwandelt, als der Sprecher den Sieg des sozialistischen Kandidaten bekanntgibt, explodiert die Freude, löst sich die Spannung. Es wird geklatscht, geschrien, gelacht und geweint. Man umarmt sich, führt Freudentänze auf. Danielle Mitterrand sitzt auf einer Treppenstufe und wiederholt immer nur: »Das darf doch nicht wahr sein, das darf doch nicht wahr sein!«

Irgendwann zieht Mitterrand sich aus dem Trubel zurück. Er steigt ins erste Stockwerk hoch, wo er – seitdem er fast jedes Wochenende seine Gemeinde besucht – regelmäßig das Zimmer 7 bewohnt, ein einfaches Doppelzimmer, das während der Woche normal vermietet wird. Auf dem Bett sitzend, notiert er Stichworte für die Rede, die er später an das französische Volk richten wird. Danielle Mitterrand wartet solange auf dem Hotelflur – sie möchte in seiner Nähe sein, ihn aber nicht stören.

Erst gegen 22.30 Uhr erscheint Mitterrand im Rathaus – begleitet von mehreren hundert ausgelassenen Anhängern, die immer wieder »Mitterrand Président« rufen. Erst als er vor die zahlreichen Mikrofone und Kameras tritt, wird es still. Sein Gesicht erscheint auf Millionen Bildschirmen in ganz Frankreich und in mehreren Nachbarländern. Was er sagt, wird von allen französischen Rundfunkanstalten bis in die entferntesten Übersee-Départements übertragen: »Dieser Sieg ist zuallererst ein Sieg der Kräfte der Jugend, der Arbeit, des Schöpferischen und der Erneuerung, die sich zusammengefunden haben zu einer großen Bewegung für die Arbeit, den Frieden und die Freiheit – jene Themen, die meinen Wahlkampf bestimmt haben und auch während meiner siebenjährigen Amtszeit Gültigkeit behalten werden.«

Mitterrand spricht ruhig, ohne ein Zeichen des Triumphes. Die Metamorphose vom Kandidaten zum Staatsmann hat schon begonnen. Einige Sätze später klingt sogar der Schriftsteller Mitterrand durch, der in wenigen Worten Wesentliches aussagt: »Ich spüre die Bedeutung der Geschichte, ihre Unerbittlichkeit, ihre Größe.«

Nach der höchstens fünf Minuten langen Ansprache scheint es Mitterrand plötzlich eilig zu haben. Er läßt all diejenigen, die ihm noch gratulieren wollen, fast abrupt stehen und besteigt seinen Wagen, in dem seine Frau schon wartet. Eine Eskorte aus drei Gendarmen auf Motorrädern begleitet ihn in Richtung Autobahn, zurück nach Paris. Als der Konvoi sich der Zahlstelle nähert, hält Danielle wie üblich die Autobahngebühr bereit und ruft: »Wir müssen anhalten!« Doch die Fahrt geht weiter.

Auf zur Bastille!

Kurz nach 20 Uhr schaltet das französische Fernsehen in die sozialistische Parteizentrale, wo Lionel Jospin, der Erste Sekretär der Partei, inmitten des Trubels, der hier ausgebrochen ist, eine politische Erklärung abgibt. Jospin nennt das Wahlergebnis ein historisches Ereignis, dann ruft er die Zuschauer auf, zu einer Siegesfeier auf den Place de la Bastille zu kommen – jener Platz, auf dem am 14. Juli 1789 die Französische Revolution begann, als eine aufgebrachte Volksmenge das Bastille-Gefängnis, damals Symbol der verhaßten Obrigkeit, stürmte.

Der Ruf »Auf zur Bastille« findet ein unerwartetes, massenhaftes Echo. Schon nach wenigen Minuten treffen die ersten ein. Sie kommen zu Fuß, mit Mopeds und Motorrädern, in Autos und Lieferwagen, sie quellen in immer dichteren Trauben aus den Metrostationen. Derweil bauen junge Wahlhelfer eine riesige Holztribüne auf, montieren Lampen, Scheinwerfer, Lautsprecher und Mikrofone, eine Leinwand. Das Material dafür lag – »für alle Fälle«, wie einer der Techniker mit einem breiten Grinsen eingesteht – schon in einem benachbarten Schuppen bereit, die blitzschnelle Montage war tagelang geübt worden!

Um 21 Uhr ist der große Platz rund um die Säule schon

voller Menschen. Einige haben Musikinstrumente mitgebracht – alte Trompeten, Gitarren, Handharmonikas –, Raketen steigen empor, Fackeln leuchten allüberall auf, es wird gesungen und getanzt. Eine Stunde später hat sich das improvisierte Volksfest schon auf die angrenzenden Boulevards ausgedehnt. Junge Leute zwischen 20 und 25 Jahren überwiegen, aber es sind auch viele ältere Menschen gekommen. Einer erinnert sich an den Jubel, der in Paris 1936 nach dem Sieg der Volksfront ausbrach. Ein anderer, Mitte Dreißig, fühlt sich in den Mai 1968 versetzt. »Damals gehörte die Straße auch dem Volk«, sagte er, »allerdings mit einem Unterschied: 1968 bin ich auf die Straße gegangen, damit etwas passiert – heute bin ich hier, weil etwas passiert ist!«

Auf der Tribüne finden sich die ersten Politiker ein. Pierre Juquin, ein prominenter junger Kommunist, umarmt Michel Rocard, jenen beliebten Sozialisten, der beinahe an Mitterrands Stelle Präsidentschaftskandidat geworden wäre. Als Rocard eine kurze Rede hält, skandiert die Menge: »Rocard Premierminister!« Seine Bitte, in dieser Stunde des Sieges auch an jene zu denken, die die Wahl verloren haben, wird mit Beifall quittiert. Die harten Auseinandersetzungen des Wahlkampfes sind vergessen, die Stimmung verlangt nach Brüderlichkeit und Versöhnung. Fremde fallen sich in die Arme, beglückwünschen sich, laden einander zum Trinken ein. Krakeeler – darunter einige Trotzkisten, die unter wehenden schwarzen Fahnen ihr politisches Süppchen kochen möchten – werden sanft beiseite gedrängt und gehorchen. Die Polizei bleibt diskret in den Nebenstraßen. Ein Beamter macht aus dem Wagen heraus das V-Zeichen des Sieges. Er ruft: »Ich habe auch Mitterrand gewählt!«

Erst ein schweres Gewitter, das gegen Mitternacht über Paris niedergeht, läßt die Hunderttausende allmählich weichen. »La fête populaire«, das Volksfest, ist damit aber noch längst nicht zu Ende. Es wird unterirdisch, auf den Metrobahnhöfen und in den Metrozügen, fortgesetzt. Die automatischen Fahrkartenentwerter sind stillgelegt, jedermann hat freie Fahrt, Schaffner und Kontrolleure mischen sich unter die Fahrgäste. Aus dem Innern der Züge dringen immer wieder Sprechchöre: »On a gagné, on a gagné« – Wir haben gewonnen, wir haben gewonnen.

Auch in anderen Pariser Stadtvierteln, vor allem auf den Champs Elysées und im Studentenviertel Quartier Latin, wird in dieser Nacht gefeiert. Stoßstange an Stoßstange wälzen sich endlose Autoschlangen über die Boulevards, die Insassen reichen sich durch die geöffneten Fenster Champagnerflaschen zu, geben sich die Hände. Auf den Autodächern sitzen junge Leute und schwenken Fahnen. Wenn sie an Wahlplakaten mit dem Kopf Giscard d'Estaings vorbeikommen, von denen noch kurz vor der Wahl Tausende geklebt worden sind, stimmen sie Spottverse an: »Giscard au chomage« – Giscard ab und arbeitslos, »Anne-Aymone (Giscards Ehefrau) à l'usine« – Anne-Aymone ab in die Fabrik. Mit deftigeren Worten werden die politischen Stars des französischen Fernsehens attackiert – sie sind, als »Hofberichterstatter« Giscards, verachtete Symbole des soeben abgelösten Regimes geworden.

Zwischen der Bastille und dem Triumphbogen, zwischen dem Boulevard Montparnasse und dem Gare du Nord, dem Nordbahnhof, wird spürbar, daß der Machtwechsel, der durch die Wahl Mitterrands ausgelöst wird, weit über die Person und die Funktion des Staatspräsidenten hinausgeht. Die Veränderungen werden alle Bereiche des öffentlichen Lebens, der Verwaltung, der Wirtschaft und der Kultur, ja die ganze Gesellschaft berühren. Wo bisher das alte Regime den Lauf der Dinge bestimmte, wird es neue Köpfe, neue Strukturen geben.

Aber auch Lebensart und Lebensgefühl werden sich ändern. Es werden diejenigen abtreten, die seit über zwanzig Jahren »le pouvoir« – die Macht – verkörperten und ihre Herrschaftsstellung gegenüber den anderen bis zur Perfektion ausbauten. An ihre Stelle treten Menschen, die ebenso lange in die Opposition verbannt waren – die in Frankreich einen viel niedrigeren Stellenwert hat als etwa in der Bundesrepublik oder in England – und die angesichts ihrer vielen Mißerfolge fast schon zermürbt und hoffnungslos geworden waren. Deren Anhänger wohnen nicht in den feinen Vierteln der Großstädte und den bourgeoisen Hochburgen der Provinz. Es sind das Heer der Arbeiter und Angestellten in den Betrieben, der junge, aufstrebende Mittelstand, die Arbeitslosen und die Jugendlichen, die sich vom bisherigen Regime nicht vertreten fühlten.

Als ich an diesem Wahlabend spät in der Nacht nach Hause komme, kehre ich in eine andere Welt zurück. Der 16. Pariser Stadtbezirk, in dem das wohlhabende Bürgertum wohnt und in dem Giscard d'Estaing bei allen Wahlen fast 70 % der Stimmen bekam, liegt wie ausgestorben. Von der Ausgelassenheit, die im übrigen Paris herrscht, keine Spur. Hinter vielen der hohen Fenster brennt allerdings noch Licht, sind die Fernsehapparate noch eingeschaltet. In der Rue Benouville, in der Giscard wohnt, wurden die Polizeiposten verstärkt. Die mit Maschinenpistolen bewaffneten Einsatzpolizisten unterhalten sich ungeniert darüber, was der Hausherr wohl für ein Gesicht macht, wenn er morgen früh von seinem Wahlkreis und seinem Schloß zurück in die Stadt kommt.

Das Fernsehen beendet zu dieser Stunde sein Wahlsonderprogramm. Der Kommentator erinnert daran, daß die Arbeiter nach den früheren Wahlniederlagen der Linken immer wieder unverdrossen in ihre Fabriken zurückkehrten und weitermachten. Und er endet mit dem Satz: »Hoffen wir, daß sich die Besitzenden morgen genauso verhalten werden, wie es bisher die Arbeiter taten.«

Auch im Fernsehen bahnen sich die ersten Veränderungen an ...

Wie die Mehrheit zustande kam

Das Wahlergebnis vom 10. Mai 1981 war in doppelter Hinsicht eine Überraschung – erstens, weil Mitterrand gesiegt hatte, zweitens, weil sein Sieg so hoch ausgefallen war. Mit 51,75% erhielt er immerhin 1 065 956 Stimmen mehr als Giscard d'Estaing. Sein Vorsprung war damit fast dreimal so groß wie der von Giscard im Jahre 1974, der obendrein nicht viel mehr als ein mathematischer Zufall gewesen war.

Dieses unerwartet hohe Ergebnis wurde durch ein Phänomen ermöglicht, das es in der Fünften Republik noch nicht gegeben hatte: Zum ersten Mal brachen die Dämme, die bisher immer das linke und das rechte Lager voneinander abgeschottet hatten und so Stimmenwanderungen zwischen den beiden Lagern verhinderten. Etwa ein Drittel der gaullistischen Wähler mußte zu Mitterrand übergelaufen sein, aber auch viele aus dem Zentrum, die bisher immer für die Regierungsmehrheit gestimmt hatten. Zulauf bekam der sozialistische Kandidat vor allem aber auch von den Grünen, die politisch nicht genau einzuordnen sind, und von den Jungwählern, die zum ersten Mal an einer Präsidentschaftswahl teilnahmen – nachdem ausgerechnet Giscard d'Estaing das Wahlalter auf achtzehn Jahre herabgesetzt hatte.

François Mitterrand hatte in allererster Linie einen großen persönlichen Erfolg erzielt, den ihm kaum jemand zugetraut hatte und der vor allem auf das Konto seiner Beharrlichkeit geht. Nach einer 35jährigen politischen Karriere, die ihm unter der Vierten Republik frühe Ministerehren einbrachte, die dann während 23 langen Jahren in der Opposition »durch die Wüste« führte, die fast ebenso lange von dem Bestreben bestimmt war, die Linke zu einigen und an die Macht zu führen, triumphierte schließlich doch noch seine Überzeugung, daß Frankreich – wie er es zu formulieren pflegte – »seine historische Begegnung mit dem Sozialismus« erlebt.

Während all dieser Jahre ließ sich Mitterrand weder durch Anfeindungen noch durch Rückschläge in seinem politischen Kurs beirren. Die Linke, so Mitterrand vor fünfzehn Jahren wie auch heute noch als Staatspräsident, vermag in Frankreich nur dann eine Führungsrolle zu spielen, wenn sie eine Einheit bildet, d. h. also, wenn die Kommunisten beteiligt werden – allerdings unter der Voraussetzung, daß die Sozialisten stark genug sind, um die Kommunistische Partei zu domestizieren. Selbst als sein mit den Kommunisten unterzeichnetes Gemeinsames Regierungsprogramm (programme commun) 1977 in die Brüche ging, als die Linke darüber die Parlamentswahlen 1978 verlor und die Kommunisten schließlich von ihrem (zumindest nach außen hin gesteuerten) eurokommunistischen Kurs abwichen und auf eine stramme Moskau-Linie zurückschwenkten, hielt Mitterrand an seiner Idee von der linken Union fest. Daß er sich damit in seiner eigenen Partei isolierte und von seinem jüngeren Herausforderer Rocard als archaisch, d.h. als abgestanden und unzeitgemäß beschimpfen lassen mußte, nahm er ebenso in Kauf wie das Risiko, das sich bald abzeichnete, 1981 nicht noch einmal als Präsidentschaftskandidat nominiert zu werden.

Der Grund für Mitterrands Starrsinn war ein einfaches Rechenexempel. Angesichts der Teilung Frankreichs in zwei feindliche politische Lager, die fast gleichstark sind, brauchte er immer einen Partner, um in die Nähe der 50-%-Mehrheit zu gelangen. Da jedoch weder Giscardisten noch Gaullisten für eine solche Partnerschaft in Frage kamen, blieb er auf die Kommunisten angewiesen. Verzichtete er darauf, mußte er gleichzeitig die Hoffnung begraben, an die Macht zu kommen.

Mitterrands Strategie bekam neuen Aufwind, als sich die kommunistische Parteiführung durch ihren neuen Kurs immer mehr von ihrer Basis entfernte, als die Art, wie sie die Kritik ihrer Intellektuellen niederknüppelte und im beginnenden Präsidentschaftswahlkampf rassistische Töne anschlug, bei ihren Wählern auf Ablehnung stieß. Die Sackgasse, in welche die Kommunisten dadurch gerieten, bedeutete für die Sozialistische Partei, daß ihre Dominanz immer stärker wurde, daß ein Teil der kommunistischen Wähler zu ihr abwanderte. Wie richtig dieses Kalkül war, zeigte der erste Wahlgang der

Präsidentschaftswahl. Der kommunistische Kandidat und Parteichef erzielte nur ganze 15,3 % der Stimmen und handelte sich damit eine Niederlage ein, die für die Kommunisten ebenso historisch ist wie der spätere Sieg Mitterrands. Denn nun lagen sie, die in guten Zeiten stets eines Stimmenanteils von über 20 % sicher sein konnten, um über 10 % schlechter als die Sozialisten – sie hatten ihren Anspruch, die führende Partei der Arbeiterklasse zu sein, eingebüßt.

Für Mitterrand barg diese Schlappe, die die Kommunisten sich großenteils selbst zugefügt hatten, den Schlüssel zum Sieg. Einerseits verpuffte die zu Beginn der zweiten Wahlkampfrunde erneut von Giscard d'Estaing geschürte Kommunistenangst und sein dramatisch-pathetischer, von de Gaulle kopierter Ausruf »Ich oder das Chaos« ins Leere. Andererseits wurde er nun auch für jene Franzosen wählbar, die ihn wegen seiner Abhängigkeit von den Kommunisten als verkappten Marxisten betrachtet hatten und fürchteten, mit ihm werde der Kollektivismus und damit die Apokalypse über Frankreich hereinbrechen. Auch einige typische Programmpunkte Mitterrands, wie etwa die Verstaatlichung der restlichen Banken (die Großbanken wurden schon 1947 unter de Gaulle nationalisiert) und eines Teils der Großindustrie, wirkten jetzt weniger alarmierend, zumal Mitterrand sich mit sozialistischen Fachleuten umgab, die für ihre gemäßigten Vorstellungen im Bereich der Wirtschafts- und Finanzpolitik bekannt waren und denen man einschneidende gesellschaftliche Veränderungen einfach nicht zutraute.

Im übrigen war zu diesem Zeitpunkt der Wunsch vieler Franzosen nach einer grundlegenden politischen Veränderung schon sehr viel stärker als alle Befürchtungen, Frankreich könne eventuell einen Ruck nach links machen. Giscard d'Estaing, der 1974 das Amt des Staatspräsidenten mit dem Versprechen angetreten hatte, er werde Frankreich an Haupt und Gliedern reformieren und liberalisieren, hatte die Franzosen bitter enttäuscht. Sein Projekt einer »Französischen Demokratie«, das sozialdemokratische Züge aufwies und das in Buchform unters Volk gebracht wurde, blieb blasse Theorie. Seine zahlreichen Programme zur Bekämpfung von Inflation und Arbeitslosigkeit griffen nie richtig. Seine ständigen Entschuldigungen, die Ölkrise und die schlechte Weltwirtschaftslage hätten sein Konzept verdorben, wirkten zum Schluß nicht mehr glaubwürdig. Das von seinem Premierminister Barre schulmeisterlich vorangetriebene Programm zur Umstrukturierung und Liberalisierung der französischen Wirtschaft erntete zwar Lob und Anerkennung (vor allem in Bonn), brachte aber auch nicht den entscheidenden Wandel. Fehlanzeige auch im Bereich der persönlichen Freiheiten und der inneren Demokratie. Von der angekündigten Liberalisierung war nur zu Beginn des Septennats etwas zu spüren. Allmählich wurde den Franzosen die zunehmende staatliche Bevormundung, von der Justiz über die Polizei bis zu den Medien, bewußt. Einige der großen Traditionen Frankreichs, die im revolutionären Ruf nach Freiheit, Gleichheit und Brüderlichkeit gipfeln, drohten zu verblassen. Um das Maß voll zu machen, verstörte Giscard viele Bürger durch einen zunehmend monarchistischen, auf Selbsterhöhung bedachten Regierungsstil und etliche undurchsichtige Affären, wie etwa der Eklat mit den Bokassa-Diamanten. Eine Häufung von negativen Vorzeichen also, die sein Ansehen schmälerten und seine Distanz zum Volk immer größer werden ließen. Womit das Urteil, das de Gaulle einst über den damals noch jungen Politiker Giscard d'Estaing gefällt hatte, sich zu bestätigen schien. Er hatte gesagt: »Son problem – c'est le peuple!« – sein Problem ist das Volk.

Das glänzende Renommee, das Giscard sich im Ausland zu erwerben wußte, wo er von Moskau bis Washington, von Afrika bis Bonn als intelligenter und souveräner Repräsentant der großen französischen Nation zu glänzen wußte, und wo das Höfische, das er mehr und mehr hervorkehrte, durchaus faszinierte, nützte ihm zu diesem Zeitpunkt im Inland nichts mehr. Er war zum Schluß das von einer gewissen Tragik umwobene Symbol eines Regimes, das sich an der Macht zerschlissen hatte und nicht mehr die Kraft fand, den Immobilismus, den Stillstand, zu überwinden. Die Vorstellung, es noch einmal sieben Jahre mit Giscard aushalten zu müssen, verschreckte selbst seine Freunde, die ihn in den letzten Monaten seiner Amtszeit schärfer kritisierten als jeder Gegner. Immer mehr rückten von ihm ab, Freunde verwandelten sich in Feinde, seine Isolation wurde zusehends größer. Das Ende läutete schließlich Jacques Chirac ein, sein einstiger Premierminister und Chef der gaullistischen Bewegung. Besessen von der Idee, daß Giscard gestürzt werden müsse (wodurch er selber sich freie Bahn für die eigenen politischen Ambitionen erhoffte), unterließ er vor dem entscheidenden zweiten Wahlgang eine eindeutige Wahlempfehlung für Giscard und machte damit den Sieg Mitterrands erst möglich.

Giscards entscheidender Fehler dürfte gewesen sein, daß er weder die Welle der Ablehnung, die ihm von allen

Seiten entgegenschlug, zur Kenntnis nehmen mochte, noch den Wunsch der Franzosen nach einer neuen Politik, nach einem Wechsel. Unbeirrt rief er seine Wähler auf »denen die Macht wiederzugeben, die die Grundmauern des Hauses gebaut haben, damit sie ihr Werk vollenden können.« Unverändert kehrte er den Schloßbesitzer, Großwildjäger und Landedelmann hervor, obwohl längst jeder wußte, daß der Adelstitel d'Estaing erst von seinem Großonkel käuflich erworben worden war. Unbelehrbar propagierte er eine Politik, die das Kapital, den Grundbesitz, das eigene Haus und das Sparkonto als die wichtigsten Werte einstufte, ohne zu bedenken, daß fast 80% der Franzosen im erwerbsfähigen Alter mittlerweile ganz andere Sorgen haben: die Kosten für Miete und Lebensmittel, die Sicherheit und das Klima am Arbeitsplatz, die Beziehungen zum Mitmenschen, die Verteidigung der persönlichen Freiräume und der Umwelt.

Um so mehr kam Mitterrand an, dessen Beliebtheitsgrad noch ein halbes Jahr vor der Wahl in allen Meinungsumfragen weit hinter dem Giscards zurückgelegen hatte. Indem er seine Kampagne gezielt unter das Motto »changement« stellte und sich damit ausdrücklich als Kandidat des Wechsels und der Veränderungen präsentierte, traf er den Nerv der Zeit. Sein Programm versprach so viel frischen Wind, daß manche Ungereimtheit, wie etwa die Finanzierung seines großzügigen Sozialprogramms, oder manche verschwommene Aussage, wie über die Beteiligung kommunistischer Minister an der zukünftigen Regierung, nicht auffielen oder kein Grund des Anstoßes waren. Flankiert wurde der programmatische Teil des Wahlkampfes durch eine Wahlwerbung, die bewußt einen Gegenpol zu Giscards Image des aristokratischen Technokraten schuf. Mitterrand wurde vor einer verträumten Dorflandschaft abgebildet, über die sich ein rot-weiß-blau schimmernder Himmel wölbte. Darunter die Textzeile: »Mitterrand – die ruhige Kraft.«

Über die schönen Worte des Wahlprogramms und über die verlockenden Visionen der Werbemanager hinaus war es aber der warme, menschliche Ton Mitterrands, der die Franzosen ansprach, weil er sich wohltuend von der kühlen, wie vom Computer gestanzten Redeweise Giscard d'Estaings abhob. Behandelte Giscard in einer seiner sorgfältig inszenierten Fernsehansprachen etwa das Thema Arbeitslosigkeit, entstand der fatale Eindruck, dieses für alle Franzosen so wichtige Thema reduziere sich in seiner Vorstellungswelt auf den positiven oder negativen Verlauf einer mathematischen Kurve. Mitterrand dagegen vermochte über die Arbeitslosigkeit so zu sprechen wie jemand, der die Sorgen und Nöte eines Arbeitslosen kennt und versteht. Noch mehr: Um den Stellenwert dieses Problems innerhalb seines Wahlkampfprogramms zu dokumentieren, ernannte Mitterrand eine junge, arbeitslose Frau zur Präsidentin seines Wahlkampfkomitees – ein geschickter politischer Schachzug.

Das Fazit einer ersten Bilanz kann also lauten: Giscards Niederlage und Mitterrands Sieg waren kein Zufall. Sie waren auch kein Fehltritt der französischen Wähler – der Art etwa, daß sie zum ersten Mal bei einer wichtigen Wahlentscheidung nicht ihrem konservativen Verstand folgten (wie sonst üblich), sondern ihrem revolutionären Herzen.

In Wirklichkeit waren die Weichen für den Machtwechsel schon lange vor dem Wahltag gestellt, wie sich ja auch der unaufhaltsame Bodengewinn der Sozialisten schon seit Jahren an ihrem stetigen Stimmengewinn ablesen ließ. Daß der Schritt von einem konservativen zu einem sozialistischen Regime zu einem Zeitpunkt erfolgt, wo sich in anderen europäischen Ländern oder auch in den USA die konservativen Tendenzen verstärken, findet eine einfache Erklärung: Der Übergang von einer eher ruralen, dem Boden verhafteten Gesellschaft zur modernen Industriegesellschaft des ausgehenden zwanzigsten Jahrhunderts setzte in Frankreich viel später ein als in vielen anderen Ländern. Außerdem bilden das französische Wahlsystem, die lange, auf sieben Jahre bemessene Amtszeit des Staatspräsidenten sowie dessen beispiellose Machtfülle fast unüberwindliche Hindernisse für einen Machtwechsel. Er kann nur zustande kommen, wenn verschiedene Faktoren zusammentreffen – wie es jetzt bei Mitterrands Wahlsieg der Fall war.

Verehrt und verabscheut – Reaktionen im In- und Ausland

Mit dem Wahlsieg klettert der Beliebtheitsgrad Mitterrands, der schon während des Wahlkampfes und zwischen den beiden Wahlgängen rapide angestiegen war, auf über 70% und damit in Bereiche, die Giscard d'Estaing auch zu Beginn seiner Amtszeit niemals erreicht hatte. Ein wenig trägt dazu gewiß auch der sogenannte Amtsbonus bei – jene Art Heiligenschein, der jeden umgibt, der ein so wichtiges und mit so viel Macht ausgestattetes Amt übernimmt. Es kommt aber noch etwas anderes hinzu, was es in der Politik sehr selten gibt und was Frankreich seit de Gaulles triumphalem Einzug als Befreier von Paris oder auch später, seit seiner Rückkehr an die Macht, kaum noch erlebt hatte: Mitterrand wird über Nacht zu einer Symbolfigur. Er verkörpert den Aufbruch in eine neue Zeit, von der die meisten nicht einmal konkrete Vorstellungen haben, die ihnen aber verheißungsvoller erscheint als die soeben zu Ende gegangene Periode. Der deutsche Beobachter etwa fühlt sich in das Jahr 1969 zurückversetzt, als die Regierungsübernahme durch Willy Brandt in der Bundesrepublik eine ähnliche Stimmung auslöste. Zugleich drängt sich die Frage auf, wie lange Mitterrands Atem wohl reichen mag angesichts der heute viel schwierigeren Weltwirtschaftslage und wie viele der großen Hoffnungen, die er geweckt hat, er wirklich zu erfüllen vermag.

Der steile Aufstieg des François Mitterrand löst aber nicht nur Euphorie aus. Sowohl in Frankreich als auch im Ausland ist eine gewisse Irritation spürbar, vor allem bei denen, die seit jeher zu seinen politischen Gegnern zählen, jenen, die ihn sein politisches Leben lang mit Feindseligkeit, ja sogar mit Haß verfolgt haben. Kann dieser Mitterrand, so lautet die von ihnen am häufigsten in die Debatte geworfene Frage, der eigentlich doch ein Mann von gestern ist, Frankeich in dieser schwierigen Zeit in die Zukunft führen? Und die Kritiker, vor allem Politiker der bisherigen Regierungsmehrheit, erinnern daran, daß die lange politische Karriere Mitterrands nicht gerade mit Erfolgen gespickt war, daß er nach seinen verschiedenen ergebnislosen Versuchen, an die Macht zu gelangen, eigentlich schon als der »Poulidor der Politik« in die Geschichte eingegangen war – in Anspielung auf den unglückseligen französischen Radrennfahrer Raymond Poulidor, der nie die berühmte Tour de France gewann, sondern stets nur als Zweiter einlief. Auch werden wieder alte Geschichten aufgewärmt, Affären, in die Mitterrand einmal verwickelt war, ohne immer schuldig zu sein, die ihm seitdem aber anhaften wie die Pest. Oder es tauchen die alten Vorwürfe auf, zum Beispiel der, er habe zu Beginn seiner Karriere – als er während der Vierten Republik in elf verschiedenen Regierungen sieben Ministerposten innehatte – wenig politisches Rückgrat bewiesen, er sei ein Opportunist gewesen. In der Stunde der Niederlage ist den Geschlagenen jedes Mittel recht, den Sieger zu verunglimpfen.

Die Abneigung mancher, vor allem gaullistischer Politiker gegenüber Mitterrand erreicht fast krankhafte Ausmaße, weil er de Gaulle während seines gesamten politischen Lebens bekämpft hat und weil er durch die Opposition zu de Gaulle seine Karriere als Führer des linken Lagers begründet hat. Daß ausgerechnet der Erzfeind des alten Generals die Institution der Fünften Republik erbt, verbittert die Gaullisten so sehr, daß einer von ihnen am Wahlabend die Formulierung gebrauchte: »Jetzt ist de Gaulle ein zweites Mal gestorben.«

Andere Angriffe gegen Mitterrand, die noch am Wahlabend laut werden, sind nicht neu. Sie kommen von denen, die jetzt plötzlich aus der Macht verdrängt werden, die Mitterrand politisch und ideologisch fernstehen oder die durch sein Programm die wirtschaftliche Zukunft, ihre eigene Existenz oder auch nur ihr Börsenpaket gefährdet sehen. Wie schon im Wahlkampf verdächtigen sie Mitterrand, er werde sein Amt mißbrauchen, um die französische Gesellschaft grundlegender zu verändern, als er es vorgibt. Sie beschuldigen ihn, er wolle einen Kollektivismus marxistisch-leninistischer Prägung einführen. Und sie warnen, sein Programm werde Frankreich nicht nur in den wirtschaftlichen Ruin stürzen, sondern auch eine außenpolitische Isolation zur Folge haben.

Ähnliche Töne hatte Giscard in den letzten Tagen seines Wahlkampfes angeschlagen, als die drohende Niederlage schon erkennbar war. Er setzte Mitterrands Wahl gleich mit dem sicheren Ende der Fünften Republik und orakelte: »Europa wird einem Präsidenten, der seine Wahl den Kommunisten verdankt, den Rücken zukehren.«

Die Wirklichkeit sieht sehr viel weniger dramatisch aus. Die Regierungen in Bonn, London, Washington und Moskau sind zwar einigermaßen überrascht über den politischen Machtwechsel in Frankreich, in einigen Hauptstädten der Welt löst die Wahl Mitterrands sogar einen gelinden Schock aus. Doch kein Land distanziert sich von Frankreich oder kündigt die Zusammenarbeit auf. Die Glückwünsche, die in den nächsten 24 Stunden in Paris eintreffen, klingen sogar recht freundlich. Die spontansten und herzlichsten kommen – wie es nicht anders zu erwarten war – von den Politikern, die der Sozialistischen Internationale angehören und die sich – ob sie nun gerade regieren oder sich in der Opposition befinden – von Mitterrands Erfolg Auftrieb für die eigene Sache erhoffen. Einer der ersten, der am Wahlabend gratuliert, ist Willy Brandt, der Vorsitzende der Sozialistischen Internationalen, sein Telegramm klingt überschwenglich. Er bezeichnet den Wahlsieg seines politischen und persönlichen Freundes Mitterrand als ein »historisches Ereignis für Frankreich und für ganz Europa«. Aber auch das offizielle Bonn läßt nicht lange auf sich warten – für das der Machtwechsel in Frankreich natürlich der etwas wehmütige Abschied von dem Freund und Partner Giscard d'Estaing und von einem in mancher schwierigen politischen Situation erprobten Doppelspiel bedeutet. Bundeskanzler Schmidt kabelt noch am Wahlabend: »Ich bin überzeugt, daß die Freundschaft unserer beiden Völker und die seit der Unterzeichnung des weitsichtigen Vertrages über die deutsch-französische Zusammenarbeit erworbene gemeinsame Substanz Ihnen und uns bei der Erfüllung unserer Aufgaben helfen werden.« Eine brüderliche Umarmung zwischen dem Sozialdemokraten Schmidt und dem Sozialisten Mitterrand bedeutet dieser etwas gestelzte Text nicht – sie ist auch gar nicht zu erwarten, nachdem die beiden Männer sich nur flüchtig kennen und bislang auch nie die gegenseitige Nähe gesucht haben. Verklausuliert enthält das Telegramm aber eine ganz klare Botschaft Schmidts an Mitterrand: Die Freundschaft zwischen Giscard und mir und die enge Kooperation, die wir gepflegt haben, werden mich nicht hindern, auch mit dem Staatspräsidenten Mitterrand vertrauensvoll zusammenzuarbeiten. – Anders hätte der Realpolitiker Schmidt gar nicht handeln können.

Die Reaktionen, die aus den anderen Ländern eintrafen, klingen – von einigen Abstufungen abgesehen – ähnlich. Man akzeptiert den neuen Staatspräsidenten, den ja schließlich eine deutliche Mehrheit des französischen Volkes gewählt hat, und behält seine eventuellen Bedenken erst einmal für sich. Die Frage etwa, was denn nun aus Europa und den dringend nötigen Strukturreformen wird, ob Mitterrand eine Gefährdung (vor allem, wenn er kommunistische Minister in die Regierung nimmt) oder vielleicht sogar ein Gewinn für die Atlantische Gemeinschaft ist (weil er sich deutlicher als Giscard zu ihr bekannt hat), welchen Einfluß der Machtwechsel in Frankreich auf das Ost-West-Verhältnis und auf die Sicherheitsdebatte hat. Genaue Antworten oder gar Prognosen wagt niemand abzugeben, zumal Mitterrand sich während des Wahlkampfes in solchen Fragen nicht genau festlegte. Statt dessen bemühen sich die in Paris akkreditierten Diplomaten in seitenlangen Fernschreiben, den neuen Mann, der über Nacht an die Macht kam, zu erklären und zu analysieren. Der Nachholbedarf an Information ist überall groß – nicht nur im fernen Washington, sondern auch im nur gut 500 Kilometer von Paris entfernten Bonn. In vielen Hauptstädten galt Mitterrand bis zuletzt als ein Kandidat ohne Fortune und ohne Chancen, um den man sich nicht allzu groß zu kümmern brauchte.

Der diskrete Sieger

Wer etwa geglaubt hatte, Frankreich würde am Morgen nach Mitterrands Wahlsieg ein anderes Land sein, alles würde sich plötzlich verändern, wird zunächst einmal eines Besseren belehrt. Das Fernsehen beginnt zwar schon um 7 Uhr morgens mit seinem Programm und strahlt ebenso wie die Rundfunksender pausenlos politische Kommentare und Berichte aus. In der Metro, in den Bistros und am Arbeitsplatz werden die Zeitungen, die das Wahlergebnis in balkengroßen Schlagzeilen verkündeten, gelesen und diskutiert. Im übrigen tut sich aber nichts. Es herrscht die gleiche, fast beklemmende Stille, die im sogenannten Auge eines Unwetters eintritt, wenn der Wind von der einen Richtung in die andere, entgegengesetzte umschlägt und dabei für einen kurzen Moment die Luft anhält.

Im Wahlhauptquartier der Sozialistischen Partei in der Rue Solferino werden am frühen Vormittag noch die Reste der nächtlichen Siegesfeier weggekehrt. Einige Mitarbeiterinnen des Pressebüros hocken blaß, aber glücklich auf ihren Schreibtischen und lesen einander stolz die Pressekommentare vor. Was an diesem Tag passieren wird, wissen sie nicht. Obwohl man hier seit Monaten nur für das eine große Ziel gearbeitet hat, kommt der Wahlsieg so überraschend, daß keinerlei Programm für den Tag »danach« vorbereitet ist. Da ein Fernsehkorrespondent an einem solchen Tag versuchen muß, den Wahlsieger vor die Kamera zu bekommen, fahre ich mit dem Kamerateam in die Rue de Bièvre, eine der ältesten Gassen im Herzen des Quartier Latin. Sie verläuft vom Boulevard Saint Germain aus in Richtung Seine, wo sie unterhalb der Kathedrale Notre Dame auf den Quai Montebello stößt. Im Haus Nummer 22 der Rue de Bièvre wohnt Mitterrand. Die Zufahrt ist bereits durch Metallgitter gesperrt. Sogar eine Gruppe von Fotografen, die ständig größer wird, darf nicht passieren. Hinter den Gittern drängen sich Neugierige und Nachbarn: Hausfrauen mit Einkaufstaschen, Handwerker im Overall, Kellner aus den benachbarten Cafés, grellgeschminkte Mädchen, die hier nachts ihr Revier haben, auffallend viele Studenten. Selbst als es zu regnen beginnt, harren die Menschen aus.

Ein Sicherheitsbeamter der Polizei, den ich kenne, läßt mich passieren. Vor dem Haus Nummer 22, das hinter einer hohen weißen Mauer und einer massigen Holztoreinfahrt verborgen ist – früher befand sich hier einmal eine Poststation –, treffe ich Pierre, Mitterrands kräftigen Leibwächter. Seit dem Mai 1968, der viele junge Franzosen politisch motivierte, arbeitet er als »militant«, d.h. als aktives Mitglied für die Sozialistische Partei. Während des Wahlkampfes war er Mitterrands ständiger Begleiter – sein Fahrer, Beschützer und Wachhund gegenüber allzu aufdringlichen Journalisten. Bei einer dieser Gelegenheiten lernten wir uns kennen. Wir standen eine Stunde lang zusammengepfercht im Gang eines Wahlsonderzuges, während Mitterrand vor unseren Augen gelassen sein Mittagessen verzehrte.

Ich bitte Pierre, daß wir Mitterrands Abfahrt, die offenbar kurz bevorsteht, für das Deutsche Fernsehen filmen dürfen. Die Antwort, die er von Mitterrand selbst erhält, ist positiv. Er selber sorgt noch dafür, daß die Polizei unser Kamerateam passieren läßt; die Polizeiposten haben den zivilen Leibwächter Pierre augenscheinlich als neuen Boß akzeptiert. Kaum sind wir in Aufnahmeposition gegangen, kommt Danielle Mitterrand heraus, ein bißchen schüchtern, aber strahlend vor Glück. Das Tor schlägt noch einmal zu, dann erscheint Mitterrand. Er sieht mich, lächelt freundlich und kommt halb um das vor dem Tor geparkte Auto herum, um mich zu begrüßen. Seit ich ihn vor genau sieben Jahren, am Vorabend seiner unglücklichen Wahlniederlage gegen Giscard d'Estaing, das erste Mal ausführlich interviewt habe, kennt er mich.

»Guten Morgen, Monsieur le Président«, sage ich. Und weiter: »Herzlichen Glückwunsch!«

»Vielen Dank«, antwortete Mitterrand, meine Hand in der seinen haltend.

»Was war heute morgen Ihr erster Gedanke?«

»Lassen Sie uns später darüber sprechen.« Ich spüre, daß seine Abneigung gegen solche improvisierte Interviews langsam die ursprüngliche Freundlichkeit verdrängt, frage aber trotzdem weiter:

»Sind Sie glücklich?«

»Ich habe viel Arbeit vor mir. Aber ich war glücklich, als ich sah, wie viele Franzosen glücklich gewesen sind.«

»Kennen Sie schon die Reaktionen aus der Bundesrepublik?«

»Darüber sprechen wir später.« Mitterrand greift wieder nach meiner Hand, schüttelt sie und verabschiedet sich mit einer seiner berühmt-berüchtigten Artigkeiten, bei denen man nie genau weiß, ob sie freundlich oder böse gemeint sind: »Entschuldigen Sie mich bitte. Wenn ich gewußt hätte, daß Sie heute morgen hier sein würden, dann hätte ich Sie wissen lassen, daß es keinen Zweck hat, sich zu bemühen. Solange die Wahlergebnisse nicht verkündet sind, sage ich überhaupt nichts.«

Das Gespräch mit Mitterrand dauerte genau eine Minute und zwölf Sekunden. Es ging über einige belanglose Sätze nicht hinaus. Doch wir sind an diesem Tag die einzigen der vielen hundert in Paris akkreditierten französischen und ausländischen Journalisten, die den neuen französischen Staatspräsidenten zu Gesicht bekommen haben, und die feststellen können, mit welcher Diskretion und mit wie wenig Triumphalismus er auf seinen Wahlsieg reagiert. Da das französische Fernsehen zu dieser Stunde noch keinen Reporter auf den neuen Machthaber angesetzt hat, sondern nur ein Kamerateam, sendet es am Abend – wohl oder übel – unser Interview mit Mitterrand.

François und Danielle Mitterrand sind inzwischen ins Auto gestiegen, drei Motorradfahrer der Garde Républicaine stehen als Eskorte bereit. Das Ziel der Ausfahrt soll geheimgehalten werden, ich bekomme jedoch von einem Sicherheitsbeamten den Tip, Mitterrand wolle den Friedhof Montparnasse besuchen. Wir preschen hinter der Autokolonne her, die jenen Teil des Quartier Latin durchquert, in dem Mitterrand seine Studentenzeit verbrachte, und werden später Augenzeuge einer bewegenden Szene.

Unter den Kastanienbäumen des Friedhofs, hinter denen das riesige, halb vom Nebel verhangene Hochhaus am Montparnasse-Bahnhof aufragt, verharrt Mitterrand vor einem schlichten Grab mit der Aufschrift »Georges Dayan«. Auf dem Grabstein aus glänzendem schwarzen Marmor liegt eine einzelne rote Rose – das Symbol der Sozialistischen Partei. Hinter Mitterrand, der in Gedanken versunken ist, warten in einem lockeren Halbkreis einige seiner Freunde und Mitarbeiter. Mitten unter ihnen – als wollten sie sie beschützen – steht Danielle Mitterrand.

Georges Dayan, der vor zwei Jahren starb, war François Mitterrands bester Freund. Sie studierten gemeinsam in Paris, zogen zusammen in den Krieg und erlebten, nebeneinander im Graben hockend, den ersten Ansturm der nach Frankreich einmarschierenden deutschen Wehrmacht. Später, während der langen politischen Karriere Mitterrands, blieb Dayan ständig in seiner Nähe, fungierte als sein Mitarbeiter, sein Berater und sein Vertrauter.

Der Tod Dayans bedeutete einen schweren Schlag für Mitterrand. Er hat ihn bis heute nicht verwunden. Einmal, weil er, der das Leben so sehr liebt, sich nicht damit abfinden mag, daß Sterben einen endgültigen Abschied bedeutet. Zum anderen, weil er ein Mensch ist, der nur selten enge Freundschaft schließt. Es bedeutet für ihn, wie er einmal in einem Fernsehinterview sagte, »Geben und Nehmen«. Eine gewisse, spürbare Distanz soll verhindern, daß er sich anderen Menschen gegenüber zu sehr verausgabt, weil er fürchtet, sich dadurch selber zu zerstören. Hinzu kommt, daß er von seinem Vater jene natürliche Kühle geerbt hat, die allzu schnellen menschlichen Kontakten hinderlich ist. Schulterklopfende Kameraderie, wie sie in der Sozialistischen Partei nicht anders als in allen Arbeiterparteien herrscht, ist ihm deshalb ein Greuel.

Duz-Freundschaften gehören deshalb zu den Seltenheiten in Mitterrands Leben. Selbst von den engsten Mitarbeitern, die ihn auf den Friedhof Montparnasse begleitet haben, nennen ihn nur ganz wenige »François«. Für die anderen, mit denen er noch am Friedhofsportal ein knappes Gespräch über die nächsten politischen Schritte führt – die eigentliche Machtübernahme, der Einzug ins Elysée, die Regierungsbildung und die Auflösung des Parlaments –, ist er jene Respektsperson, für die das achtungsvolle »Sie« eine Selbstverständlichkeit ist. Eine Figur, wie der Dichter François Mauriac einmal über Mitterrand sagte, »wie aus einem Roman«, ein Stück lebendige Geschichte.

II

Ein Bürgersohn vom Lande

Jugendzeit in der Charente – Student in Paris

François Maurice Adrien Marie Mitterrand wird am 26. Oktober 1916 in dem winzigen Städtchen Jarnac geboren – in der fruchtbaren, von saftigen Wiesen und weiten Eichen- und Fichtenwäldern durchzogenen Landschaft der Charente, der Heimat des Cognac. Er ist das fünfte von insgesamt acht Kindern. Außer den drei Brüdern und vier Schwestern werden im Haus der Familie Mitterrand aber noch zwei Vettern großgezogen, deren Vater im Ersten Weltkrieg gefallen ist. Sein Vater arbeitet als Bahnhofsvorsteher in Angoulême, der nächsten größeren Stadt. Das Geld, das er verdient, reicht gerade aus, um die vielköpfige Familie zu ernähren. Es wird kein Hunger gelitten, aber es können auch keine großen Sprünge gemacht werden. François und seine Geschwister verbringen darum immer wieder einige Zeit auf einem Bauernhof, der den Eltern ihrer Mutter gehört – einem abgelegenen Gehöft, das zu der Zeit weder Wasser- noch Stromanschluß besitzt und das inmitten einer blühenden Natur liegt. Hier entdeckt François seine Liebe zu Blumen, Pflanzen und Tieren. Er erfährt zum ersten

Mal, wie er später in seinem Buch »Ma part de Vérité« (Mein Teil der Wahrheit) schreibt, »was Stunden, was ein Tagesverlauf, was eine Jahreszeit bedeutet«. Er findet zugleich die Einsamkeit, die der stille, schüchterne und oft in seine eigene Traumwelt versunkene Junge schon damals sucht.

François ähnelt darin seinem Vater Joseph Mitterrand, ein verschlossener, in sich gekehrter Mann, dessen Leben von Einsamkeit und von Schweigsamkeit bestimmt war. Er stammte aus dem Berry im Herzen Frankreichs, wo sich der Name Mitterrand bis ins fünfzehnte Jahrhundert verfolgen läßt. Sprachforscher meinen, er gehe auf einen Berufsstand zurück, der früher auf Märkten anzutreffen war – den Zuständigen für das Getreidemaß. François Mitterrand neigt zu der poetischen Auslegung, seine Familie sei nach einer Gemarkung benannt, die sich in unmittelbarer Nähe des geographischen Zentrums von Frankreich befindet und die seit jeher »Feld der Mitterrands« heißt. Diese Interpretation kommt nicht von ungefähr: Er fühlt sich dem Kern Frankreichs, seiner Geschichte und seinen Traditionen tief verbunden und betrachtet sich als einen Teil dieser Mitte Frankreichs.

Die Erziehung im katholischen Elternhaus ist streng, ohne daß die Kinder jedoch von den Eltern bevormundet oder eingeengt werden. Meistens kümmert sich die Mutter um François und seine Geschwister, denn der Vater kommt von seinem Bahnhofsposten in Angoulême nur an den Wochenenden nach Hause. Yvonne Mitterrand, eine Bauerntochter aus der Charente, lebt zwischen zwei Polen – auf der einen Seite eine tiefe Gläubigkeit, auf der anderen Seite ein großes Interesse für Dinge, die außerhalb der kleinen Welt von Jarnac geschehen. Von ihr erbt François seine Vorliebe fürs Lesen. Stundenlang verzieht er sich auf irgendeinen Dachboden und liest die Zeitschriften, die als Abonnement ins Haus kommen. Er entdeckt die Welt der Literatur. Über Politik wird im Hause Mitterrand wenig gesprochen, sie dringt in die heile Welt der Familie, in der die von Gott gewollte Ordnung regiert, nicht ein. Wenn abends alle um den großen Eßtisch versammelt sind, werden höchstens Bibeltexte gelesen, wird Schach gespielt. Ihrem kleinbürgerlich-ländlichen Lebensstil nach müßten die Mitterrands eigentlich zur politischen Rechten zählen. Da sie sich gleichzeitig aber zu einem ganz praktischen sozialen Engagement verpflichtet fühlen – indem sie immer wieder arme Familien unterstützen –, gelten sie entsprechend den dort geltenden Grundsätzen eher als links. Am Ende, so stellt Mitterrand später fest, gehörten sie politisch nirgendwohin.

Nachdem die Familie eine in Jarnac ansässige Essigfabrik erbt, die der Vater übernimmt und durch die er schließlich sogar zum Vorsitzenden der französischen Essigfabrikanten aufsteigt, verbessert sich ihre wirtschaftliche Situation. Der Vater kann seine Söhne auf höhere Schulen schicken, kann sie studieren lassen. François, inzwischen neun Jahre alt, kommt zu den heiligen Patres vom Saint-Paul-Kolleg in Angoulême. Acht Jahre verbringt er dort unter den Fittichen der kirchlichen Lehrer, lebt nach dem Rhythmus der täglichen Messen, der Gebete, der im Stundenplan vorgeschriebenen Meditationen. Er scheint während dieser Zeit, in der er seine Familie höchstens an einigen Wochenenden und während der Ferien sieht, nicht unglücklich zu sein. Aber er sondert sich auch hier ab, verzieht sich mit seinen Büchern in den Park des Kollegs, hat wohl auch mit einer fast krankhaften Schüchternheit zu kämpfen, die seinen Umgang mit den anderen Schülern und den Spielgefährten erschwert. Seine besten Fächer sind Literatur und die französische Sprache, schwach bleibt er in Mathematik.

Seine Mitschüler von damals wundern sich noch heute, daß der stille, in sich gekehrte François nicht Priester geworden ist. Sie erinnern sich, daß ihr Mitschüler jeden Morgen an der Kommunion teilnahm, daß er im Kirchenchor mitsang und im Fach Religion stets die besten Noten der Klasse bekam. Für sie war sicher, daß der junge Mitterrand zumindest als Kardinal enden würde. Doch nichts von alledem tritt ein. Nach seinem Abitur, das François mit siebzehn Jahren ablegt, kehrt er ins Elternhaus zurück. Nach langen abendlichen Diskussionen im Familienkreis wird entschieden, daß er zum Studium der Jurisprudenz und der politischen Wissenschaften nach Paris aufbricht – der Traum aller jungen Franzosen vom Lande, denen die kleine Welt der Heimat zu eng geworden ist und die voller Ambitionen stecken, die Welt in die Schranken zu fordern.

Es wird das Jahr 1934 geschrieben. In Deutschland hat Hitler die Macht übernommen, in Spanien kündigen soziale Eruptionen den bevorstehenden Bürgerkrieg an, in Frankreich zerbröckelt die Dritte Republik unter den Streitigkeiten ihrer politischen Kräfte. Doch auch in Paris läßt François sich noch nicht von der Politik mitreißen, schließt sich keinem der zahlreichen politischen Klubs an, die in der Hauptstadt aus dem Boden schießen. Durch Fürsprache des Dichters Mauriac, der wie er aus der Charente stammt und der mit der Familie seiner Mutter befreundet ist, bekommt er einen Schlafplatz in einem katholischen Wohnheim in der Rue de Vaugirard, das schon Generationen junger Studenten aus der Provinz als Obdach diente und dessen bescheidener Rahmen seiner Börse angemessen ist. Zusammen mit jungen Studenten, die er im Wohnheim trifft, besucht er zwar eifrig Parteiversammlungen und debattiert nächtelang auf den Caféterrassen des Quartier Latin. Sein eigentliches Interesse richtet sich aber auf das literarische und kulturelle Leben von Paris. Selbst als 1936 die Volksfront an die Macht gelangt und die Straßen tagelang voll jubelnder Menschen sind, fängt Mitterrand kein Feuer. Er sieht sich die endlosen Demonstrationszüge an, empfindet vielleicht auch eine gewisse Sympathie für die begeisterten Massen, läßt sich aber nicht anstecken. Genausowenig, wie er bis dahin Marx oder Engels gelesen hat, interessiert sich der inzwischen Zwanzigjährige für Leon Blum.

Er weiß nicht einmal genau, als er wenig später sein Studium mit einem Diplom als Politologe und einer Rechtslizenz abschließt, welche berufliche Laufbahn er einschlagen soll. Er möchte einerseits Advokat werden, wie es nach dem Studium sinnvoll gewesen wäre, verspürt andererseits aber auch Neigung zum Journalismus, zur Schriftstellerei. Ein Einberufungsbefehl enthebt ihn einer Entscheidung. Im September 1938, während im Nachbarland Deutschland Hitler bereits zum Krieg aufrüsten läßt, rückt François Mitterrand zum 23. Infanterieregiment ein, das in einer Kaserne am Boulevard Port Royal stationiert ist. Die Jugendzeit und die ersten Lehrjahre, der sicherlich am wenigsten bewegte Abschnitt im Leben Mitterrands, gehen zu Ende.

In der Kaserne trifft er seinen Freund Georges Dayan wieder, mit dem er schon die Vorlesungen an der Sorbonne besucht und viele Streifzüge durch Paris unternommen hatte. Beide sind vom strengen Rekrutenleben wenig angetan und versuchen, sich abends so oft wie möglich davonzustehlen – was sie bei ihren Offizieren unbeliebt macht. Mitterrand hatte von vornherein auf die Offizierslaufbahn verzichtet, die ihm als Akademiker offengestanden hätte. Als am 3. September 1939 auch Frankreich in den Krieg eintritt, wird Mitterrands Einheit an die Maginotlinie verlegt, wo die jungen Soldaten den Angriff der Deutschen erwarten. Doch deren Panzer umgehen den Festungswall und brechen über die Ardennen nach Frankreich ein. François wird mit dem Ausheben von Gräben beschäftigt und übt täglich den Ernstfall – Tätigkeiten, die den 23jährigen Sergeanten über die Sinnlosigkeit des Krieges meditieren und wünschen lassen, er könne so schnell wie möglich in sein bisheriges, friedliches Leben zurückkehren.

Plötzlich rollt der deutsche Angriff doch über den Frontabschnitt hinweg, den Mitterrands Einheit verteidigen soll. Eine der Luftminen, die dem Angriff vorausgehen, explodiert in seiner Nähe. Mitterrand wird von mehreren Splittern getroffen, kann aber von seinen Kameraden in ein Frontlazarett transportiert werden, das in der kleinen Stadt Bruyère eingerichtet worden ist. Am gleichen Tag, am 14. Mai 1940, ziehen die deutschen Truppen in Paris ein.

Auf der Flucht vor den anstürmenden Truppen werden die Verletzten zurückgelassen. Mitterrand gerät in deutsche Gefangenschaft und tritt mit Tausenden seiner Kameraden die Reise nach Deutschland an, wo inzwischen riesige Auffanglager für die Gefangenen dieses Krieges eingerichtet worden sind. Seine erste Station ist das Stammlager (Stalag) IX-A in der Nähe von Kassel, von wo aus die Franzosen auf verschiedene Arbeitslager im damaligen Deutschen Reich verteilt werden. Er erhält die Gefangenennummer 21716.

Das Zusammenleben auf engem Raum mit vielen anderen Gefangenen, die schlechten, auf ein Minimum reduzierten Lebensbedingungen, der tägliche Kampf um die winzige Mahlzeit und die vielen kleinen menschlichen Dramen, die sich in der demoralisierten Männergemeinschaft abspielen, zeichnen den bisher so gut behüteten François Mitterrand für sein ganzes weiteres Leben. Das Elend um ihn herum mobilisiert aber auch Kräfte, die er bisher an sich nicht wahrgenommen hat. Er übernimmt mit einigen anderen Gefangenen die Organisation des Lagers, sorgt dafür, daß die tägliche Suppenausgabe an die 40000 hungrigen Soldaten geordnet und ohne Schlägereien abläuft, erreicht schließlich, daß das Stalag IX-A mit Zelten und mit Wohnbaracken ausgestattet wird. Wahrscheinlich verdankt er es dieser selbstgewählten Führungsrolle, daß man ihn nach einigen Monaten ins Stalag IX-C im Thüringischen verlegt. Er wird hier dem Kommando 1515 zugeordnet, einer Gruppe von Intellektuellen, Priestern und Juden, die das Vorrecht genießen, außerhalb des Lagers arbeiten zu können, wie etwa beim Straßenbau oder bei der Obsternte.

In diesem Lager wird der 24jährige Mitterrand von seinen Mitgefangenen »der Professor« genannt, weil er fast jede freie Minute in der Lagerbibliothek herumstöbert und weil er die Priester unter den Gefangenen in stundenlange Gespräche verwickelt. Gelegentlich organisiert er sogar literarische Gesprächsrunden, bei denen er über Rousseau und Voltaire spricht. Gegenüber seinen Kameraden hält Mitterrand eine gewisse Distanz – er »siezt« sie, während sich alle anderen »duzen«. »Ich war immer beeindruckt von dem Respekt, der ihn umgab, und von seiner majestätischen Ausstrahlung«, erinnerte sich der viel ältere Architekt Ernest Prodhomme, der zusammen mit Mitterrand und weiteren dreihundert Gefangenen in einer Baracke untergebracht war. In einem Karikaturenheft, das er einmal anfertigte, bezeichnete er ihn als »hochmütig, sensibel, keinen Widerspruch duldend, ein unbestrittener Hort des Geistes, mit einem Heiligenschein des Ruhms umgeben – wie etwa Dante Alighieri.« Zu Mitterrands Pflichten gehörte das Ausfegen der Sanitätsräume.

Während der insgesamt achtzehn Monate, die Mitterrand in deutschen Gefangenenlagern verbringt, beginnt er mehr und mehr zu schreiben. Er berichtet für verschiedene legale und illegale Gefangenenzeitungen, die in den Lagern kursieren, notiert aber auch auf irgendwelche Papierfetzen ganz persönliche Gedanken und Erlebnisse. Diese Texte, von denen einige erhalten sind, lassen bereits das schriftstellerische Talent Mitterrands erkennen, seinen Wortreichtum, seine bildhafte Sprache, sein Vermögen, Situationen und Stimmungen wiederzugeben. Dabei beschreibt der junge Gefangene, der eingepfercht in Güterwaggons durch Thüringen transportiert wird, auch versöhnliche Erlebnisse. In der Gegend von Weimar zum Beispiel, wo er einem Zimmermann als Hilfskraft zugeteilt wird, stößt er eines Tages auf Spuren seines berühmten Landsmannes Napoleon, der hier mit seinen Truppen durchgezogen ist. Der Zimmermann breitet eine alte Karte aus, auf der die Städtenamen Saalfeld und Leipzig sowie die Jahreszahlen 1806 und 1813 eingetragen sind, macht eine weitausholende Geste und sagt zu Mitterrand: »Über alles – Napoleon!« Dann zeigt er seinem französischen Gefangenen ein seltsames Sammelsurium an Souvenirs: Portraits von Napoleon und Josephine, Ausschnitte aus deutschen und französischen Zeitungen, die sich mit Bonaparte beschäftigen – ein kleines Kultmuseum.

Mitterrand wundert sich, daß der französische Kriegsherr ein so friedliches Andenken hinterlassen hat und betrachtet nun offenbar die ihn umgebende Kulturlandschaft, die ihm seit den Schulstunden über Goethe und Schiller vertraut ist, mit fast verklärten Augen. Über den Weg von seiner Arbeitsstätte ins Gefangenenlager, den er sechs Monate später zum letzten Mal geht, schreibt Mitterrand zum Beispiel: »Auf dem Rückweg gingen wir an der Saale entlang, die so lebendig ist und es so eilig hat. Ihre Windungen sind nicht durch das geringe Gefälle entstanden, wie bei der Charente, die durch flache Wiesen fließt, sondern durch die harten Ufer, die den Strom zurückwerfen, weiterreichen und auf seinem Weg in Richtung Süden zu beschleunigen scheinen. Alles um mich herum bestätigte den Triumph der ruhigen Kraft.«

Mitterrand benutzt in diesem kleinen Aufsatz, den er als gut 25jähriger schreibt, zum ersten Mal einen Begriff, der 1981, also knapp vierzig Jahre später, als Leitmotiv über seinem Wahlkampf um das Amt des Staatspräsidenten steht: »La force tranquille« – die ruhige Kraft. Wahrscheinlich ist ihm diese Kontinuität selber nicht einmal bewußt! Der Text bringt Mitterrand im übrigen wenig Glück. Als er Jahre später in einer offiziellen Zeitschrift des Vichy-Regimes erscheint, muß er sich der geistigen Kollaboration bezichtigen lassen. Doch bevor dieses umstrittene Kapitel seiner Lebensgeschichte beginnt, erlebt Mitterrand eine Reihe gefährlicher Fluchtabenteuer, die ihn fast das Leben kosten.

Die Idee, auszubrechen, war ihm schon ziemlich früh gekommen. Lange Zeit schien ihm das Risiko jedoch zu groß, außerdem litt er immer noch an den Folgen seiner Kriegsverletzungen. Erst als er mit dem Kommando 1515 zu einem neuen Arbeitseinsatz gebracht wird, macht er sich eines Tages heimlich davon und marschiert – in Begleitung eines Priesters aus demselben Lager – in Richtung Schweiz. Es ist Winter, es schneit, Kälte und Hunger machen die Flucht zu einer lebensgefährlichen Strapaze, zumal die beiden aus Angst, entdeckt zu werden, nur nachts unterwegs sind. Nach 22 Tagen erreichen sie endlich die Schweizer Grenze, wo sie unvorsichtigerweise schon bei Tage den Übertritt in die rettende Freiheit wagen. Als das wegen der zahlreichen Wachposten mißlingt, nehmen sie in der Nacht einen neuen Anlauf – und fallen den deutschen Grenzposten, die sie bereits erwarteten, in die Hände.

Vier Wochen später kehrt Mitterrand in dasselbe Stalag IX-A zurück, wo seine Gefangenschaft begonnen hatte. Doch er ist keinesweges entmutigt und schmiedet schon bald wieder neue Fluchtpläne. Die nächste Gelegenheit bietet sich am 28. November 1941, nachdem Mitterrand erneut ins Stalag IX-C verlegt worden ist, ohne allerdings außerhalb des Lagers arbeiten zu dürfen. Sobald es dunkel geworden ist, überklettert Mitterrand zusammen mit zwei anderen Gefangenen den vier Meter hohen Stacheldrahtzaun und läuft in die Nacht hinaus. Während die beiden Kameraden sofort wieder aufgegriffen werden, gelingt ihm die Flucht nach Metz, in dem damals vom Deutschen Reich annektierten Lothringen. Er benutzt ganz einfach einen der zahlreichen Urlauberzüge. In dem Gefühl, schon fast in Frankreich zu sein, steigt er dort unter falschem Namen in einem kleinen Hotel ab. Was er nicht ahnt: Das Mädchen an der Rezeption arbeitet für die Gestapo. So dauert es nur einige Minuten, bis der müde Flüchtling ein zweites Mal aufgegriffen und in ein Speziallager für geflohene Gefangene gesteckt wird. Angesichts dieser erneuten Enttäuschung vergißt Mitterrand erstmals die ihm eigene Vorsicht und seine Angewohnheit, schwierige Situationen gründlich zu überdenken. Am nächsten Morgen läuft er bei der ersten sich bietenden Gelegenheit durch das schwerbewachte Tor, rennt auch dann noch weiter, als ihm die Kugeln über den Kopf pfeifen, bis er in einem kleinen Café Unterschlupf findet, das ihm der französische Betreuer des Lagers als Versteck der Résistance, der Widerstandsbewegung, genannt hatte. Von hier aus kann er sich nach Hause durchschlagen, wo er das Weihnachtsfest im Kreis seiner Familie verbringt.

Das Erlebnis der Gefangenschaft und die endlich geglückte Flucht haben Mitterrand reifer werden lassen, haben ihn verändert. Wahrscheinlich werden in diesen achtzehn Monaten sogar die Weichen für seine spätere Politikerlaufbahn gestellt. 1945, als er im inzwischen befreiten Paris als Journalist für die Zeitung »Libres« arbeitet, schreibt er über diese Zeit: »Die Freiheit mußten wir uns hart erkaufen, die Gleichheit entdeckten wir im Abgrund unseres Unglücks, die Brüderlichkeit war unser einziger Reichtum.«

In der Gefangenschaft lernt Mitterrand vor allem zwei Dinge kennen: eine »sinnliche Liebe zum Vaterland« und – wie er 1947 vor der in Paris tagenden »Konferenz der Botschafter« berichtet – andere Gesellschaftsschichten und andere Ideologien, wie zum Beispiel den Kommunismus.

Vichy und Widerstand

Mitterrand kommt in ein gespaltenes Frankreich zurück. Die nördliche Hälfte wird von der deutschen Besatzungsmacht verwaltet, die südliche Hälfte, genannt »nichtbesetzte Zone«, von einer französischen Regierung unter dem schon betagten Marschall Pétain, der sich kurz nach dem Waffenstillstand zum neuen »Staatschef von Frankreich« ernannt hatte. Pétain, der seit der blutigen, aber schließlich erfolgreichen Schlacht von Verdun im Ersten Weltkrieg eine fast mythische Verehrung genießt, sieht in einer begrenzten Kollaboration mit den Deutschen die besten Überlebenschancen für Frankreich. Er proklamiert eine »nationale Revolution«, der verschiedene rechte Ideen zugrunde liegen und profitiert von antijüdischen und vor allem antikommunistischen Tendenzen in der Bevölkerung. Auf der anderen Seite hatte de Gaulles Aufruf zum Widerstand, den er am 18. Juni 1940 von London aus an die Franzosen richtete, noch kein nennenswertes Echo gefunden. Das freie Frankreich, das er beschwört, sehen viele noch durch die Vichy-Regierung unter Marschall Pétain verwirklicht, sein berühmtes

Wort »Frankreich hat eine Schlacht verloren, aber noch nicht den Krieg« klingt ihnen angesichts der relativ friedlichen und einigermaßen erträglichen Lage als zu theatralisch.

Auf der Suche nach irgendwelchen Verdienstmöglichkeiten und nach einer sinnvollen Tätigkeit, bei der er die Erfahrungen der Kriegsgefangenschaft verwerten kann, gelangt Mitterrand schließlich nach Vichy, dem Sitz der Pétain-Regierung. Durch die Vermittlung von Freunden kommt er dort beim halbamtlichen Generalkommissariat für Kriegsgefangene unter, das zurückgekehrte Gefangene betreut und durch das Verschicken von Lebensmittelpäckchen (und gelegentlich auch falschen Papieren für die Flucht) Kontakt zu den noch in Deutschland zurückgehaltenen französischen Soldaten hält. Mitterrand bleibt einige Monate in dieser Stellung, die ihm sowohl Beziehungen zum Vichy-Regime wie auch zu der sich mehr und mehr formierenden Résistance verschafft. Er taucht schließlich selber unter, legt sich den Widerstandsnamen »Morland« zu und beginnt unter seinen Kameraden, den ehemaligen Kriegsgefangenen und Deportierten, für einen eigenen Widerstandsring zu werben.

Die Tätigkeit im Umkreis des Kollaborationsregimes von Vichy scheint Mitterrands Karriere zunächst nicht zu schaden. Das ändert sich schlagartig, als sein Name Ende 1942, nachdem er bereits untergetaucht ist, auf der Ehrenliste des Francisque-Ordens erscheint, einer Auszeichnung für besondere Verdienste um den Chef des Regimes, um Marschall Pétain. Der Francisque-Orden war 1941 von Pétain selber geschaffen worden. Er sollte nur an Franzosen verliehen werden, die erstens vor dem Krieg eine nationale und soziale Tätigkeit im Geist der

Nationalen Revolution ausgeübt haben oder die zweitens nach dem Krieg ihre Zugehörigkeit zum Werk und zur Person des Marschalls bewiesen haben. Bei der Entgegennahme – zu der es im Fall Mitterrands nicht kommt – müssen die Ordensträger einen Schwur ablegen, der zur totalen Unterwerfung verpflichtet: »Ich gebe mich Marschall Pétain hin, wie er sich Frankreich hingegeben hat. Ich verpflichte mich, seiner Ordnung zu dienen und sowohl seinem Werk wie auch seiner Person treu zu sein.« Die Träger des Ordens – insgesamt ungefähr fünftausend – werden von einer Kommission unter dem Vorsitz Pétains ausgewählt.

Etwa zur gleichen Zeit erscheinen Mitterrands Erinnerungen an seine Gefangenschaft unter dem Titel »Pilgerfahrt durch Thüringen« in einer offiziösen Monatsschrift des Vichy-Regimes. Da Marschall Pétain in der gleichen Nummer einen Tagesbefehl an die französischen Streitkräfte veröffentlicht, entsteht der doppelte Verdacht, der Mitarbeiter des Sekretariats für die Kriegsgefangenen sei – wie so viele andere – ein Kollaborateur gewesen. Es fällt plötzlich ein Schatten auf Mitterrand, der ihn trotz zahlreicher Gegenbeweise und trotz seiner späteren Verdienste um den Widerstand bis heute begleitet und der von seinen Feinden bis heute benutzt wird – zuletzt im Wahlkampf 1981 –, um ihn zu diffamieren.

Nach Mitterrands Darstellung erfolgte die Veröffentlichung seiner »Pilgerreise durch Thüringen« ohne sein Wissen. Den Francisque-Orden mit der Nummer 2202 habe er akzeptiert – wie viele andere in dieser Zeit –, um unter dem Schutz der Auszeichnung um so wirkungsvoller Widerstand betreiben zu können. Im übrigen lehnt Mitterrand es inzwischen ab, diese Vorwürfe zur Kenntnis zu nehmen oder auf sie zu reagieren – sein Schutzschild gegen eine Kampagne, die ihn sehr getroffen hat. Eine späte Genugtuung erfährt er von einer Seite, die in Sachen Widerstand in Frankreich als das Maß aller Dinge gilt: In Band zwei seiner Erinnerungen nennt de Gaulle den Namen Mitterrands zusammen mit anderen Männern, die sich als aktive Widerstandskämpfer betätigt und ihm seine Aufgabe als Chef des Widerstandes erleichtert haben. Dieses Dokument ist für Mitterrand um so wertvoller, als das einzige persönliche Treffen zwischen ihm und de Gaulle für beide Seiten unbefriedigend, ja vielleicht sogar unerfreulich verläuft und den Keim legt für Mitterrands spätere Feindschaft gegenüber dem General.

Die Begegnung zwischen Mitterrand und de Gaulle findet am 2. Dezember 1943 in Algier statt, wo der General als Chef der von ihm zusammengestellten Exilregierung in der Villa Glycines residiert. Mitterrand alias Morland (der Name einer Pariser Metrostation) hat sich inzwischen als Untergrundkämpfer einen Namen gemacht. Er gründet die Widerstandsgruppe »Nationale Bewegung der Kriegsgefangenen und Deportierten« und reist durch Frankreich, um andere ehemalige Kriegsgefangene für den Untergrundkampf zu rekrutieren. Im Herbst 1943 fliegt er heimlich nach London, erkennt dort aber schnell, daß ihn die dort sitzenden Repräsentanten der von de Gaulle proklamierten »France libre« – das freie Frankreich – einkassieren wollen.

Mitterrand reist von London aus nach Algier weiter, wo de Gaulle ihm den gleichen Vorschlag macht. Nachdem der Empfang schon nicht sehr freundlich ist, vereist die Stimmung, als Mitterrand sich weigert, seine Widerstandsgruppe de Gaulle unterzuordnen und als deren neuen Chef Michel Caillau, ein Neffe des Generals, zu akzeptieren. Der junge Widerstandskämpfer Morland und der große General haben sich nichts mehr zu sagen. Mitterrand kehrt auf Umwegen nach London zurück und nimmt dort die erste sich bietende Gelegenheit wahr, um heimlich zur französischen Küste überzusetzen. Dort begibt er sich sofort wieder an die Spitze seiner Widerstandsbewegung. Sein Urteil über Charles de Gaulle steht fest: Er versucht, den Patriotismus zu monopolisieren und alle Konkurrenz von der Gloriole des Widerstandes fernzuhalten. Aber auch de Gaulle weiß sich zu rächen, indem er nach dem Krieg Mitterrand den Ehrentitel eines »Compagnon de la Libération« – Gefährte des Widerstandes – verweigert.

In dieser Zeit des aktiven Widerstandes, der seit der Landung der alliierten Truppen in der Normandie und seit dem deutschen Rückzug immer gefährlicher wird, lernt François Mitterrand seine spätere Frau kennen. Es ist eine Liebesgeschichte, die der (nach Mauriac) romanhaften Figur Mitterrands würdig ist und die fast – wären die Zeit und die Umstände nicht so ernst – nach Kintopp schmeckt. Bei einem heimlichen Aufenthalt in der Pariser Wohnung einer Widerstandskämpferin sieht er das Photo eines jungen, hübschen Mädchens. Es handelt sich um Danielle Gouze, die achtzehnjährige Schwester der Gastgeberin. Mitterrand sieht sich das Photo noch einmal genauer an und sagt: »Die werde ich heiraten!«

Es wird ein erstes Treffen arrangiert, der Funke springt schließlich über, Danielle und François verloben sich. Auf einer Reise in das noch besetzte Burgund lernt Mitterrand Danielles Eltern kennen, die wie er für den Widerstand arbeiten, als Sozialisten und Laizisten aber einem anderen Lager angehören als der strenggläubige, eher bourgeoise Mitterrand. Hier erfährt er, daß auch Danielle schon im Untergrund eingesetzt wurde, in dem sie heimlich Botschaften überbrachte oder Verletzte pflegte.

Nachdem Mitterrand später Danielle auch seiner Familie vorgestellt hat, heiraten die beiden am 28. Oktober 1944 in dem inzwischen befreiten Paris – Danielle im weißen, mit Margeriten geschmückten Schleier, François im Frack. Nach Krieg, Kriegsgefangenschaft, Flucht und Widerstand haben sie Sehnsucht nach einem Stückchen heile Welt . . .

III

Der junge Alleskönner der Vierten Republik

Beruf: Politiker

Der Zweite Weltkrieg geht dem Ende zu, Frankreich erholt sich langsam von der deutschen Besatzungszeit. Denen, die mit den Nationalsozialisten kollaborierten, wird politisch, juristisch und moralisch der Prozeß gemacht. Diejenigen, die sich von außen und von innen her am Widerstand beteiligten, drängen an die Macht, versuchen das politische Vakuum, das der Krieg hinterlassen hat, auszufüllen. François Mitterrand, der inzwischen mit seiner Frau Danielle in Paris ein Zuhause gefunden hat, versucht sich zunächst einmal im Journalismus. Er wird durch Beziehungen vorübergehend Chefredakteur einer Schönheitszeitschrift, widmet sich dann aber fast ausschließlich dem Schreiben von Artikeln für die einstige Untergrundzeitung »Libres«. Darin bekämpft er die politischen Kräfte der Dritten Republik, die er für den Verlauf des Krieges verantwortlich macht, und verurteilt die politischen Säuberungsaktionen, bei denen – wie er meint – viele sich selber reinwaschen, indem sie andere beschmutzen. So schreibt er über den Prozeß, der gegen

Marschall Pétain geführt wird und der mit dem Todesurteil endet (das de Gaulle später in lebenslängliche Verbannung umwandelt): »Jeder der Zeugen zeugt für sich selber ... In diesem Verratsprozeß breiten sich so viele kleine Verrätereien aus, daß einem das Herz weht tut.«

Aus Abneigung gegenüber den traditionellen politischen Strukturen sowie gegenüber den Arrivisten, zu denen er auch de Gaulle zählt, tritt er schließlich einer kleinen Parteigruppe bei, die sich unter dem Namen »Demokratische und Sozialistische Union des Widerstandes« (UDSR) gebildet hat. Sie ist ein Sammelbecken für Linksgaullisten, Konservative, liberale Katholiken und Sozialisten – eine kleine politische Formation, die mal links, mal rechts von der Mitte einzuordnen ist, die in den Jahren der Vierten Republik stets eine Schlüsselfunktion zwischen den großen Parteiblöcken ausübt.

Mitterrand, der inzwischen dreißig Jahre alt geworden ist, gewinnt Geschmack an der Politik. Er sucht seine erste Chance bei den Parlamentswahlen am 2. Juni 1946, fällt aber in Neuilly bei Paris, wo er kandidiert, durch. Durch Beziehungen wird er bei den nächsten Wahlen, die schon am 10. November 1946 stattfinden, Kandidat im Département Nièvre, in dem auch das Städtchen Château-Chinon liegt. Obwohl er hier weder eingeführt noch bekannt ist, gewinnt der junge Mann aus Paris ein Mandat. In seinem Wahlkampf spricht er über den Widerstand, über seine Begegnung mit de Gaulle (allerdings ohne Unterton), lobt die Kirche und wettert gegen die Kommunisten, denen er (wie viele in dieser Zeit) vorwirft, die Macht in Frankreich an sich reißen zu wollen. Er bekommt damit ein konservatives, ja fast rechtes Etikett, wehrt sich später aber mit dem Hinweis, er habe automatisch den Eindruck eines »Rechten« machen müssen, weil es rechts von ihm keinen weiteren Kandidaten mehr gab.

Derartige Streitereien um seinen politischen Standpunkt störten Mitterrand damals nicht. Er hatte den ersten Schritt zu einer politischen Karriere auf nationaler Ebene erfolgreich absolviert und arbeitete nun an seinem weiteren Aufstieg. Die Chance bietet sich, nachdem de Gaulle aus Enttäuschung über die gerade zustandegekommene Verfassung der Vierten Republik sowie über das Ausbleiben innen- und außenpolitischer Erfolge zurückgetreten ist. Am 22. Januar 1947 holt ihn Ministerpräsident Paul Ramadier in sein Kabinett. Er gibt ihm das Ministerium für die ehemaligen Kriegsteilnehmer, das in diesen Nachkriegsjahren eine bedeutende Rolle spielt und das sich bis zum heutigen Tag erhalten hat – wenn auch nur noch als Staatssekretariat.

In der Regierung Ramadier absolviert Mitterrand nicht nur seine politische Lehrzeit, sondern nimmt auch an einer Koalition teil, die sich erst 35 Jahre später unter seiner eigenen Präsidentschaft wiederholen wird. Neben ihm am Kabinettstisch sitzen fünf Kommunisten: der bei Kriegsende aus seinem Moskauer Exil zurückgekehrte Maurice Thorez, Staatsminister ohne Portefeuille und Stellvertreter des Ministerratspräsidenten, François Billoux als Verteidigungsminister, Charles Tillon als Wiederaufbauminister, Ambroise Croizat als Arbeitsminister und Georges Marrane als Gesundheitsminister. Die anderen Ministerkollegen, darunter Georges Bidault und Robert Schuman, repräsentieren die übrigen existierenden Parteien. Es ist die letzte Regierung der sogenannten Nationalen Union, die de Gaulle nach Kriegsende schuf und die u. a. die Verstaatlichung der Kohlengruben, der Elektrizitätsversorgung, des Luftverkehrs sowie der Großbanken in die Wege leitete.

Auf dem ihm zugeteilten Posten macht Mitterrand neue, persönliche Erfahrungen mit den Kommunisten. Als er sein Ministerium in der Rue de Bellechasse im siebten Pariser Stadtbezirk übernehmen will, wird dort gestreikt. Die kommunistisch ausgerichtete Gewerkschaft CGT besetzt das Gebäude, weil Mitterrands Vorgänger, ein Sozialist, den von dessen kommunistischem Vorgänger zurückgelassenen Zustand beenden wollte, daß der Wagenpark des Ministeriums für den Transport von Streikenden und kommunistischen Demonstranten benutzt wird. Obwohl sein Ministerbüro besetzt ist, läßt Mitterrand sich nicht einschüchtern. Er stellt die Streikenden vor die Wahl: entweder Entlassung aus den Diensten des Ministeriums (das die Kommunisten von unten bis oben mit eigenen Leuten durchsetzt hatten) oder Arbeitsaufnahme binnen 24 Stunden. Der Kraftakt, der angesichts der Übermacht der Kommunisten riskant scheint, gelingt. Mitterrand kann die Ruhe wiederherstellen sowie nach und nach alle wichtigen Posten mit eigenen Leuten aus der Widerstandsbewegung besetzen. Er verschafft sich damit die Achtung seiner Kabinettskollegen, in deren Runde der 31jährige der Benjamin ist – wie er überhaupt als »jüngster Minister seit dem Empire« in die französische Geschichte eingeht –, ja sogar den Respekt der kommunistischen Minister.

In dieser Zeit macht Mitterrand Erfahrungen, die ihm heute, als Staatspräsident, nützlich werden können. Er erlebt, wie sich die fünf kommunistischen Minister immer weiter von dem innen- und außenpolitischen Kurs der Regierung Ramadier entfernen und schließlich am 4. Mai 1947 zurücktreten. Zunächst ist es der Indochinakrieg, mit dem sie nicht einverstanden sind. Dann entwikkeln sich über die Frage, wie die schwierige Wirtschaftslage Frankreichs und die Welle von Streiks zu bekämpfen sei, immer größere Divergenzen. Das Kabinett Ramadier will die Löhne einfrieren und Sparmaßnahmen durchsetzen, die Kommunisten plädieren für eine progressive Lohnpolitik.

Zwei politische Ereignisse beschleunigen schließlich den Eklat: In Moskau geht am 24. April eine Viermächtekonferenz der Außenminister, in der u. a. das deutsche Besatzungsstatut zur Debatte stand, ohne Ergebnis zu Ende. Außenminister Bidault kommt mit dem Gefühl zurück, daß sich der Graben zwischen den Westmächten und der Sowjetunion mehr und mehr vertiefen wird. In den Pariser Renault-Werken bricht am 25. April ein wilder Streik aus, bei dem trotzkistische Elemente den Ton angeben. Aus Sorge, von links überholt zu werden, unterstützt die Kommunistische Partei den Streik und erklärt: Die Forderung der Renault-Arbeiter nach einer Tariflohnerhöhung von zehn Francs pro Stunde ist legitim! Es zeichnet sich ab, daß sowohl Moskau wie auch die Kommunistische Partei Frankreichs sich in eine Richtung bewegen, die die Anwesenheit kommunistischer Minister in der Regierung als deplaziert erscheinen läßt. Worauf Ramadier auf der Kabinettssitzung vom 4. Mai 1947 den fünf kommunistischen Ministern dankt und am nächsten Tag ihre Entlassung offiziell verkündet.

Seine Entscheidung wird von Mitterrand gutgeheißen, der nie ein Anhänger von de Gaulles Nachkriegspolitik gewesen ist, die Kommunisten wegen ihrer Verdienste im

Widerstand und wegen ihrer großen Anhängerschaft – immerhin rund 25 % der Stimmen – an der Macht zu beteiligen. Man kann den Mitterrand der auslaufenden vierziger Jahre, der soeben seine Ministerkarriere beginnt, sogar guten Gewissens als Antikommunisten bezeichnen, zumal sein Hauptkonkurrent im Département Nièvre, wo er sich in der Folgezeit immer wieder um sein Abgeordnetenmandat bewirbt, ein kommunistischer Kandidat ist. Allerdings bemüht sich Mitterrand schon damals um Nuancen: Er bekämpft die Kommunistische Partei, nicht aber die kommunistischen Wähler!

Ein unentbehrlicher Minister

Nachdem ein Jahr zuvor schon de Gaulle und seine Anhänger die Regierung verlassen haben, scheidet mit den Kommunisten die zweite wichtige Kraft der glorreichen Widerstandsbewegung aus. Die Lücken, die dadurch entstehen, erleichtern das politische Überleben so kleiner Parteien wie der UDSR, obwohl sie nur mit einem guten Dutzend Abgeordneter im Parlament vertreten ist. Zur Bildung einer Regierungsmehrheit wird sie aber benötigt und kann stets einige Minister stellen. Vor allem Mitterrand weiß aus dieser Situation Nutzen zu ziehen – er macht sich unentbehrlich.

Kaum einer der Ministerpräsidenten, die unter der Vierten Republik an die Macht gelangen, um sie oft schon Tage oder Monate später einem Nachfolger zu überlassen, mag auf den jungen, wendigen Alleskönner verzichten. Er wird durch seine ständige Anwesenheit zu einem der wenigen stabilen Elemente in dieser wechselvollen Epoche. Der frühe Ruhm, den er sich damit erwirbt, hat allerdings auch Schattenseiten. Mitterrand muß sich nachsagen lassen, mehr Interesse für seine Karriere als für Frankreich zu haben, seine Gegner schimpfen ihn sogar einen Opportunisten mit äußerst dehnbarem politischen Rückgrat – was Mitterrand empört. Er behauptet, in allen elf Regierungen, denen er angehörte, sei er nie vom Parteikurs der UDSR abgewichen, überdies habe er viermal einen Ministerposten abgelehnt. Die Liste seiner Regierungsämter kann sich aber auch so sehen lassen. Er war:

- Minister für ehemalige Kriegsteilnehmer und Deportierte von Januar bis Oktober 1947 unter Paul Ramadier (Sozialist) und von November 1947 bis Juli 1948 unter Robert Schuman (Volksrepublikaner).
- Staatssekretär für Information von Juli bis August 1948 unter André Marie (Radikalsozialist).
- Staatssekretär für Information während 48 Stunden im September 1948 unter Robert Schuman (Volksrepublikaner) und von September 1948 bis Oktober 1949 unter Henri Queuille (Radikalsozialist).
- Minister für die französischen Überseegebiete von Juli 1950 bis Februar 1951 unter René Pleven (Demokratische und Sozialistische Union der Widerstandsbewegung) und von März bis Juli 1951 unter Henri Queuille (Radikalsozialist).
- Staatsminister ohne Portefeuille von Januar bis Februar 1952 unter Edgar Faure (Radikalsozialist).
- Minister für den Europarat von Juni bis September 1953 unter Joseph Laniel (Konservativer).
- Innenminister von Juni 1954 bis Februar 1955 unter Pierre Mendès France (Radikalsozialist).

– Justizminister von Februar 1955 bis Mai 1957 unter Guy Mollet (Sozialist).

Während all dieser Jahre, in denen Frankreich schwere soziale Krisen durchmacht, in denen die Entkolonialisierung Indochinas und Schwarzafrikas beginnt und schließlich der Algerienkrieg ausbricht, äußert Mitterrand keinerlei linke Ideen, die auf seine spätere Karriere als Chef der Sozialistischen Partei oder gar als Staatspräsident der Linken hindeuten. Er bemüht sich höchstens, das in seinem Elternhaus in der Charente sowie auf dem christlichen Kolleg in Angoulême erworbene Gerechtigkeitsgefühl sichtbar werden zu lassen.

Seit 1949 z. B. gehört er zu den wenigen französischen Politikern, die ein gewisses Verständnis für die afrikanischen Unabhängigkeitsbewegungen aufbringen. Von einer längeren Afrikareise, die er 1950 zwischen zwei Regierungsämtern durchführt und die ihm anschließend zum Ministerium für die französischen Überseegebiete verhilft, kehrt er mit der Überzeugung zurück, daß den Kolonien auf die Dauer eine gewisse Selbständigkeit nicht vorenthalten werden kann. Allerdings denkt Mitterrand zum damaligen Zeitpunkt niemals an eine vollständige Entkolonialisierung.

Die Einheit Frankreichs – zu der ja auch die Kolonien zählen – bleibt für ihn unantastbar. Ihm schwebt eher eine Art Commonwealth vor, in dem den Mitgliedern einige begrenzte Vollmachten zugestanden werden, während das Mutterland die Verantwortung für das Ganze behält. Daß sich diese beiden Wege – einerseits mehr Freiheit, andererseits Fortsetzung der Unterwerfung – nicht miteinander verknüpfen lassen, muß Mitterrand schon bald erfahren. Als die Regierung Laniel im September 1953 nationalistische Unruhen in Tunesien und Marokko mit Gewalt niederschlägt, protestiert er noch gegen diese »repressiven Methoden« und legt sein Ministeramt nieder.

Ein Jahr später greift er zu ähnlichen Mitteln, als er – inzwischen Innenminister der Regierung Mendès France – mit den in Algerien aufflammenden Unruhen konfrontiert wird. Sein Versuch, durch Reformen eine gewisse Öffnung in Richtung Mitverantwortung herbeizuführen, gleichzeitig aber auch die nationale Integrität zu erhalten, scheitert: Die in Algerien herrschenden »Colons«, die französischen Kolonialherren, wollen unter keinen Umständen ihre Macht und ihre Vorrechte aufs Spiel setzen. Die algerischen Nationalisten andererseits sind so oft von den Franzosen enttäuscht und betrogen worden, daß sie sich Fortschritte nur noch durch Gewaltakte versprechen. Damit sind die Weichen für einen blutigen Bürgerkrieg gestellt, der über viele Jahre hinweg die französische Innenpolitik überschattet. Er beginnt am 1. November 1954, dem Allerheiligentag. In zahlreichen algerischen Dörfern und Städten ereignen sich Bombenattentate und bewaffnete Überfälle, werden Kasernen und Polizeiposten in Brand gesteckt, gibt es Tote und Verletzte. Der Aufstand ist militärisch geplant und kriegsmäßig durchgeführt worden. Die Drahtzieher sind eine Gruppe algerischer Nationalisten um den Obersten Achmed Ben Bella, die von Kairo aus eine nationale Befreiungsfront (FLN) vorbereiten.

Mendès France wie auch Mitterrand verurteilen solche Gewaltakte, weil sie einerseits die Chancen für begrenzte Reformen zerstören, andererseits gegen das eherne Prinzip der nationalen Einheit verstoßen. Sie reagieren darum schnell und hart. Sie schicken mehrere Bataillone Fallschirmjäger sowie drei Kompanien der berühmt-berüchtigten Republikanischen Sicherheitspolizei (CRS) nach Algerien und lassen sie gemeinsam mit den dort schon stationierten Truppen eine gründliche Säuberungsaktion durchführen. Drei Tage später erklärt Mitterrand vor dem Innenausschuß des Parlaments, die Gewaltakte würden jede Verhandlung ausschließen. Er fügt wörtlich hinzu: »Sie können nur durch einen Krieg beantwortet werden.«

Am 12. November benutzt Mitterrand vor der Nationalversammlung schließlich eine Formulierung, die in die französische Kolonialgeschichte eingeht und die ihn für lange Zeit (zu Unrecht) zu einem ultrarechten Kolonialisten abstempelt. Er sagt: »Algerien ist Frankreich, die Départements Algeriens sind Départements der französischen Republik ... Gegen jeden, der auf die eine oder andere Weise versucht, Unruhe zu stiften und eine Spaltung herbeizuführen, werden wir mit allen Mitteln, die uns das Gesetz in die Hand gibt, zurückschlagen.«

Mitterrands Entscheidung, Gewalt mit Gewalt zu beantworten, wird zwar von allen im Parlament vertretenen politischen Parteien, außer den Kommunisten und der extremen Linken, mit Beifall quittiert – entspricht sie doch den noch vorherrschenden Ansichten von einer effektiven Kolonialpolitik. Viele seiner damaligen und heutigen Kritiker fragen sich jedoch, ob von ihm nicht eine liberalere Verhaltensweise hätte erwartet werden können, nachdem er sich bis dahin immer den Anstrich eines Reformers gegeben hatte. Die Diskrepanz zwischen Worten und Taten wird noch größer, als es in Algerien im Verlauf der Säuberungsaktionen zu Standgerichten und

Folterungen kommt, die in den Verantwortungsbereich des Innenministers fallen, nachdem die Regierung auf die Ausrufung des Ausnahmezustandes und damit die militärische Zuständigkeit verzichtet hat. Zu seiner Verteidigung sagt Mitterrand später – der wie viele Franzosen lange Zeit braucht, um das Algerien- und das Kolonialproblem mit anderen Augen zu sehen –, das ihm immer wieder vorgehaltene Zitat »Algerien ist Frankreich« sei aus einem größeren Zusammenhang gerissen. In anderen Teilen der Rede habe er ausführlich die notwendigen Reformen angesprochen – was stimmt und was nachzulesen ist. Im übrigen gesteht Mitterrand ein, in dieser turbulenten Zeit, in der einige seit Jahrhunderten geltende Wertvorstellungen in Frage gestellt wurden, auch Irrtümer begangen zu haben.

Trotz aller Schwierigkeiten sind gerade die Jahre, in denen sich Mitterrand mit der beginnenden Entkolonialisierung und dem sich abzeichnenden Algerienkrieg beschäftigt, für seine weitere politische Laufbahn wichtig. Auch die Zusammenarbeit mit Mendès France, der für viele Franzosen den Aufbruch in ein neues politisches Zeitalter verkörpert, hinterläßt deutlich Spuren. Er beginnt, die Dinge nicht mehr als selbstverständlich hinzunehmen, stellt Fragen, wo andere schweigen, bemüht sich um neue, um alternative Lösungen.

Es zeigen sich auch erste Tendenzen einer Orientierung nach links, die noch verstärkt werden, weil er für die Rechten der damaligen Zeit, die Rechtsextremisten und die sich gerade neu formierende gaullistische Bewegung, in zunehmendem Maße als politischer Gegner Nummer eins gilt. Sie versuchen schließlich sogar, den jungen Minister, der allen Sätteln gerecht zu werden scheint, als

Verräter von Staatsgeheimnissen hinzustellen. Das geschieht im Sommer 1954, nachdem Mitterrand zum Innenminister ernannt worden war und der kalte Krieg die französischen Kommunisten zu Staatsfeinden gemacht hatte. In dieser Zeit werden dem Zentralkomitee der Kommunistischen Partei Frankreichs wortgetreue Geheimprotokolle des Nationalen Verteidigungsrates zugespielt, einem Gremium aus Ministern und Generälen, das alle wichtigen militärischen Entscheidungen trifft.

Regierungschef Mendès France wird gezielt über den Geheimnisverrat informiert, zugleich erhält er den vertraulichen Hinweis, daß Innenminister Mitterrand, der an den Sitzungen des Verteidigungsrates teilzunehmen pflegt, den Verrat begangen haben könnte. Mendès France trifft daraufhin eine Entscheidung, die Mitterrand sowohl als Freund wie auch als Innenminister kompromittiert und die er im nachhinein als Kurzschlußhandlung zu entschuldigen versucht: Er beauftragt – ohne den Innenminister zu informieren – den Chef der Geheimpolizei mit den Ermittlungen. Erst zwei Monate später, nachdem die Presse bereits Wind von der Affäre bekommen hat und eine Hetzkampagne gegen ihn startet, erfährt auch Mitterrand, welch schwerer Verdacht auf ihm lastet. Zu seinem Glück kann er nachweisen, daß er an einer der beiden Sitzungen des Verteidigungsrates, über die Informationen an die Kommunistische Partei gelangt sind, überhaupt nicht teilgenommen hat. Außerdem kann die Polizei die Drahtzieher des Komplotts – einen Kabinettsdirektor, einen Polizisten und einen Journalisten – entlarven. Der Verdacht, er als Innenminister habe Staatsgeheimnisse an die Kommunisten verraten, wird endgültig und lückenlos entkräftet.

Aber auch Mitterrand muß die trübe Erfahrung machen, daß an demjenigen, der das Opfer einer Verleumdung wird, immer etwas haften bleibt. Noch viele Jahre lang wird die Affäre der »Lecks« immer wieder aufgetischt, um seine Zuverlässigkeit und Ehrenhaftigkeit in Frage zu stellen und um ihn als Politiker zu diskriminieren. Sie hängt ihm wie ein Makel an und dürfte wohl auch ein Grund dafür sein, daß er bis zum Ende der Vierten Republik kein einziges Mal mit dem Amt des Ministerratspräsidenten betraut wird.

Inzwischen beginnt Mitterrand sich allerdings dem Regime, dem er so lange und auf so vielen Posten gedient hat, innerlich zu entfremden. Er erkennt, daß die Parteien dieses Regime zum Spielball ihrer Interessen gemacht und dadurch jeder Glaubwürdigkeit beraubt haben, daß sie andererseits nicht mehr in der Lage sind, die dringlichsten wirtschaftlichen und sozialen Probleme Frankreichs zu bewältigen. Aber Mitterrand mag sich auch nicht all denen anschließen, die in de Gaulle, dem glorreichen Widerstandskämpfer und Befreier von Paris, den einzig möglichen »Retter der Nation« sehen.

Als die Krise der Vierten Republik offen ausbricht, als in Algier französische Offiziere gegen die Regierung in Paris putschen und ein Bürgerkrieg bevorzustehen scheint, gehört er zu den wenigen Politikern, die gegenüber dem neuen Regime, das sich ankündigt, auf Distanz gehen. In seinen Augen ist de Gaulles Pokerspiel um die Macht, bei dem putschende Offiziere ein willkommenes Druckmittel bilden, nichts anderes als ein gewöhnlicher Staatsstreich.

De Gaulle die Gefolgschaft zu verweigern und in die Opposition zu gehen, gehört zu den ganz wenigen wichtigen Entscheidungen in Mitterrands Leben, die er für sich alleine fällt, ohne den Rat seiner Freunde einzuholen. Er wandert stundenlang über die Seinequais und überdenkt das Für und das Wider. Läuft er zu de Gaulle über, soviel ist schon jetzt sicher, winkt ihm ein weiteres Ministeramt, bleibt er weiterhin im Bannkreis der Macht. Lehnt er de Gaulle ab, wird er auf lange Zeit, wahrscheinlich auf mindestens zehn Jahre, von der Macht ausgeschlossen – eine wenig verlockende Aussicht für einen jungen Politiker, der mit seinen 41 Jahren schon elfmal Minister war. Daß Mitterrand am Ende doch den schwereren Weg der Opposition wählt, hat sowohl einen politischen als auch einen persönlichen Grund. Er ist überzeugt, daß die republikanischen Traditionen Frankreichs durch de Gaulles diktatorischen Anspruch gefährdet sind – und dementsprechend verteidigt werden müssen. Außerdem möchte er in einer so grundsätzlichen Frage sich selber treu bleiben und sich seine innere Harmonie bewahren.

Der neue, aus einer einsamen Entscheidung geborene Mitterrand verblüfft sowohl Freunde wie Feinde. Er marschiert Arm in Arm mit dem Kommunisten Jacques Duclos an der Spitze einer Massendemonstration, die in Paris von der kommunistisch gelenkten Gewerkschaft CGT zur »Verteidigung der Republik« organisiert wird.

Als er zusammen mit den anderen Präsidenten der im Parlament vertretenen Parteien (außer den Kommunisten) von de Gaulle empfangen wird, der abchecken möchte, mit welcher Mehrheit er bei seiner bevorstehenden Wahl zum Präsidenten des Ministerrats rechnen kann, legt er sich offen mit dem Gastgeber an. Er vergleicht dessen Rückkehr an die Macht mit den Machenschaften einer südamerikanischen Militärdiktatur und läßt den völlig konsternierten de Gaulle wissen, wie lächerlich er es findet, daß Frankreichs Schicksal in den Händen eines einzigen Mannes liegen soll.

Während der Parlamentsdebatte, die am 1. Juni 1958 der Wahl des neuen Regierungschefs vorangeht, wird Mitterrand gegenüber dem in der Nationalversammlung anwesenden de Gaulle noch deutlicher: »Als de Gaulle sich am 10. September 1944 der Beratenden Versammlung präsentierte, die aus dem äußeren und dem inneren Widerstand hervorgegangen war, hatte er zwei Gefährten: die Ehre und das Vaterland. Heute heißen seine Gefährten – die er sicherlich nicht selber gewählt hat, die ihm aber bis hierher gefolgt sind – Gewalt und Spaltung. Die Anwesenheit de Gaulles macht deutlich – selbst wenn er etwas anderes will –, daß von nun an gewalttätige Minderheiten ungestraft und erfolgreich die Demokratie zerstören können.«

Während der Rede, die sich de Gaulle mit versteinertem Gesicht anhört, wird Mitterrand zweimal von Protestgeschrei und Tumulten unterbrochen. Der Beifall am Ende ist schwach, er kommt fast ausschließlich von den Bänken der Kommunisten. De Gaulle wird schließlich mit 309 gegen 224 Stimmen zum neuen Präsidenten des Ministerrats gewählt. Mitterrand verliert seine erste große Schlacht gegen den alten und neuen Widersacher. Die Niederlage wiegt doppelt schwer, weil viele seiner bisherigen politischen Partner – wie der Sozialist Guy Mollet und auch mehrere Deputierte seiner eigenen Partei – im letzten Augenblick die blauen Nein-Stimmzettel mit den weißen Ja-Stimmzetteln vertauschen. Die anderen, die damals gemeinsam mit ihm die Opposition gewählt haben, gehören auch heute noch zu seinen engsten politischen Freunden.

IV

De Gaulle und Mitterrand – die Gegenspieler

Ein obskures Attentat

De Gaulles Rückkehr an die Macht verändert Frankreich. Die Verfassung der Fünften Republik wird schon wenige Monate später dem Volk in einem Referendum zur Entscheidung vorgelegt und kommt mit einer überwältigenden Mehrheit durch. Aus den Parlamentswahlen, die im November 1958 ausgeschrieben werden, geht die gaullistische Bewegung mit fast zweihundert Abgeordneten als stärkste Fraktion hervor. Am 21. Dezember des gleichen Jahres läßt de Gaulle sich zum Staatspräsidenten mit außergewöhnlichen Vollmachten wählen. Im Gegensatz zu seinen beiden Vorgängern unter der Vierten Republik, die fast nur Ausstellungen eröffnen und Straßen einweihen durften, beherrscht er alle wichtigen Bereiche der Staatsmacht. Er braucht zudem das Parlament, das bis dahin so viele Regierungen gestürzt hatte, nicht mehr zu fürchten. Mitterrand, der diese Entwicklung vollkommen ablehnt, sieht kaum noch eine Chance, in absehbarer Zeit aus der politischen Verbannung der Opposition herauszukommen. Als Quittung für seine

Auflehnung gegen den »Retter der Nation« verliert er sogar noch sein Mandat als Deputierter der Nationalversammlung. Sein Wahlkreis im Département Nièvre, der die von de Gaulle vorgeschlagene Verfassung der Fünften Republik mit über 94% der Stimmen gutgeheißen hat, wählt ihn ab und entscheidet sich für einen gaullistischen Kandidaten. Der einst so viel beschäftigte Minister, der über zehn Jahre lang das offizielle Frankreich verkörperte und der aus dem öffentlichen Leben kaum noch wegzudenken war, schrumpft zu einer politischen Randfigur. Ihm bleibt nur noch der Trost, daß von der Macht und dem Ruhm de Gaulles ein bißchen auch auf ihn, seinen verbissensten Gegner, ausstrahlt . . .

In diese Phase platzt eine Affäre, die auch noch Mitterrands bescheidene Oppositionsrolle zu beenden scheint und die selbst seine engsten Mitstreiter verunsichert. In der Nacht vom 15. auf den 16. November 1959 verläßt er die Pariser Brasserie Lipp, einen bekannten Treffpunkt für Politiker und Künstler, um mit seinem dunkelblauen Peugeot 403 nach Hause zu fahren. Bevor er seine Wohnung in der Rue Guynemer erreicht, sieht er sich von einem anderen Auto verfolgt. Er versucht zu entkommen, stoppt schließlich vor dem Eingangstor zu den Gärten des Observatoriums, verläßt sein Auto und versteckt sich unter einer breiten Hecke.

In diesem Augenblick fallen mehrere Schüsse. Später, nachdem die beiden Täter geflüchtet sind, entdeckt Mitterrand, daß die linke Seite seines Peugeots siebenmal getroffen worden ist. Sowohl gegenüber der Polizei wie auch der Presse gibt er zu Protokoll, daß er keine Ahnung hat, wer die Täter sein könnten. Er läßt aber unmißverständlich durchblicken, daß angesichts des aufgeheizten

Klimas – inzwischen tobt der Algerienkrieg – wohl nur rechtsextreme Kreise in Frage kommen. Seine Andeutungen bekommen zusätzliches Gewicht durch die Warnungen eines gaullistischen Abgeordneten, mehrere Todeskommandos seien im Auftrag der »Ultras« (Befürworter eines französischen Algeriens) auf führende Politiker angesetzt worden. Der Schluß liegt also nahe, daß Mitterrand um ein Haar das Opfer eines politischen Mordanschlages geworden wäre – worauf ihn die Presse als Helden feiert und die Linke zu heftigen Angriffen auf die Regierung ausholt.

Mitterrands Ruhm dauert allerdings nur sechs Tage. Dann veröffentlicht das Pariser Enthüllungsblatt »Rivarol« eine neue Version des Attentats, in der Mitterrand nicht als Opfer, sondern als Urheber dargestellt wird. Autor des Artikels, der wie eine Sensation wirkt, ist ein etwas zwielichtiger, ehemals gaullistischer und später poujadistischer Abgeordneter namens Robert Pesquet. Er schreibt, Mitterrand habe ihn mehrfach gebeten, einen »gefährlichen Auftrag« anzunehmen, der letztlich das Ziel habe, die immer frecher auftretenden Rechtsextremisten zu kompromittieren. Bei dem Auftrag, den er nach mehreren Treffen mit Mitterrand angenommen habe, sei es um ein fingiertes Attentat gegangen. Als Beweis fügt Pesquet an, daß er jedes Detail des Attentats – Mitterrands Flucht bis zu den Gärten des Observatoriums, sein Versteck unter der Hecke, die Schüsse auf die linke Seite des Wagens – in einem Brief beschrieben habe, den er noch vor dem Attentat an eine postlagernde Adresse abschickte. Als weiteren Beweis legt Pesquet die Maschinenpistole vor sowie vier der insgesamt sieben Kugeln.

Der Untersuchungsrichter, der seit Beginn der Affäre

gegen Unbekannt ermittelt, läßt sofort Pesquet und Mitterrand zum Verhör kommen und arrangiert eine Gegenüberstellung der beiden mutmaßlichen Komplizen. Als Mitterrand spät in der Nacht den Justizpalast verläßt, wird er von zahlreichen Journalisten solange mit Fragen bedrängt, bis er ihnen seine neue, berichtigte Darstellung des Attentats wiederholt, die er soeben dem Untersuchungsrichter vorgetragen hat. Er gesteht ein, sich mehrfach mit Pesquet getroffen zu haben. Jener habe den Auftrag gehabt, ihn zu ermorden, habe die Tat aber nicht durchführen wollen und deswegen vorgeschlagen, zu seiner eigenen und zu Mitterrands Rettung das Attentat nur zum Schein durchzuführen – mit der Garantie, daß kein Blut vergossen wird. Nach diesem Plan, auf den er sich aus Angst vor einer wirklichen Bedrohung eingelassen habe, seien die Ereignisse dann abgelaufen. Auf die Frage der Journalisten, warum er diese Version des »Attentats« vor der Polizei sechs Tage lang verschwiegen habe, antwortet Mitterrand nur: um Pesquet vor dessen Auftraggeber zu schützen.

Seit dem nächtlichen Verhör und seit seiner improvisierten Pressekonferenz auf den Stufen des Jusizpalastes stehen sich zwei Versionen der Vorgänge am Observatorium gegenüber. Beide klingen ebenso glaubwürdig wie unglaubwürdig, beide werfen aber nicht gerade ein günstiges Licht auf Mitterrand. Stimmt seine Darstellung, muß er sich als ehemaliger Innen- und Justizminister eine unglaubliche Naivität vorwerfen lassen. Stimmt Pesquets Darstellung, hat er die Öffentlichkeit betrogen und sich zudem noch wegen Vortäuschung einer Straftat schuldig gemacht. Wo genau die Wahrheit liegt, konnte bis heute nicht geklärt werden. Den Beteuerungen Mitterrands, er sei das Opfer seiner politischen Gegner geworden, die ihn entweder töten oder zumindest zu Fall bringen wollten, wird schließlich jedoch mehr Glauben geschenkt als den Aussagen Pesquets, der zudem seine ursprünglichen Versionen mehrfach korrigiert. Auch die Justiz, die sich noch sechs Jahre lang mit dem Fall beschäftigt, fällt kein endgültiges Urteil, scheint aber Mitterrands Darstellung für richtig zu halten.

Die Ochsentour der Opposition

Die politischen Auswirkungen des fingierten Attentats am Observatorium sind für Mitterrand katastrophal. Seine parlamentarische Immunität als Mitglied des Senats (in den er nach dem Verlust seines Abgeordnetenmandats eingezogen ist) wird ihm vorübergehend aberkannt. Er wird von einem großen Teil der Presse wie auch von seinen politischen Gegnern verhöhnt. Zur Verteidigung führt Mitterrand immer wieder an, daß er tatsächlich Angst um sein Leben hatte und daß er sich gleichzeitig verpflichtet gefühlt habe, den Mann, der ihn retten wollte, zu schützen. Warum er sich in dieser schwierigen Situation weder einem Freund noch der Polizei anvertraute, bleibt sein Geheimnis, auf das er wohl nie eine Antwort geben wird.

Das Ende seiner politischen Karriere, wie viele erwartet und sicherlich auch erhofft hatten, bedeutet diese Affäre jedoch nicht. Mit der ihm eigenen Beharrlichkeit beginnt er seine politische Ochsentour, die er zwölf Jahre vorher schon einmal durchgemacht hat, von vorne. Er zieht als Bürgermeister in das Rathaus von Château-Chinon ein, dessen Gemeinderat er schon vorher angehört hatte, und erobert 1962 auch wieder seinen alten Wahlkreis zurück, wobei er im entscheidenden zweiten Wahlgang sowohl von den Sozialisten wie auch von den Kommunisten unterstützt wird. Bei diesem Wahlsieg erntet Mitterrand die ersten Früchte seiner politischen Neuorientierung, die mit dem Ende der Vierten Republik einsetzte.

Auf der Suche nach Allianzen, die ihm bei seinem Kampf gegen de Gaulle und gegen die Fünfte Republik nützlich sein können, hat er sich mehr und mehr der Linken genähert. Er schließt nicht einmal mehr ein Zusammengehen mit den Kommunisten aus – was zum damaligen Zeitpunkt in Frankreich noch zu den politischen Tabus gehört. Um sich selber als Führer einer neuen linken Opposition zu profilieren, benutzt Mitterrand im Parlament jede sich bietende Gelegenheit, das herrschende Regime anzuprangern. Er wirft de Gaulle vor, durch seine allzu subjektive Auslegung der Verfassung den Ministerrat zu einer »subalternen Schreibstube« zu degradieren, das Parlament in ein »Ghetto« zu verbannen und den Abgeordneten drei Viertel ihrer »legislativen Befugnisse zu verweigern«. Er verurteilt, daß sich der Staatspräsident die Bereiche Außenpolitik und Verteidigung weitgehend einverleibt und damit den Premierminister zu einem »Befehlsempfänger« entwürdigt hat – wodurch die vielzitierte Verantwortlichkeit des Parlaments zu einer politischen Farce geworden sei. Die Machtfülle, die de Gaulle für sich in Anspruch nimmt, belegt Mitterrand mit den schlimmsten politischen Schimpfworten. Er bezeichnet sein Regime als »absolute Monarchie«, als »Polizeistaat« oder auch als »totalitäres System«. In einer

Rede vor der Nationalversammlung, die berühmt geworden ist, sagt Mitterrand am 19. Juli 1962: »Dieses Regime, das angeblich auf halbem Wege zwischen einem Präsidialregime und einem parlamentarischen Regime angesiedelt ist, war nie etwas anderes als eine Diktatur.«

Am 24. April 1964 greift er erneut die seiner Meinung nach exzessiven Machtbefugnisse des Staatspräsidenten an: »Wir müssen zu einem Regime der Freiheit und des Gleichgewichts zurückkehren und Schluß machen mit dem, was Sie uns aufzwingen und was nichts anderes ist als ein Regime der Autorität und der Unverantwortlichkeit!« Aber auch die Gaullisten lassen keine Gelegenheit aus, um Mitterrand zu treffen. Als er am 21. Mai 1964 de Gaulle und die Institutionen der Fünften Republik angreift, schleudern sie ihm das Wort »Francisque, Francisque« entgegen und versuchen, ihn – wie schon so oft – in die Nachbarschaft der Kollaborateure zu rücken. Worauf Mitterrand aufsteht und – zum ersten und letzten Mal in seiner politischen Laufbahn – öffentlich daran erinnert, daß kein Geringerer als General de Gaulle ihn in seinen Memoiren als verdienten Widerstandskämpfer erwähnt hat. Die diffamierenden Zwischenrufe verstummen daraufhin, doch die Gaullisten schicken nun ihren Abgeordneten Roger Frey in die Debatte, um mit Mitterrand abzurechnen. Er ruft dem verhaßten Gegner zu: »Nichts in der Gegenwart und nichts in der Vergangenheit berechtigt Sie, Monsieur Mitterrand, den Gaullismus zu begreifen, und darüber sind wir glücklich. Der Gaullismus ist etwas ganz anderes als Sie selber, und darüber freuen wir uns. Der Gaullismus bedeutet eine bestimmte Vorstellung von Frankreich, und darauf sind wir stolz. Der Gaullismus ist vor allem ein Ideal – ein Wort, das Ihnen, Monsieur Mitterrand, so gut wie unbekannt ist. Der Gaullismus ist vor allem die Ablehnung einer Vergangenheit, die tot ist und die Sie wiederbeleben wollen, weil Sie mit ihr gestorben sind.«

Es ist eine der leidenschaftlichsten Debatten, die zwischen den Gaullisten und Mitterrand ausgefochten wird. Sehr viele Jahre später, am 14. Mai 1981, stehen sich der Herausforderer und der Verteidiger de Gaulles noch einmal gegenüber. Roger Frey als Präsident des Verfassungsrates fällt die Aufgabe zu, dem neugewählten Staatspräsidenten Mitterrand das offizielle Wahlergebnis mitzuteilen – eine Begegung, von der der Gaullist nach Berichten von Augenzeugen blaß und einsilbig zurückkehrt.

So unversöhnlich Mitterrand in den innenpolitischen Debatten de Gaulle, den Gaullismus und die Fünfte Republik angreift, so gemäßigt sind seine Stellungnahmen zu den wichtigen Themen der Außenpolitik. Das gilt sowohl für die Nachkriegsjahre der Vierten Republik, während der er an der Regierungsverantwortung beteiligt ist, wie auch für die Zeit der Opposition. Er spricht sich in allen Europadebatten für ein Vereintes Europa aus und nimmt seit 1948 regelmäßig an den Kongressen der Europäischen Bewegung teil. Sein einziger Vorbehalt, den er immer wieder ausspricht, betrifft die französische Einheit. Erst wenn die Einheit zwischen Frankreich und seinen Kolonien sichergestellt ist, so argumentiert Mitterrand, hat es einen Sinn, auch die europäische Einheit zu konstruieren. Sobald es aber zur Abstimmung kommt, befindet er sich auf der Seite der Europäer. Er stimmt mit Ja für die Europäische Union für Kohle und Stahl, für die Europäische Wirtschaftsgemeinschaft und für Euratom.

Als die französische Nationalversammlung in ihrer denkwürdigen Sitzung vom 30. August 1954 den Vertrag über die Europäische Verteidigungsgemeinschaft zu Fall bringt, enthält er sich der Stimme.

Ähnlich positiv verhält sich Mitterrand gegenüber den USA und der Atlantischen Gemeinschaft, wodurch er sich schon recht früh den Ruf eines »Atlantikers« erwirbt. Er macht allerdings einige Einschränkungen. Von dem Augenblick an, wo sowohl die USA wie auch die Sowjetunion die Atombombe besitzen, warnt er vor einer politischen und militärischen Dominanz der USA innerhalb der Atlantischen Gemeinschaft. Er fordert, daß die anderen Mitglieder der NATO mitentscheiden können, ob und wann die Atombombe eingesetzt wird. Gleichzeitig ist er einer der ersten französischen Politiker, die für eine friedliche Koexistenz zwischen Ost und West eintreten und die das Wort »Entspannung« verwenden.

Auch die Aussöhnung Frankreichs mit seinem deutschen Nachbarn findet Mitterrands grundsätzliche Zustimmung. Am 22. Januar 1963, zwei Tage, nachdem Konrad Adenauer und Charles de Gaulle den deutsch-französischen Freundschaftsvertrag unterzeichnet haben, erklärt er in der Parlamentsdebeatte über den Vertrag: »Ich sage gleich – und es ist immer gut, es zu wiederholen –, daß wir die Versöhnung zwischen dem französischen und dem deutschen Volk für gut und in sich notwendig halten. Sie liegt glücklicherweise genau auf der Linie, die schon seit fünfzehn Jahren vorgezeichnet worden ist.« Im nächsten Satz meldet Mitterrand gewisse Bedenken an, die er in ähnlicher Weise auch heute noch als Staatspräsident formuliert, um die anderen europäischen Partner hinsichtlich einer französisch-deutschen

Vormachtstellung zu beruhigen: »Niemand kann uns daran hindern, die Frage zu stellen, ob es wirklich nötig war, die besondere Freundschaft zwischen zwei Staaten, zwischen Frankreich und Deutschland, derart hervorzuheben, und das auch gegenüber den anderen Europäern.«

Die Beziehungen zwischen den beiden Ländern, so meint Mitterrand damals wie heute, brauchen nicht so weit zu gehen, daß das seiner Meinung nach »verabscheuungswürdige« Wort von der »Achse Paris–Bonn« Berechtigung erhält.

Zum ersten Mal Präsidentschaftskandidat

Je länger sich die Jahre der Opposition hinziehen, desto schwieriger wird die tägliche Arbeit des Politikers Mitterrand. Er ist von dem Informationsfluß abgeschnitten, der einer Regierung zur Verfügung steht, ihm fehlen die zahllosen Helfer und Spezialisten, die einem Minister oder einem Regierungschef das Leben erleichtern. Bei wichtigen außenpolitischen Entscheidungen – wie dem deutsch-französischen Vertrag – wird er meistens vor vollendete Tatsachen gestellt. Doch im Gegensatz zu vielen anderen Politikern, die angesichts der de Gaulleschen Machtausbreitung resignieren und sich in die innere Emigration zurückziehen, gibt Mitterrand nicht auf. Je mehr die erste, siebenjährige Amtszeit de Gaulles ihrem Ende zugeht, desto konkreter wird sein Wunsch, gegen den alten Staatspräsidenten zu kandidieren, ihn herauszufordern. Indirekt erleichtert ihm de Gaulle dieses Vorhaben, indem er am 28. Oktober 1962 die Direktwahl des

Staatspräsidenten einführt. Dieses Wahlsystem macht den Staatspräsidenten noch unabhängiger von den Parteien und vergrößert seine schon von der Verfassung vorgesehene Machtfülle. Es ermöglicht aber auch solchen Außenseiterkandidaten wie Mitterrand den Zugang zur Wahl.

Zunächst weiht Mitterrand niemanden, nicht einmal seine engsten Freunde, in seine geheimen Pläne ein. Er hat sich als Gegner de Gaulles zwar einen Namen gemacht, muß aber befürchten, daß man sich über ihn lustig macht und all die alten Geschichten, die über ihn kursieren, wieder auftischt. Außerdem fehlt ihm eine schlagkräftige politische Organisation für einen eventuellen Wahlkampf. Die UDSR existiert wohl noch, ist aber angesichts der neuen Machtverhältnisse und der veränderten Parteienlandschaft bedeutungslos geworden. Mitterrand muß darum zunächst einmal nach Partnern suchen, die seine Kandidatur unterstützen.

Die Möglichkeiten, die sich ihm innerhalb der desolaten, von der Mitte bis nach links reichenden Opposition bieten, sind allerdings gering. Mit der Radikalen Partei – seiner ursprünglichen politischen Richtung – läßt sich keine Einigung herstellen, weil sie ihre Bindungen an die konservativen Volksrepublikaner nicht aufgeben möchte. Die sozialistische SFIO (Französische Sektion der Arbeiter-Internationalen) wie auch die Kommunistische Partei sind jede für sich politisch so festgelegt, daß sie ihn niemals als ihren Kandidaten akzeptieren würden. Seine einzige Chance – das begreift Mitterrand sehr schnell – liegt in einem lockeren Wahlbündnis aller linken Formationen, einschließlich der Kommunisten, die sich nur in einem einig zu sein brauchen: daß sie de Gaulle von der

Macht verdrängen wollen. Die vielen personellen und politischen Hindernisse, die ein solches Wahlbündnis erschweren, schrecken Mitterrand nicht ab. Nach außen hin unterstützt er zunächst noch die Präsidentschaftskandidatur seines Freundes Gaston Defferre, der von dem Nachrichtenmagazin l'Express als Monsieur X, als der ideale Gegenkandidat zu de Gaulle propagiert wird. Gleichzeitig verbessert er aber auch seine eigene Ausgangsposition, indem er einige Dutzend der zu der Zeit grassierenden linken politischen Clubs zu einem Konvent vereinigt und auf sich einschwört. Erst als Defferre seine Kandidatur zurückzieht, deckt Mitterrand seine Karten auf. In einem politischen Parforceritt sichert er sich die Unterstützung der Sozialisten, der Radikalsozialisten und sogar der Kommunisten, die ihrerseits auf einen eigenen Kandidaten verzichten wollen. Erst dann, nachdem er sich nach allen Seiten hin abgesichert hat, gibt er seine Bewerbung um das höchste Staatsamt bekannt.

Seine offizielle Erklärung, die er der Presse zukommen läßt, ist nur ganze 25 Zeilen lang. Sie enthält keinerlei programmatische Aussagen, sondern betont vor allem seine Gegnerschaft zu de Gaulle. Mitterrand schreibt: »Knapp drei Monate vor den Präsidentschaftswahlen herrscht unter den Republikanern, die die persönliche Macht bekämpfen wollen – und ich denke dabei vor allem an jene, die sich von ihrer Tradition und von ihren Idealen her zur französischen Linken bekennen –, große Unsicherheit ... Ich bin darum entschlossen, mich den Franzosen und den Französinnen am kommenden 5. Dezember zur Wahl zu stellen. Eine solche Entscheidung darf nicht alleine durch die Ablehnung einer bestimmten

Regierungsform begründet sein. Sie findet erst in den Perspektiven, die sie einer Nation eröffnet, ihre Berechtigung. Selbstredend geht es mir in erster Linie darum, dem Mißbrauch der Macht, dem selbstbezogenen Nationalismus und dem sozialen Konservatismus die genaue Einhaltung der Gesetze und der Freiheiten entgegenzusetzen, alle Chancen Europas sowie eine dynamische Expansion wahrzunehmen, die durch einen demokratischen Plan sichergestellt werden soll.«

Die französische Nachrichtenagentur Agence France Presse (AFP) veröffentlicht den Text Mitterrands am 9. September 1965 kurz nach 17 Uhr. Im Elyséepalast geht gerade eine der berühmten Pressekonferenzen de Gaulles zu Ende, ohne daß der Staatspräsident zu erkennen gegeben hat, ob er nun am 5. Dezember kandidieren wird. Doch die Hoffnung Mitterrands, daß ihm diese geschickte Zeitplanung Schlagzeilen verschafft, erfüllt sich nicht. Die Presse spricht am nächsten Tag fast nur von de Gaulle und erwähnt Mitterrands Kandidatur höchstens am Rande. Die Kommentare sind auch nicht gerade enthusiastisch. Die dem Staatspräsidenten nahestehenden Zeitungen graben – wie nicht anders zu erwarten ist – die »Affären« aus. Sie erinnern an Vichy, an den Francisque-Orden, an den Verdacht des Hochverrats und an das allen noch sehr bewußte Attentat vom Observatorium. Sie bezeichnen Mitterrand als einen Mann der Vergangenheit, der die gescheiterte Vierte Republik verkörpert, und sprechen ihm alle staatsmännischen Fähigkeiten ab. Aber auch die linke Presse hält sich zurück, zumal in diesem Augenblick noch nicht zu erkennen ist, ob Sozialisten und Kommunisten Mitterrands Kandidatur unterstützen werden.

Erst als sich einen Tag später – von Mitterrand insgeheim vorbereitet – eine Föderation der Sozialistischen und Demokratischen Linken (FGDS) konstituiert, der die Radikalsozialisten, die Sozialisten, die UDSR und Mitterrands Konvent der politischen Clubs beitreten, wird er als Kandidat der Linken glaubwürdig – zumal die Föderation schon wenige Tage später seine Kandidatur offiziell unterstützt. Auch die entscheidende Frage, in welcher Form und bis zu welchem Punkt ihm die Kommunisten folgen werden, vermag Mitterrand innerhalb weniger Tage zu regeln. Ihren Vorschlag, eine gemeinsame Wahlplattform zu bilden, lehnt er rundweg ab – weil er weiß, daß er damit die anderen Wahlpartner vor den Kopf stoßen würde, die seine Annäherung an die Kommunisten sowieso mit einigem Mißtrauen betrachten. Er ist aber bereit, den Kommunisten vertrauliche Vorabinformationen über sein Sachprogramm zukommen zu lassen, was Waldeck Rochet, dem neuen kommunistischen Parteiführer, schließlich ausreicht. Das Zentralkomitee der Kommunistischen Partei beschließt einige Tage später, François Mitterrand als gemeinsamen Präsidentschaftskandidaten der Linken zu akzeptieren und seinen Wahlkampf mit allen Mitteln zu unterstützen.

Das von Mitterrand in wenigen hektischen Wochen zusammengezimmerte Wahlbündnis des Jahres 1965 kann weder mit der Volksfront des Jahres 1936 noch mit dem gemeinsamen sozialistisch-kommunistischen Regierungsprogramm des Jahres 1972 verglichen werden. Sein Zustandekommen bedeutet jedoch die Geburtsstunde der neuen französischen Linken, die von nun an ein ernstzunehmendes Gegengewicht zur Rechten, zu den Parteien der Regierungsmehrheit, bildet und die am

Ende – nach vielen Umwegen und Rückschlägen – Mitterrand an die Macht bringt. Für die Kommunisten bedeutet das Wahlbündnis zudem eine unerhoffte politische Aufwertung. Zum ersten Mal verlassen sie das Ghetto, in das sie durch den Stalinismus und den kalten Krieg geraten sind, und werden wieder koalitionsfähig. Mitterrand selber vermag schließlich in die Rolle zu schlüpfen, die er sich seit vielen Jahren erträumt hat: Er wird als unangefochtener Führer der (wenn auch notdürftig vereinten) Linken anerkannt.

Für den Wahlkampf bleiben ihm zweieinhalb Monate. Seine finanziellen Mittel lassen sich bei weitem nicht mit den Millionen messen, die de Gaulle und seinen Wahlhelfern zur Verfügung stehen. Doch das fehlende Geld wird durch guten Willen ersetzt. Mitterrand mietet eine Vierzimmerwohnung in der Rue du Louvre, läßt fünf Telefone installieren, bittet ein Dutzend Freunde, die Organisation des Wahlkampfes zu übernehmen. Teure Werbemanager, Politologen oder gar Fachexperten kann er sich nicht leisten. Trotzdem wird Frankreich innerhalb kurzer Zeit auf den Kandidaten der Linken aufmerksam. Seine Wahlveranstaltungen, die er fast täglich in mehreren Orten durchführt, werden immer besser besucht. Wenn er de Gaulle und sein autoritäres System angreift, ist ihm Beifall sicher. Darüber hinaus vermeidet Mitterrand konkrete politische Aussagen – darf er doch keine der Parteien verärgern, die ihn unterstützen. Um dennoch Schlagzeilen zu machen, weicht er auf unpolitische Themen aus. So erklärt er eines Tages vor jungen Arbeitern und Arbeiterinnen, ein aus dem Jahre 1920 stammendes Gesetz, das die Verbreitung von Verhütungsmitteln einschränkt, sei nicht mehr zeitgemäß – worauf das

Thema Familienplanung tagelang den Wahlkampf beherrscht und auch die anderen Kandidaten Farbe bekennen müssen.

Eine wichtige Wahlkampfunterstützung erfährt Mitterrand durch die Kommunistische Partei. Mit Hilfe ihrer Strukturen, die bis tief in die dichtbesiedelten Wohnviertel und in die Betriebe reichen, vermag sie die Massen zu mobilisieren. Ihre Druckerzeugnisse, die in Millionenauflagen erscheinen, verbreiten seine Wahlaufrufe in fast jeden Haushalt. Aber auch das Fernsehen spielt in diesem Wahlkampf erstmalig eine herausragende Rolle. In den gut zwei Stunden, die ihm zur Verfügung stehen, kann Mitterrand mehr Franzosen ansprechen als in allen Wahlveranstaltungen zusammengenommen. Er ist zwar noch ungeübt und leidet angesichts von Kameras und Scheinwerfern unter heftigem Lampenfieber. Doch die Leidenschaft und die Ernsthaftigkeit, mit denen er seine Angriffe gegen de Gaulle vorträgt, beeindrucken viele Zuschauer – zumal derart kritische Töne in dem zu der Zeit noch total vom Staat beherrschten französischen Fernsehen neu sind.

De Gaulle läßt sich zunächst nicht aus der Reserve lokken. Er straft sowohl Mitterrand wie auch den zweiten antigaullistischen Kandidaten, den Zentristen Jean Lecanuet, mit Mißachtung. Vier Wochen vor dem Wahltermin teilt er dem französischen Volk erst mit, daß er sich noch einmal um das Amt des Staatspräsidenten bewirbt. Sein wichtigstes Wahlkampfargument lautet: »Ich oder das Chaos.« »Wenn mich die eindeutige und massive Zustimmung der Bürger in meinem Amt bestätigt«, so de Gaulle am 4. November 1965 im Fernsehen, »ist die Zukunft der neuen Republik gesichert. Wenn nicht, wird sie ohne Zweifel zusammenbrechen, wird Frankreich – ohne daß es noch einmal eine Rettung gibt – in ein noch größeres Durcheinander des Staates gestürzt, als es dies bereits erlebt hat.« Erst als die Meinungsumfragen erkennen lassen, daß er im ersten Wahlgang kaum mit der absoluten Mehrheit rechnen kann, beteiligt de Gaulle sich intensiver am Wahlkampf. Doch nun ist es zu spät, den Trend noch zu ändern. Er erzielt nur 44,35 % der abgegebenen Stimmen und wird von Mitterrand, der auf unerwartete 31,74 % kommt, in den zweiten Wahlgang gezwungen.

In den zwei Wochen, die zwischen dem ersten und dem zweiten Wahlgang liegen, erlebt der früher so wenig verwöhnte Mitterrand, welche Flügel der Erfolg verleiht. Wer vorher noch über ihn lächelte, der sich auf seinem einzigen Wahlplakat als »ein junger Präsident für ein modernes Frankreich« vorstellte, nimmt ihn nun ernst. Und viele, die gestern noch zu seinen Gegnern zählten, suchen jetzt seine Nähe. Selbst die extreme Rechte, die im ersten Wahlgang ihren Kandidaten Jean-Louis Tixier-Vignancour ins Rennen geschickt hatte, um de Gaulle ein paar Stimmen abzutrotzen, ruft zur Wahl Mitterrands auf. Der nimmt den unerwarteten Beistand an, macht aber unmißverständlich deutlich, daß er sich durch nichts und durch niemanden von seinem Linkskurs abbringen läßt. Als der Zentrumskandidat Lecanuet, der mit seinem geschickten antigaullistischen und antikommunistischen Wahlkampf im ersten Wahlgang beachtliche 15,56 % erzielte, eine eventuelle Wahlunterstützung an die Bedingung knüpft, daß Mitterrand sich von den Kommunisten lossagt, erhält er eine Abfuhr. Eine kommunistische Partei, die sich weiterhin im Ghetto befindet, läßt Mitterrand ihm ausrichten, sei nicht nach seinem Geschmack. Der neue Führer der Linken, der zu genau weiß, daß er de Gaulle im zweiten Wahlgang unterliegen wird, denkt schon an die nächsten Wahlen, bei denen ihm die Kommunisten nützlicher sein können als das in sich zersplitterte Zentrum.

Am 19. Dezember 1965 wird de Gaulle mit der unerwartet knappen Mehrheit von 55,2% wiedergewählt. Mitterrand erzielt 44,8% und damit über 3 Millionen Stimmen mehr als schon im ersten Wahlgang. An diesem Abend wird Mitterrand wie ein Sieger gefeiert, schwelgt die Linke, die sich hinter ihm formiert hat, in Zukunftsvisionen. Genauere Wahlanalysen zeigen dann jedoch, daß die 44,8% Stimmen bei weitem nicht nur von der Linken kommen, sondern daß auch viele rechte Wähler für Mitterrand gestimmt haben. So erzielte er in den kommunistischen Hochburgen wie dem sogenannten »roten Gürtel« rund um Paris durchweg schlechtere Ergebnisse als in manchem konservativen Wahlkreis.

Für dieses Phänomen findet Mitterrand schließlich zwei Erklärungen. Erstens haben viele rechte Wähler de Gaulle übelgenommen, daß er Algerien »verkauft«, d. h. in die Unabhängigkeit entlassen hat. Sie stimmten darum für Mitterrand. Zweitens ist die Spaltung der Linken, die 1920 auf dem Kongreß von Tours begann, bei weitem noch nicht überwunden. Weder das Volksfront-Erlebnis des Jahres 1936 noch die Verbrüderung während der Zeit des Widerstandes gegen die Deutschen vermochten den Graben zwischen Kommunisten und Sozialisten zu überbrücken, der durch den Stalinismus dann noch vertieft wurde. »In den Augen der Sozialisten hatten die Kommunisten Frankreich verraten, in den Augen der Kommunisten hatten die Sozialisten die Arbeiterklasse verraten«, resümiert Mitterrand später in seinem Buch »Ma part de vérité« das Feindschaftsverhältnis zwischen den beiden linken Parteien. Auch das lockere Wahlbündnis des Jahres 1965, das nie schriftlich fixiert wurde, hat an dieser Situation kaum etwas geändert – darüber ist Mitterrand sich klar. Aber er weiß, daß ein vielversprechender Anfang gemacht worden ist und daß der Weg, den er mit seiner Kandidatur beschritten hat, zur »espérance«, zur Hoffnung, berechtigt – ein Wort, das er von nun an zu seinem politischen Leitmotiv macht.

Eine neue Strategie für die Linke

Mitterrands politischer Standpunkt, der in den Nachkriegsjahren eher rechts als links von der Mitte angesiedelt war, ist durch seine Präsidentschaftskandidatur eindeutig nach links gerückt. Das Wort Sozialismus gehört noch nicht zu seinem Sprachschatz – das kommt erst später –, doch zeichnet er in seinen Wahlreden bereits eine Vision von der Linken, die weitgehend seinen späteren Vorstellungen von einer sozialistischen Welt entspricht. So sagt er am 4. November auf einer Wahlkampfveranstaltung in Lyon: »Die Linke – ja, das ist die französische Großzügigkeit. Sie hat sich oft in der Richtung geirrt, sie hat Schläge hinnehmen müssen; am Ende gab es oft ein Gefecht oder es blieb Verbitterung zurück. Trotzdem geht es der Linken gut, weil sie sich mit der Not des Volkes verbündet hat, es geht der Linken gut, weil sie sich mit der Hoffnung des Volkes verbündet hat, sie wird solange Bestand haben, wie sich in den Herzen der Menschen ein

Drang nach Freiheit regt. Die Linke bedeutet aber auch die Bereitschaft zur Verantwortung, bedeutet Kenntnis und Verstehen des Landes, der Lebensbedingungen und der Arbeitsmittel, die Linke bedeutet die Liebe zwischen den Menschen und Liebe zwischen den Völkern – Worte, die vielleicht veraltet oder aber auch abgenutzt klingen, die ich aber trotzdem, ohne rot zu werden, verwende, weil ich fest überzeugt bin: Solange es irgendwo Menschen gibt, die zuzugeben wagen, daß sie das Ideal einer brüderlichen Gesellschaft verwirklichen wollen, solange es irgendwo Menschen gibt, die sagen, daß es über alle Kontinente hinweg ein Band der gemeinsamen Hoffnung gibt, die derart romantische Worte auszusprechen wagen, solange gibt es den Beweis, daß die Linke sich treu bleibt.«

Der Wahlkampf und das Wahlergebnis haben vor allem aber Mitterrands Selbstbewußtsein gestärkt. Dem historischen Denkmal de Gaulle, der sich auf dem Gipfel der Macht befindet, im ersten Wahlgang 7 1/2 Millionen und im zweiten Wahlgang 10 Millionen Stimmen abgetrotzt zu haben, erfüllt ihn mit Stolz. In einer riesigen Halle von 50 000 Menschen umjubelt zu werden, wie bei seiner letzten Wahlkampfveranstaltung in Toulouse, macht ihn glücklich und entschädigt ihn für die vielen Enttäuschungen und Rückschläge der vergangenen Jahre. Außerdem sind für ihn, den mit 49 Jahren schon altgedienten Politiker Mitterrand, solche Massenveranstaltungen ein ganz neues Erlebnis.

Wahlkampf hatte er bisher nur in Château-Chinon und im Département Nièvre geführt, wo er seine Wähler und seine Gegner kennt. Die Regierungskoalitionen, denen er während der Vierten Republik angehörte, wurden überdies von einer Handvoll verdienter Parteiführer ausgehandelt und anschließend nach immer wieder gleichen Gesetzmäßigkeiten mit Ministern besetzt – das Volk hatte da wenig mitzureden. Bei aller Euphorie übersieht Mitterrand nicht, daß der Erfolg, den die Linke erzielte, in Wirklichkeit nur ein halber Erfolg ist, daß ja nicht er, sondern de Gaulle gesiegt hat. Und er beginnt gründlich darüber nachzudenken, wie die Machtverhältnisse in Frankreich verteilt sind und was geändert werden muß, damit ein Machtwechsel möglich wird. Am Ende dieser Überlegungen steht in groben, aber schon deutlich erkennbaren Konturen seine Strategie der Vereinten Linken, mit der die Linke schließlich an die Macht kommt und er selber zum Staatspräsidenten gewählt wird.

Am Anfang dieser Strategie steht die Erkenntnis, daß die augenblickliche Machtverteilung in Frankreich dem gaullistischen Regime noch auf viele Jahre oder sogar Jahrzehnte hinaus das Überleben sichert. Ihrem in sich geschlossenen, von einem überragenden Führer (daran hatte Mitterrand keinen Zweifel) zusammengehaltenen Block steht eine uneinheitliche Opposition gegenüber, deren verschiedene Kräfte auseinanderstreben und sich gegenseitig neutralisieren. Da gibt es auf der einen Seite die starke Kommunistische Partei, die von ihrem Gewicht her den Kern einer linken Opposition bilden könnte, die aber zu sehr ins politische Abseits geraten ist, um für eine echte Koalition oder gar für eine Führungsrolle in Frage zu kommen. Da gibt es auf der anderen Seite das weite Feld der nichtkommunistischen Opposition, das von den konservativen Volksrepublikanern über die Radikalen bis hin zu den Sozialisten und den Linkssozialisten reicht, das aber zu sehr mit seinen kleinlichen politischen Rivalitäten und seinen endlosen ideologischen Grabenkämpfen beschäftigt ist, um dem herrschenden Regime wirklich gefährlich werden zu können.

Wenn diese Situation überwunden werden soll, die sowohl in einer Spaltung wie in einer Verzettelung der Opposition besteht, muß die nichtkommunistische Linke zunächst einmal ihre »republikanische Authentizität« zurückgewinnen, die Mitterrand als »demokratischen Sozialismus« zu bezeichnen pflegt. Sie braucht dafür einerseits eine »moderne und anpassungsfähige« Organisation, so Mitterrand, andererseits ein klares, antikapitalistisches Programm, das ihr politisches Gewicht mehr nach links hin, in die von den Kommunisten besetzt gehaltenen Bereiche verlagert, als zur Mitte hin, wo sowieso wenig zu gewinnen ist.

Erst wenn diese Voraussetzung erfüllt ist, sollte sich die nichtkommunistische Linke (ein Begriff, den Mitterrand übrigens nicht gut findet) um eine Integrierung der Kommunisten bemühen. Dabei sollte die Kommunistische Partei ein »natürlicher« und nicht etwa ein »privilegierter« Partner sein. Für diese ebenso schwierige wie entscheidende Phase sieht Mitterrand innerhalb seiner langfristigen Strategie drei Stufen vor: 1. das Gleichziehen der nichtkommunistischen Linken mit der Kommunistischen Partei, d. h., sie sollte versuchen, etwa auf die gleichen Stimmenanteile und die gleiche Zahl der Abgeordneten zu kommen. 2. das Überflügeln der Kommunistischen Partei – womit ausgeschlossen würde, daß die Kommunisten dem Partner ihren Stempel aufdrücken. 3. die Erringung einer so großen parlamentarischen Mehrheit, daß man die Kommunisten als Partner akzeptieren kann, ohne auf sie angewiesen zu sein.

Aus der Perspektive des Jahres 1981 gesehen, wirkt das, was Mitterrand 1965 für den einzig möglichen Weg zum Machtwechsel hält, wie Prophetie. Die folgenden fünfzehn Jahre laufen nach fast genau diesem Schema ab. Die einzelnen Phasen, die schließlich zum Sieg führen, lassen sich allerdings nur sehr viel langsamer und sehr viel schwieriger verwirklichen, als er sich das erträumt. Es wird deutlich, daß sich eine seit Jahrzehnten gewachsene politische Landschaft nicht in wenigen Wochen ummodellieren läßt, daß aber auch die politischen Kräfte, mit denen er es zu tun hat, vor den notwendigen Veränderungen zurückschrecken. Mitterrand wird zwar gleich zu Beginn des Jahres 1966 zum Präsidenten der »Föderation der demokratischen und sozialistischen Linken« (FGDS) gewählt, in der die verschiedenen Parteien der nichtkommunistischen Linken zusammengefaßt sind. Doch er muß schon bald resignierend feststellen, daß es fast unmöglich ist, die Mitglieder auf einen gemeinsamen politischen Kurs zu bringen.

Ein wichtiger Streitpunkt ist immer wieder die Frage, ob man sich für die nächsten Parlamentswahlen auf ein Wahlabkommen mit den Kommunisten einlassen soll. Mitterrand ist dafür, doch die Radikale Partei und ein Teil der Sozialisten sind dagegen. Die Kommunistische Partei zeigt sich an einem solchen Wahlabkommen sehr interessiert. Sie beginnt jedoch so sehr auf den Abschluß zu drängen, daß Mitterrand sich unter Druck gesetzt fühlt und wieder auf Distanz geht – er weiß zu genau, daß die Zeit noch nicht reif ist.

Ein anderer Streitpunkt ist die Funktion der Föderation. Mitterrand und seine engsten Freunde möchten daraus die Keimzelle für eine spätere einheitliche Linkspartei machen, die Führer der anderen Mitgliedsparteien, darunter vor allem der Sozialist Guy Mollet, möchten dagegen ihre Unabhängigkeit bewahren. Um ihnen die Idee der Einheitspartei schmackhaft zu machen, überrascht Mitterrand seine Partner eines Tages mit der Bildung eines »Schattenkabinetts« nach britischem Vorbild. Er selbst übernimmt die Präsidentschaft und verteilt die wichtigsten Schattenministerposten an seine ärgsten Widersacher: SFIO-Chef Mollet, der bei den Sitzungen der Gegenregierung zu seiner Linken sitzt, erhält das Außen- und Verteidigungsministerium; René Billières, der Chef der Radikalen Partei, der rechts von ihm plaziert wird, bekommt das Erziehungs- und Kulturministerium. Unter den weiteren »Regierungsmitgliedern« tauchen Namen auf, die sehr viel später Mitterrrands »echter« Regierung angehören: Pierre Mauroy, damals »Staatssekretär für Jugendfragen«, 1981 Premierminister; Gaston Defferre, damals »Minister für Soziales und für Verwaltungsfragen«, 1981 Innenminister; Jacques Delors, damals (unter dem Pseudonym Roger Jacques) »Berater für Wirtschaftsfragen«, 1981 Wirtschafts- und Finanzminister. Das Generalsekretariat, mit dessen Hilfe Mitterrand das bunt zusammengewürfelte Schattenkabinett dirigiert, wird von seinem Freund Georges Dayan geleitet.

Auch gemeinsame »Regierungsarbeit« – einmal in der Woche trifft man sich, um die Politik de Gaulles zu analysieren und um Gegenvorschläge zu machen – vermag die Linksföderation nicht zu einer einzigen Partei zusammenzuschweißen. Sie festigt jedoch Mitterrands Führungsrolle im Innern der Föderation und verschafft ihm zugleich eine viel größere Außenwirkung. In Reden, Zeitungsartikeln und offiziellen »Regierungserklärungen« kann er nun intensiv für das Wahlabkommen mit den Kommunisten eintreten, das nach wie vor sein Ziel bleibt, ohne sich jedes Mal bei seinen Partnern rückversichern zu müssen. Protestieren die Partner – weil sie sich wieder einmal überfahren fühlen –, droht Mitterrand mit dem Rücktritt vom Präsidium der Linksföderation. Er vermag damit die Wogen immer wieder zu glätten, denn bei allen Vorbehalten gegenüber Mitterrand will niemand in den Geruch kommen, dieses Instrument, das die neuen Hoffnungen der Linken symbolisiert, zerstört zu haben.

Nach mehreren Monaten, in denen es zu zahlreichen Krisen kommt, rückt die Einigung schließlich in den Bereich des Möglichen. Mitterrand wird offiziell beauftragt, mit den Kommunisten ein Wahlabkommen auszuhandeln. Er empfängt die Delegation der Kommunistischen Partei, mit deren Parteichef Waldeck Rochet an der Spitze, zum ersten Mal am 11. Dezember 1966 im Büro der Linksföderation in der Rue de Lille. »Das Gespräch«, so schreibt Mitterrand später in seinem Buch »Ma part de vérité«, »verlief in einem Klima tiefer Ernsthaftigkeit. Wir waren uns bewußt, daß wir einen wichtigen Augenblick unserer Geschichte erlebten«.

»Manche meinen immer noch, daß es sich um eine Episode ohne Konsequenzen handelt. Ich bin sicher, daß sie sich täuschen. An diesem Tag – dem 11. Dezember – begann der unwiderrufliche Weg zur Einheit. Es wird sicherlich Unterbrechungen oder gar Rückschritte geben, und viele werden mich heute für unvorsichtig halten. Aber wir werden es schaffen. Und zwar schneller, als einige Superschlaue es sich vorstellen können«.

Dem Inhalt nach ist das Wahlabkommen zwischen der Linksföderation und den Kommunisten, das am 20. Dezember 1967 von Mitterrand und Waldeck Rochet feierlich paraphiert wird, noch weit von einem »gemeinsamen Programm« entfernt, wie es die Kommunisten vorgeschlagen hatten. Es handelt sich eher um einen Katalog gemeinsamer politischer Versprechungen, die weder den einen noch den anderen Partner zu irgend etwas verpflichten. In einem Punkt wird das Wahlabkommen jedoch ganz konkret – und das ist der wichtigste für die bevorstehenden Parlamentswahlen: Beide Seiten verpflichten sich, im zweiten Wahlgang den jeweils bestplazierten Kandidaten der Linken zu unterstützen, der dann – ob Kommunist, Sozialist, Radikaler oder Radikalsozialist – im Namen der gesamten Linken gegen den Kandidaten des Regierungslagers antritt, während sich alle anderen, schlechter plazierten Kandidaten des linken Lagers zurückziehen. Diese Vereinbarung, die später auch noch von den Vereinigten Sozialisten (PSU) unterzeichnet wird und die bei der Parlamentswahl am 5. und 12. März 1967 bis auf wenige Ausnahmen respektiert wird, erhöht die Wahlchancen der von der kommunistischen und der nichtkommunistischen Linken aufgestellten Kandidaten. Im ersten Wahlgang, bei dem es zunächst einmal um das Kräfteverhältnis zwischen den einzelnen Parteien geht, kommt die Linke auf insgesamt 43,51 % der Stimmen – sie hat also gegenüber den im ersten Wahlgang der Präsidentschaftswahl von Mitterrand erzielten 31,74 % über 10 % der Stimmen hinzugewonnen und damit zum ersten Mal ihr gesamtes Wählerreservoir mobilisiert. Der Erfolg läßt sich aber auch an den Parlamentssitzen ablesen. Alle Unterzeichner des linken

Wahlabkommens können die Zahl ihrer Mandate erhöhen. Die Kommunisten gewinnen 32 hinzu, die Sozialisten zehn, Mitterrands Konvention der Clubs fünfzehn und die Radikalen sechs, womit sich die Zahl der linken Abgeordneten in der Nationalversammlung fast verdoppelt, während die Mehrheit des Regierungslagers auf einige wenige Mandate schrumpft.

Mitterrands Wahltaktik, die er mit Überzeugungskraft, mit Gerissenheit und gelegentlich auch mit einem raffinierten Doppelspiel durchgesetzt hat, erweist sich als richtig. Doch seine Hoffnung, daß die in seiner Linksföderation zusammengeschlossenen Parteien nun bereit sind, ihre Eigenständigkeit zugunsten einer einzigen, einheitlichen Partei aufzugeben, erfüllt sich nicht. Als der junge Pierre Mauroy vorschlägt, aufbauend auf den Wahlerfolg eine große Sozialistische Partei zu gründen, will niemand etwas davon wissen. Die kleinen Eifersüchteleien und Grabenkriege gehen weiter, die Föderation verliert ihren Elan der Vorwahlzeit, so daß Mitterrand schließlich resignierend feststellt: »Die Linksförderation ist an ihrem Erfolg des Jahres 1967 zugrunde gegangen.« Er wird noch einmal zum Präsidenten der Förderation gewählt und vermag – nach langen internen und schwierigen bilateralen Verhandlungen – am 24. Februar 1968 sogar ein weiteres Abkommen mit der Kommunistischen Partei unter Dach und Fach zu bringen. Obwohl dieses Abkommen über die Wahlvereinbarung des Jahres 1966 hinausgeht, kann man auch jetzt noch nicht von einem »gemeinsamen Programm« sprechen – etwa in der Art, wie es 1972 zwischen der Sozialistischen und der Kommunistischen Partei abgeschlossen wird.

Mitterrand findet, daß der Ausdruck »gemeinsame

Plattform« eher angebracht ist. Mit einiger kritischer Distanz gesteht er auch ein, daß man sich für dieses Abkommen, in dem zu den Themenbereichen Institutionen und Freiheiten, Wirtschaft und Soziales sowie Außenpolitik gemeinsame Erklärungen abgegeben werden, ein bißchen zuviel vorgenommen hat. Während man hinsichtlich der vorzunehmenden Maßnahmen und Reformen im Bereich der Wirtschaft und des Soziallebens auf einer Linie liegt und bei der Diskussion der Freiheiten den traditionellen Monopolanspruch der Kommunisten und den demokratischen Pluralismus der Sozialisten noch mit einiger Mühe auf einen Nenner zu bringen vermag, scheiden sich die Geister beim Thema Außenpolitik. Über die Politik, die gegenüber Vietnam, dem Nahen Osten und den Deutschen einzuschlagen ist, gehen die Meinungen mal mehr, mal weniger auseinander. Dagegen gibt es im Bereich der Europapolitik überhaupt keine Gemeinsamkeit. Die Föderalisten begrüßen den Gemeinsamen Markt, wünschen dessen Ausweitung auf die Sektoren Währung, Gesundheit, Planwirtschaft und Technologien, schlagen sogar ein direkt gewähltes europäisches Parlament vor. Die Kommunisten sprechen dagegen Europa jedwede Eigenständigkeit auf Kosten der nationalen Souveränität ab. Sie verurteilen im übrigen dessen »Unterwerfung unter die Vorherrschaft eines expansiven und revanchelüsternen Deutschlands sowie unter die amerikanische Bevormundung«.

Wegen dieser kleinen und großen Divergenzen wird das Abkommen des Jahres 1968 mit beißender Kritik überschüttet und gelegentlich auch als »Katalog der Unterschiede« karikiert. Georges Pompidou, damals Premierminister de Gaulles, bezeichnet es sogar als »Programm der Anarchie, das zur Diktatur führt«. Mitterrand bleibt trotzdem überzeugt, daß der Versuch zweier Partner, sich über alle verbindenden und trennenden Aspekte ihrer Politik klarzuwerden und das Ergebnis dann auch noch in einem Papier festzuhalten, sehr nützlich war. Er ist bereit, den Dialog mit den Kommunisten wieder aufzunehmen, um auch über die jetzt noch bestehenden Streitpunkte eine Einigung zu erzielen. Auf die (damals noch sehr theoretische) Frage, ob er sich eine gemeinsame Regierung mit den Kommunisten vorstellen könne, gibt Mitterrand ein Jahr später in seinem Buch »Ma part de vérité« eine Antwort, die heute genauso aktuell klingt wie 1968 und die er sinngemäß in seinem ersten Interview mit dem Deutschen Fernsehen wiederholt, das am 12. Juli 1981 ausgestrahl wird.

Mitterrand schreibt: »Was die angebliche Unmöglichkeit angeht, mit den Kommunisten zu regieren, zunächst die Frage: Woher kommt diese Ablehnung denn wohl? Weil sie kein Umgang sind? Ich erinnere daran, daß es während der vergangenen 25 Jahre einigen Umgang mit ihnen gegeben hat. General de Gaulle war es doch, der sie an der Macht beteiligte. Sie blieben dort unter zwei sozialistischen und einem christlich-demokratischen Präsidenten (des Ministerrats, Anm. des Autors). Man wird sagen, damals habe es sich um den Wiederaufbau Frankreichs gehandelt. Wenn der Gaullismus erst einmal geschlagen ist, wird es sich um die Wiederherstellung der politischen und der wirtschaftlichen Demokratie handeln. Und das ist nicht wenig. Die Kommunistische Partei ist mächtig? 1944 war sie es noch mehr. Die Sowjetunion ist bedrohlich? 1946 war sie es noch mehr. Das hinderte weder die christliche Demokratie noch die sozialistische Demokratie, mit den stalinistischen Kommunisten gemeinsame Sache zu machen.« Und um zu zeigen, daß es nicht nur im Lager der Linken Streitfragen gibt, erinnert Mitterrand daran, daß im Lager der Rechten der Politiker Valéry Giscard d'Estaing über Europa ganz andere Ansichten vertritt als de Gaulle und trotzdem Mitglied der Regierung sein kann. Es ist das erste Mal, daß Mitterrand den Namen seines späteren Gegners erwähnt, der damals schon von seinen Freunden als fast »ebenso gefährlich« wie de Gaulle selbst eingestuft wird . . .

Mai 1968 – die verpaßte Chance

Bevor die Linke Gelegenheit bekommt, den langwierigen und gelegentlich schmerzhaften Prozeß ihrer inneren Konsolidierung fortzusetzen, wird sie mit den Ereignissen des Mai 1968 konfrontiert (und schließlich von ihnen überrollt). Einen kurzen Augenblick lang scheint es so, als ob die studentische Revolte, die innerhalb von vier Wochen die Züge einer Revolution annimmt und die das Staatswesen aus den Angeln zu heben droht, der Linken jene große Chance bietet, auf die sie schon lange wartet. Es zeigt sich jedoch, daß ihre Kräfte noch zu sehr auseinanderstreben und auch zu verschiedene Interessen vertreten, um diese Chance wahrzunehmen. Nachdem der Mai und sein revolutionärer Sturm verrauscht sind, können de Gaulle und sein rechtes Lager einen glanzvollen Sieg verbuchen, während die Linke vor den Trümmern ihrer Politik steht. Und Mitterrand, der nach den Präsidentschaftswahlen von 1965 und den Parlamentswahlen von 1967 die alte Erfahrung machte, daß der Erfolg viele Väter hat, lernt wieder einmal die Einsamkeit des Verlierers kennen.

Anfangs glaubt Mitterrand, daß sich die studentische Revolte – die mit einem Aufstand gegen die allzu konservative Hausordnung auf dem Campus der neuen Universität Nanterre bei Paris beginnt – hauptsächlich gegen die Universitätspolitik de Gaulles richtet. Immerhin sind in zehn Jahren neun Erziehungsminister verschlissen worden, ohne daß die Studienbedingungen in den heillos überfüllten Universitäten verbessert oder die vielfach versprochenen Reformen in die Wege geleitet wurden. Es bleibt auch dann noch bei dieser Analyse, als es Anfang Mai zu den ersten großen Demonstrationen in Paris kommt und als am 6. Mai eine Straßenschlacht zwischen Studenten und der mit Gummiknüppeln und Tränengasgranaten angreifenden Polizei über tausend Verletzte fordert. Im übrigen fühlt er sich nicht angesprochen, ist er doch als Oppositionsführer schon seit Jahren für die von den Studenten geforderten Freiheiten und Reformen eingetreten, hat er doch die Regierung immer wieder vor den möglichen Folgen ihrer Erziehungspolitik gewarnt.

Hinzu kommt, daß er die revolutionären Methoden der neuen studentischen Führer Alain Geismar, Jean Sauvageot und Daniel Cohn-Bendit (wegen seines Rotschopfs »Dany le Rouge« – Dany der Rote – genannt und wegen seiner deutschen Abstammung mit einer besonderen Aura umgeben) verurteilt, denen in seinen Augen das politische Fundament fehlt, um »von einem Aufstand zur Revolution und von der Revolution zur Machtübernahme« zu führen. Mitterrand fährt darum fort, dort Politik zu machen, wo sie seiner Meinung nach hingehört: auf der Rednertribüne der Nationalversammlung. Er greift – als die ersten studentischen Unruhen debattiert werden –, wie schon so viele Male vorher, die Politik von Staatspräsident de Gaulle an, macht dessen Regime für die Unzufriedenheit und das Aufbegehren der Studenten verantwortlich und verurteilt die Härte, mit der die Polizei gegen die demonstrierenden Studenten vorgeht.

Erst später erkennt Mitterrand – wie fast die ganze traditionelle politische Welt von den Regierenden bis zur Opposition –, daß sich in diesen ersten Maitagen mehr entlädt, als nur aufgestaute Kritik an der Regierungspolitik – nämlich die tiefgreifende Unzufriedenheit einer ganzen Generation mit der sie umgebenden Gesellschaft. Und er muß sich eingestehen, daß die Linke weitgehend versagt hat – wofür auch er sich persönlich mitverantwortlich fühlt.

Ein Jahr später schreibt er in seinem Buch »Ma part de vérité«: »Ich kritisiere die Linke besonders hart, weil es doch ihre Berufung ist, das auszudrücken, was neu und was gerecht ist. Wenn sie das nicht tut, ist etwas nicht in Ordnung. Eine Linke, die in Lethargie verfällt, ist ein Unding!« Eine Möglichkeit, sich selber und die Linke ins Spiel zu bingen, bietet sich zunächst jedoch nicht. Das Geschehen auf der Straße, der Barrikadenbau, die Schlachten mit der Polizei, der Kampf um die Sorbonne und alle die anderen »direkten Aktionen« dieser Tage werden von linksextremen Kräften dirigiert, die für ihn keine Partner sind und die in seinen Augen mehr zerstören als aufbauen.

Außerdem ist Mitterrand auch gar nicht gefragt. Als die Studenten, die Parteien der Opposition und die Gewerkschaften am 13. Mai zu einer großen, gemeinsamen Demonstration aufrufen, um gegen die von Premierminister Pompidou angeordnete Räumung der Sorbonne und gegen die Brutalität der Polizei in der »Nacht der Barrikaden« (10. auf 11. Mai) zu protestieren, werden die rund eine Million Demonstranten von den drei »Revolutionären« Geismar, Sauvageot und Cohn-Bendit angeführt. Erst sehr viel weiter hinten in dem endlosen Zug, der sich vom Ostbahnhof über die Seine hinweg zum Platz Denfert-Rochereau hinzieht, marschieren Mitterrand, Mendès France und Mollet sowie der kommunistische Parteiführer Waldeck Rochet, was Cohn-Bendit veranlaßt, von dem »stalinistischen Dreck« zu sprechen, der ihm nachfolgt.

Während die Studentenführer immer wieder mit Ovationen bedacht werden, bekommen die Politiker der Linken Pfiffe und abfällige Bemerkungen zu hören – wenn sie von den zumeist jugendlichen Demonstranten und Zuschauern überhaupt zur Kenntnis genommen werden. »Der Sieg gehört der Straße«, skandiert die Menge, und Mitterrand, der seit zehn Jahren gegen de Gaulle kämpft, muß sich verbittert eingestehen, daß er, der unablässige Gegner des Regimes, inzwischen mit eben diesem Regime identifiziert wird. Man will nicht nur de Gaulle, sondern genauso Mitterrand loswerden, weil sie ein und dieselbe geschichtliche Epoche verkörpern.

Der geringe politische Spielraum, der Mitterrand in den ersten beiden Maiwochen zur Verfügung steht, wird überdies noch durch das Verhalten der kommunistischen Partei eingeengt, die auf die Studentenrevolte mit einer undurchsichtigen Doppelstrategie reagiert. Auf der einen Seite beteiligt sie sich an einem Mißtrauensvotum, das Mitterrand gegen die Regierung einbringt, und läßt ihn über Mittelsmänner wissen, daß sie gerade unter diesen schwierigen Umständen zu einer weitergehenden Kooperation bereit ist. Als es dann aber auch in der Arbeiterschaft gärt und als nach einigen wilden Arbeitsniederlegungen der Generalstreik ausgerufen wird, strecken die Kommunisten ihre Fühler in Richtung Regierung aus, um ihre Zustimmung zu Verhandlungen und einer sozialen Lösung der politischen Krise zu signalisieren. Offenbar haben sie Angst, daß sie in ihrer ureigensten Domäne – der Arbeiterschaft – von den gleichen linksextremen Kräften, vor allem den Maoisten und den Trotzkisten, überholt und überrollt werden, die inzwischen die Studentenschaft dirigieren und manipulieren. Eine »revolutionäre« Situation, die Handeln erfordert, sehen sie im übrigen nicht. Offenbar stehen sie aber auch unter einem gewissen Druck Moskaus, das angesichts der angespannten Weltlage und der Folgeerscheinungen des »Prager Frühlings« wenig Interesse an einem Sturz de Gaulles und einem Machtwechsel in Frankreich hat. Mitterrand klingt darum wenig überzeugend, als er am 22. Mai bei der Parlamentsdebatte über seinen Mißtrauensantrag die »Einheit der Linken« hervorkehrt und ankündigt, er werde eine Regierung bilden, die von der Mehrheit des Volkes getragen wird, um dann Pompidou theatralisch zuzurufen: »Vorher aber – und ich sage das mit tiefem Ernst –, Herr Premierminister, vorher müssen Sie abtreten.«

Erst als Staatspräsident de Gaulle am 24. Mai ankündigt, er werde ein Referendum über mehr »participation« (Mitsprache, Beteiligung) im Bereich der Universitäten, der Wirtschaft und des sozialen Lebens durchführen und bei einer Ablehnung seiner Vorschläge durch die Mehrheit des französischen Volkes von seinem Amt zurücktreten, sieht Mitterrand den Moment gekommen, wo er in die politischen Ereignisse, die bis dahin weitgehend an ihm vorbeigelaufen sind, eingreifen kann. Am Dienstag, den 28. Mai, um 11.30 Uhr lädt er zu einer Pressekonferenz ins Pariser Hotel Intercontinental ein. Er gibt bekannt, daß er in Anbetracht des nicht mehr auszuschließenden Rücktritts de Gaulles eine »provisorische Regierung« bildet, daß er selber oder Mendès France das Amt des Premierministers übernehmen und daß er dann – falls es zu Neuwahlen kommt – für das Amt des Staatspräsidenten kandidiert.

Wörtlich sagt Mitterrand: »Seit dem 3. Mai 1968 gibt es in Frankreich keine Staatsmacht mehr, und diejenigen, die für sie zuständig sind, besitzen sie nur noch dem Anschein nach. Jeder Franzose weiß, daß die augenblickliche Regierung die Krise, die sie hervorgerufen hat, nicht mehr zu lösen vermag und daß sie nur noch mit der Warnung vor dem Chaos versuchen kann, sich einige Wochen zu halten ... Aber unser Land hat nicht nur die Wahl zwischen der Anarchie und jenem Mann, über den ich heute nicht mehr sagen will, als daß er von jetzt ab keine Geschichte mehr machen wird. Es geht darum, die sozialistische Demokratie zu begründen und der Jugend eine aufregende Perspektive zu eröffnen: das neue Bündnis zwischen dem Sozialismus und der Freiheit.« Auf dieser Pressekonferenz, an der mehrere hundert Journalisten und einige Dutzend seiner engsten Parteifreunde teilnehmen, erlebe ich Mitterrand zum ersten Mal aus unmittelbarer Nähe. Ende April 1968 war ich von Peter Scholl-Latour, dem damaligen Fernsehkorrespondenten der ARD, nach Paris geholt worden, um über den Beginn der Vietnam-Friedensverhandlungen zu berichten, die weltweite Beachtung fanden. Doch schon nach wenigen Tagen lassen die ersten Studentenaufmärsche und die Barrikadenkämpfe im Quartier Latin das Interesse an den Vietnam-Verhandlungen erlöschen, die im übrigen nur sehr langsam vorankommen. Alle Korrespondenten und alle Fernsehteams werden auf das neue Ereignis angesetzt, werden zu Krisenreportern umfunktioniert. Wir arbeiten mitten im Steinhagel der Studenten, die ihre Barrikaden verteidigen, müssen wie sie vor den Tränengasgranaten und den Schlagstöcken der Polizei Deckung suchen. Wir erleben die erregten Diskussionen der »Aufständischen« in der besetzten Sorbonne und im Odéon-Theater, das Direktor Jean-Louis Barrault den Studenten überlassen hat und in dem Tag und Nacht nur noch ein Stück gespielt wird: die Revolution. Wir marschieren mit den endlosen Demonstrationszügen kreuz und quer durch Paris, um dann, mitten in der Nacht, auf irgendeiner Parkbank die Berichte fertigzuschreiben, die am frühen Morgen von einem Motorradfahrer bis nach Aachen an die deutsche Grenze gebracht werden – angesichts des Generalstreiks die einzige Möglichkeit, das Deutsche Fernsehen mit aktuellen Filmberichten zu beliefern.

Am 28. Mai 1968 – einem Dienstag – steht Frankreich unmittelbar vor einer Staatskrise, die das Ende der Fünften Republik bedeuten kann. Der Generalstreik lähmt die gesamte Wirtschaft, viele Arbeiter haben ihre Fabriken besetzt. Es verkehrt keine Eisenbahn, kein Flugzeug und kein Omnibus. Die meisten Tankstellen sind geschlossen, in ganz Paris wird nur noch an zwei Tankstellen Benzin an Journalisten verkauft. Vor den Lebensmittelläden bilden sich Schlangen – die Bevölkerung beginnt zu hamstern. Der Vorschlag de Gaulles, ein Referendum durchzuführen, stößt auf heftige Ablehnung. Niemand, nicht einmal die Gaullisten glauben daran, daß der Staatschef sich durchsetzen wird. Darum ist die Entscheidung Mitterrands, vor der Öffentlichkeit zu demonstrieren, daß es die Linke immer noch gibt und daß sie sich für jeden Notfall bereit hält, durchaus berechtigt. Er begeht auf seiner Pressekonferenz – bei der er schon ganz staatsmännisch im dunkelblauen Anzug an einem schweren, mit dunklem Stoff überzogenen Tisch sitzt – aber zwei taktische Fehler, die seine Chancen, die studentische Protestwelle in einen politischen Coup umzumünzen, zunichte machen werden.

Der erste taktische Fehler ist, daß er so tut, als würde die provisorische Regierung automatisch nach dem (nach einem verlorengegangenen Referendum erwarteten) Rücktritt de Gaulles nominiert werden – ohne darauf hinzuweisen, daß die Verfassung für diesen Fall den Präsidenten des Senats zum Interimspräsidenten bestimmt. Dadurch setzt sich Mitterrand dem Verdacht aus – der sofort von seinen politischen Gegnern zu einer Hetzkampagne benutzt wird –, daß er so etwas wie einen Staatsstreich plant. Der zweite, noch viel schwerere taktische Fehler ist die Erwähnung des Politikers Mendès France als möglichen Regierungschef. Dieser Name muß auf die Kommunisten wie eine Herausforderung wirken. Der Radikalsozialist ist nämlich der einzige arrivierte Politiker, der von den »Gauchisten«, den Vertretern der extremen Linken, akzeptiert wird, die noch am Vorabend auf ihrer Kundgebung im Pariser Sportstadion Charléty in Mendès France' Beisein mit dem herrschenden Regime und mit ihrer einstigen »Ziehmutter«, der Kommunistischen Partei, abgerechnet haben.

Warum Mitterrand gerade Mendès France in seine provisorische Regierung aufnehmen will, mit dem ihn eine lange politische Freundschaft verbindet, den er aber auch als Konkurrenten betrachtet, ist klar: Er hofft damit die neuen politischen Kräfte, die durch die Studentenrevolte an die Macht getragen wurden und die nun den Staat in die Knie zwingen wollen, an sich zu binden. Gleichzeitig versucht er sich damit aus der Umarmung durch die Kommunistische Partei zu lösen, die de Gaulles zu erwartenden Sturz ohne Zweifel benutzen will, um an die Macht zu gelangen.

Was für die Kommunisten aber noch viel peinlicher ist: Während Mendès France namentlich erwähnt wird, werden sie in Mitterrands Pressekonferenz nur indirekt angesprochen. Er sagt lediglich, die zehn Mitglieder der provisorischen Regierung würden ähnlich wie 1944 »ohne Ausschließlichkeit und ohne unzeitgemäße Beschränkung« bestimmt werden – was zweifellos die Beteiligung kommunistischer Minister bedeutet, was aber auch so vage formuliert ist, daß es als Diskriminierung empfunden werden kann.

Noch am gleichen Nachmittag trifft sich Mitterrand mit dem kommunistischen Parteichef Waldeck Rochet – eine Begegnung, die seit Tagen verabredet ist. Der Kommunist bemüht sich keineswegs, seine Verärgerung zu verbergen. Er wirft Mitterrand vor, über die Köpfe der stärksten oppositionellen Partei hinweg, die immerhin 25% der Wähler auf sich vereinigt, einen Alleingang versucht zu haben. Die Formulierung über die Zusammensetzung der Regierung findet er für die Kommunisten unannehmbar. Waldeck Rochet und sein Sekretär Georges Marchais, der ihn zu dem Treffen begleitet hat, wollen wissen, was damit genau gemeint ist, mit wie vielen Ministern die Kommunisten denn nun rechnen können. Mitterrand entgegnet, daß es sich um eine provisorische Regierung handeln wird, und deutet an, daß er eventuell ein Ministeramt anbieten könnte – was die Kommunisten empört. Sie möchten entsprechend ihrer wirklichen Stärke berücksichtigt werden. Außerdem sagen sie Mitterrand klipp und klar, daß sie Mendès France niemals als Premierminister akzeptieren würden, den sie einer antikommunistischen Haltung bezichtigen. Nach dem Treffen geben die Kommunisten eine scharf formulierte Erklärung heraus, in der sie das wiederholen, was sie schon Mitterrand deutlich gemacht haben: Ein »gouvernement populaire« – eine Regierung des Volkes – kann es nur unter Beteiligung der Kommunisten geben.

Mitterrand merkt sehr schnell, daß er in eine Zwickmühle geraten ist. Hält er an Mendès France fest, der sowieso nur dann die Regierungsverantwortung übernehmen will, wenn auch die Kräfte »des Mai 1968« daran beteiligt werden, das heißt also, die Gauchisten, dann verliert er die Kommunisten. Ohne die Unterstützung der Kommunisten kann er aber keine Wahlen gewinnen. Verzichtet er dagegen auf Mendès France, behält er zwar die Kommunisten als Koalitionspartner, er macht sich jedoch die gesamte Bewegung des Mai zum Gegner. Er beginnt zu zweifeln, ob er mit seiner Pressekonferenz den richtigen Schritt getan hat, ob er nicht doch hätte warten sollen. Verstärkt werden die Zweifel noch durch das sehr negative Echo, das die Wiedergabe seiner Pressekonferenz in den Nachrichtensendungen des französischen

Fernsehens auslöst – und zwar auch bei seinen politischen Freunden. Mitterrand habe gesprochen und gestikuliert wie ein kleiner Diktator, finden diejenigen, die ihn auf dem Bildschirm erlebt haben, und jeder weiß, was sie damit meinen: Er wirkte wie ein verkappter Hitler. Außerdem habe er unrasiert und müde ausgesehen – ganz wie ein Verschwörer. Aus diesen Kommentaren, die noch am gleichen Abend nach Paris durchtelefoniert werden, läßt sich eindeutig ablesen, daß auch der Versuch, in einem Handstreich die öffentliche Meinung zu erobern, mißlungen ist. Sein Fernsehauftritt hat die Franzosen, die in diesen Tagen von Sorge um ihr Land erfüllt sind, nur noch mehr verunsichert.

Mitterrand ist bis heute überzeugt, daß sowohl der Ton wie auch die Bilder der Pressekonferenz von den »Staatskommissaren«, die in den bestreikten Fernsehstudios über die Einhaltung eines gesetzlich vorgeschriebenen Minimalprogramms wachten, böswillig verändert worden sind. Außerdem wirft er dem Fernsehen vor, eigenmächtige Schnitte durchgeführt, das heißt seine Aussagen verfälscht zu haben. Eine »Verschwörung des Regimes«, so meint er, habe ihn um den Erfolg gebracht.

Die Wirklichkeit, die ich als Fernsehreporter miterlebt habe, sieht weit weniger dramatisch aus. So sind schon die Licht- und Aufnahmeverhältnisse miserabel: Mitterrand saß etwas erhöht auf einem Podium vor einem dunkelroten Hintergrund, was ihm – verstärkt noch durch seine Blässe – aus dem Blickwinkel der Kamera etwas Dämonisches verlieh. Da das französische Fernsehen im übrigen streikte, wurde ein freies Kamerateam engagiert, das schlecht ausgerüstet war. Es stellte erst am Ende der Pressekonferenz fest, daß ein technischer Defekt die Aufnahmen ruiniert hatte. Worauf das französische Fernsehen die Bilder der amerikanischen Fernsehnachrichtenagentur United Press International (UPI) verwandte, die natürlich – ähnlich wie wir – nur einige Ausschnitte der sehr langen Pressekonferenz gefilmt hatte. Der Vorwurf, Bild und Ton »verändert« zu haben, dürfte deshalb leicht übertrieben sein.

Die schwierige Lage, in die Mitterrand sich durch seinen politisch berechtigten, aber dem Inhalt und der Form nach weitgehend mißlungenen Vorstoß hineinmanövriert hat, wiegt um so schwerer, als in den nächsten 24 Stunden einigen Anzeichen auf ein Ende der Ära de Gaulle hindeuten. Der wöchentliche Ministerrat, der gewöhnlich um 10 Uhr im Elysée-Palast beginnt, wird von ihm kurzfristig abgesagt. Statt dessen verläßt der Staatspräsident am Vormittag dieses 29. Mai 1968 Paris an Bord eines Hubschraubers. Er wird nur von seiner Frau sowie – in zwei weiteren Hubschraubern – von seinen engsten Mitarbeitern und einigen Leibwächtern begleitet. In Colombey-les-deux-Eglises – seinem Wohnort und ursprünglich angegebenen Ziel – kommt er jedoch nicht an. Welchen Reiseweg de Gaulle an diesem Tag genau nimmt – ob er zum Beispiel die unterirdischen Befehlsstände der atomaren Verteidigungsmacht, der »Force de Frappe«, in Taverny besucht –, ist bis heute nicht geklärt. Selbst Premierminister Pompidou und seine Minister verlieren seine Spur. Sie erfahren erst mit zwölf Stunden Verspätung – wie ganz Frankreich –, daß de Gaulle nachmittags in Baden-Baden landet und sich dort mit dem Oberbefehlshaber der französischen Truppen in der Bundesrepublik, mit General Massu, sowie mit anderen höheren Militärs trifft. Während de Gaulle von dort aus noch am gleichen Abend nach Colombey weiterfliegt, wird ein Teil der von General Massu befehligten Truppen in Richtung französische Grenze verlegt – so besagen es jedenfalls Gerüchte, die am nächsten Tag in Paris kursieren.

Am Nachmittag des gleichen 29. Mai 1968 ruft die kommunistisch gesteuerte Gewerkschaft CGT zu einer Massendemonstration auf. Nachdem die Lohnerhöhungen und die sozialen Verbesserungen, die Gewerkschaftsboß Georges Séguy mit der Regierung ausgehandelt hat, von den streikenden Arbeitern abgelehnt wurden, muß sie das politische Terrain zurückerobern, das sie an die Linksextremen zu verlieren droht. Die CGT unterstützt die Forderung der Kommunistischen Partei nach einer »Regierung des Volkes« unter Beteiligung der Kommunisten und lädt deren Parteiführung ein, an der Spitze des Demonstrationszuges mitzumarschieren. Während sich 1/2 Million Arbeiter auf dem Place de la Bastille sammeln, die ein Meer von roten und rot-gelben Fahnen schwenken, bitte ich den kommunistischen Parteichef Waldeck Rochet um ein Interview. Er sagt zu, verlangt aber von uns, daß wir die Demonstration bis zu ihrem Endpunkt, dem Bahnhof Saint Lazare, begleiten.

Der Marsch dorthin – in brütender Hitze – dauert vier Stunden. Waldeck Rochet ist am Ende so erschöpft, daß er sich sofort mit der ganzen kommunistischen Parteispitze in einen bereitstehenden Omnibus flüchtet. Ich erinnere ihn jedoch an sein Versprechen, worauf er nicht nur selber wieder aussteigt, sondern auch alle anderen herausbittet. Auf meine Frage, was die Kommunisten genau unter einer »Regierung des Volkes« verstehen, antwortet er sinngemäß: »Wer vorgibt, ohne die Kommunisten den

Sozialismus verwirklichen zu wollen, handelt unseriös. Wir werden niemals zulassen, daß ein Regime, das wir bekämpfen, durch ein anderes Regime ersetzt wird, das die Politik des alten Regimes fortführt. Nur eine Regierung des Volkes und der demokratischen Einheit, an der die Kommunisten als wichtigste Arbeiterpartei beteiligt sind und die sich auf ein Mindestprogramm einigt, kann die Erwartungen der streikenden Arbeiter erfüllen.«

Als Waldeck Rochet geendet hat, klatschen die anwesenden Mitglieder des Zentralkomitees Beifall. Seine Antwort, die an diesem Abend in allen Nachrichten zitiert wird, ist eine Absage an Mitterrands Versuch (der sich in diesem Augenblick mit Mendès France trifft, um mit ihm die weiteren Schritte zu besprechen), in eine provisorische Regierung auch die trotzkistische und maoistische Linke einzubeziehen, sie ist zugleich eine letzte Warnung, die Kommunisten auszuschalten oder nur am Rande zu berücksichtigen.

Weder Mitterrand noch die Kommunisten ahnen an diesem Mittwochabend, daß de Gaulle – offenbar herausgefordert durch den Versuch der Linken, mit allen Mitteln an die Macht zu gelangen, aber auch alarmiert durch die Machtansprüche der Kommunisten – bereits zum Gegenschlag ausholt. Anstatt zu resginieren, wie es selbst seine Freunde erwarten (und teilweise erhoffen), kehrt er am Vormittag des 30. Mai nach Paris zurück, läßt die Minister in den Elysée-Palast rufen und eröffnet ihnen, daß er das geplante Referendum absagen und statt dessen Parlamentswahlen anberaumen wird. Am Nachmittag um 16.30 Uhr hält er eine knapp fünfminütige Ansprache über den französischen Rundfunk, in der er seine Entscheidung begründet: »Unter den gegebenen Umständen werde ich mich nicht zurückziehen. Ich habe ein Mandat des Volkes, und das werde ich erfüllen ... Frankreich wird von einer Diktatur bedroht. Man will es dazu bringen, daß es sich einer Macht hingibt, die seine Hoffnungslosigkeit ausnutzt und hinter deren Sieg sich nichts anderes verbirgt als der totale Kommunismus.« Während de Gaulle spricht, formiert sich auf dem Place de la Concorde ein riesiger, von den Gaullisten organisierter Demonstrationszug, der sich langsam in Richtung Triumpfbogen bewegt. Hunderttausende rufen: »De Gaulle ist nicht alleine!« Und gleich anschließend, wie in einem Wechselgesang: »Mitterrand – es ist vorbei! Mitterrand – hau ab!«

Als Mitterrand an diesem Abend um eine Stellungnahme gebeten wird, reagiert er enttäuscht und verbittert: »Das ist die Stimme der Diktatur, das ist ein Aufruf zum Bürgerkrieg.« Doch er weiß genau, daß dieser Krieg nicht stattfinden wird. Die extreme Linke, die das revolutionäre Aufbegehren der Studenten entfacht hat, ist an ihrem Unvermögen, machtpolitische Konsequenzen zu ziehen, gescheitert. Die Kommunisten sind noch zu stark, um ein akzeptabler Partner zu sein – allein der Gedanke, daß sie an die Regierung gelangen könnten, stürzt die Franzosen in Panik. Die Linksföderation schließlich, von der er sich so viel erhofft hat, ist weder stark noch einig genug, um als Klammer für die gesamte linke Opposition fungieren zu können. Außerdem vermag ihr Programm – soweit man überhaupt davon sprechen kann – die desorientierte Jugend kaum anzusprechen. Die Bilanz, die Mitterrand am Ende dieses Maimonats zieht, erschüttert ihn: Der Sieg, der 1965 zum ersten Mal möglich schien und der sich 1967 schon anbahnte, ist erneut in

Frage gestellt. Er selber ist diskreditiert – alle machen nur ihn für das Versagen der Linken verantwortlich. Die Parteien, aus denen sich die Linke zusammensetzt, müssen für den Mai-Aufstand, mit dem sie zunächst überhaupt nichts zu tun haben, im übrigen teuer bezahlen.

Bei den Parlamentswahlen, die schon am 24. und 30. Juni stattfinden, erobert die gaullistische Fraktion fast zwei Drittel aller Parlamentssitze. Die Linksföderalisten verlieren einundsechzig Abgeordnete, die Kommunisten vierzig, beide sind damit nur noch halb so stark vertreten wie vorher. Die Parlamentswahlen, die im Zeichen der Angst standen, haben die ganze politische Landschaft Frankreichs verändert. Mitterrand kann nun nur noch hoffen, daß die Wählerscharen, die zu de Gaulle übergelaufen sind, ebenso schnell in ihr angestammtes politisches Lager zurückkehren.

V

Fernziel: Eine starke Sozialistische Partei

Kreuzzug für den Sozialismus

Für Mitterrand beginnen schwere Monate. Er wird von der Öffentlichkeit, seinen politischen Gegnern und sogar seinen eigenen Parteifreunden, die ihm am 28. Mai während seiner Pressekonferenz noch Beifall klatschten, zum Vatermörder gestempelt, gilt fortan als der Lump, der de Gaulle stürzen wollte, während Frankreich am Boden lag – ein Verhalten, das im nachhinein als doppeltes Verbrechen gilt. Gegenüber der Journalistin Michèle Cotta (heute Intendantin des französischen Rundfunks) bekennt er damals: »Ich bin heute der am meisten gehaßte Mann Frankreichs. Gibt mir das nicht eine kleine Chance, eines Tages der beliebteste zu sein?«

Als de Gaulle ein Jahr später ein Referendum über die Regionalisierung und über die Machtbefugnisse des Senats durchführt und angesichts der Mehrheit der Nein-Stimmen (53,17%) in der Nacht vom 27. auf den 28. April 1969 zurücktritt, wird Mitterrand zwar in gewisser Hinsicht vom Volk selber rehabilitiert. Doch er bekommt keine Chance, die Präsidentschaftskandidatur, um die er sich schon am 28. Mai 1968 bemüht hatte, anzutreten. Den Vorsitz der Linksföderation legte er schon im November 1968 nieder – allerdings keineswegs, wie er vor seinen Parteifreunden betont –, um »eine Verantwortung aufzugeben, um einen Kampf einzustellen«. Er hat einfach gespürt, daß man ihn nicht mehr haben will und daß die Ziele, die diese Vereinigung von mehreren Linksparteien sich gesetzt hatte, nicht zu erreichen sind. Kurze Zeit später, im Dezember 1968, löst sich die Linksföderation auch auf. Ein Teil der linken Parteien, einschließlich der Kommunisten, wollte ihn trotzdem noch zu »ihrem« Präsidentschaftskandidaten ernennen. Doch die SFIO, die unterdessen einen klaren Schwenk nach rechts gemacht hat und die dabei ist, sich in »Sozialistische Partei« umzutaufen, lehnt Mitterrand ab. Zwei ihrer Vorstandsmitglieder lassen die Kommunistische Partei wissen, daß die SFIO gegen einen Präsidentschaftskandidaten Mitterrand ihr Veto einlegen würde – was Mitterrands letzte Chancen zerstört. Die Kommunisten benennen daraufhin den Altstalinisten Jacques Duclos zu ihrem eigenen Kandidaten, während sich die SFIO im letzten Augenblick entschließt, nicht ihren Generalsekretär Mollet ins Rennen zu schicken, sondern Gaston Defferre, der schon einmal, 1965, Ambitionen gezeigt hatte. Worauf auch die kleine Partei der Vereinigten Sozialisten, die PSU, einen eigenen Präsidentschaftskandidaten bestimmt: ihren jugendlichen Parteiführer Michel Rocard, der damit zum ersten Mal die nationale politische Bühne betritt.

Mitterrand, der plötzlich nicht mehr gefragt ist, sieht sich das Kandidatenkarussell der Linken mit wachsender Verbitterung an. Die Einheit der Linken, für die er zehn Jahre kämpfte und die schon im Mai 1968 einen schweren Rückschlag erlitt, fällt auseinander, bevor sie sich jemals wirklich bewähren konnte. Mit Defferre haben die Sozialisten zudem einen Kandidaten benannt, der seit jeher eine Zusammenarbeit mit den Kommunisten ablehnt und der auch nie aus seinem Antikommunismus Hehl gemacht hat. Die Kräfte, die ihr Heil in einer »dritten Kraft« zwischen dem Gaullismus und dem Kommunismus suchen, übertrumpfen damit jene anderen, die, wie Mitterrand, den Weg der Union, der Einheit zwischen nichtkommunistischer und kommunistischer Opposition einschlagen möchten.

Die Phase, in der Mitterrand wie ein Aussätziger behandelt wird und in der seine langfristige Strategie für eine Machtübernahme durch die Linke zu scheitern scheint, dauert allerdings nicht sehr lange. Schon am Abend des 8. Juni 1969, als die Ergebnisse des ersten Wahlgangs der Präsidentenwahl bekanntgegeben werden, erweist sich die Aufsplitterung der Linken und der Rechtsruck der Sozialisten als ein totaler Irrweg. Der sozialistische Kandidat Defferre bekommt nur 5,01 % der Stimmen und erzielt damit das schlechteste Ergebnis, das die Sozialisten in ihrer fast 100jährigen Geschichte hinnehmen mußten. Der Kommunist Duclos kommt zwar auf 21,52 % der Stimmen und damit auf die vierfache Menge der Sozialisten, bleibt aber auch unter den sonst von den Kommunisten gewohnten Zahlen. Michel Rocard erzielt 3,6 % und Alain Krivine, den die äußerste Linke noch nominiert hatte, 1 %. Alle linken Kandidaten zusammengenommen erreichen ganze 30 %, das heißt also weitaus weniger, als 1965 Mitterrand bei seiner ersten Präsidentschaftskandidatur. Was aber das Schlimmste ist: Die Linke bleibt vom entscheidenden zweiten Wahlgang ausgeschlossen, so daß Pompidou, der gegen den Rechtsliberalen Alain Poher antritt, überhaupt keinen ernstzunehmenden Gegner hat. Er wird am 15. Juni 1969 mit 58,2% der Stimmen zum Staatspräsidenten und damit zum Nachfolger de Gaulles gewählt.

Die Wahlniederlage der Linken bedeutet für Mitterrand persönlich eine Genugtuung. Und sie hat überdies Auswirkungen auf die Parteienlandschaft, die seinen Plänen für eine neue, starke Sozialistische Partei Auftrieb geben. Sowohl der Antikommunist Defferre wie auch der alte Sozialistenführer Mollet, der sich stets allen Strukturveränderungen widersetzt hatte, verlieren ihren politischen Einfluß. An ihre Stelle treten neue, junge Politiker, wie etwa Pierre Mauroy und Alain Savary, der Nachfolger Mollets als Generalsekretär der SFIO, die sich inzwischen in Sozialistische Partei umbenannt hat. Vor allem Mauroy gehört seit langer Zeit zu den Befürwortern eines neuen Sozialismus, der sich nicht scheut, in eine Partnerschaft und zugleich einen Wettbewerb mit den Kommunisten zu treten.

Da keine Wahlen vor der Tür stehen, die ein schnelles Handeln erfordern, und da er auch in keine Parteiverantwortung eingebunden ist, die ihm Schranken auferlegt, kann Mitterrand seinen erneuten Kreuzzug für eine Neuordnung der nichtkommunistischen Linken breit anlegen. Er reist viel durch die Provinz und hält Vorträge vor Arbeitern, Bauern, Angestellten und Hausfrauen, tritt in Schulen, Bürgermeisterämtern und Sporthallen auf. Hier, wo man von den politischen Querelen der Hauptstadt weit entfernt ist, gilt er nach wie vor als politischer Führer der Linken. Mitterrand spürt, daß der Wunsch nach einer starken linken Opposition sich stärker denn je im Volk manifestiert, daß der neue Staatspräsident Pompidou – im Gegensatz zu de Gaulle – bei der linken Wählerschaft so gut wie gar keinen Anklang findet.

Die Chance, daß die Linke irgendwann an die Macht gelangt, verbessert sich also. Aber auch Mitterrand selber trägt dazu bei, daß die neue Linke, für die er unablässig wirbt, und auch er als Führer dieser Linken in einem veränderten, besseren Licht erscheinen. Sein Buch »Ma part de vérité« erscheint und ermöglicht zum ersten Mal genauere Einblicke in die politische Gedankenwelt des Mannes, der ein Vierteljahrhundert französische Politik mitbestimmt hat, von dem man aber immer noch nicht genau weiß, ob er ein romantischer Hans-guck-in-die-Luft, ein raffinierter Machiavelli oder ein besonders geschickter Schauspieler ist. Dieses Buch – das aus einem Gespräch mit dem Journalisten Alain Duhamel entstand – beweist, wie Mitterrand sich erst allmählich dem Sozialismus näherte: Er war ihm weder an der Wiege gesungen worden, noch hatte er ihn beim Studium oder im Berufsleben kennengelernt, auch brachte ihm – wie Mitterrand ironisch anführt – die Lektüre von Marx nicht die notwendige Erleuchtung. Mitterrand »entdeckt, versteht und akzeptiert die sozialistische Theorie« erst, nachdem ihm bewußt wird, daß »die herrschende Klasse mehr denn je über das Schicksal der Millionen Männer und Frauen bestimmt, die für deren Rechnung arbeiten«, daß eine große Mehrheit der Bevölkerung weiterhin von »dem guten Willen, den Entscheidungen, den Vorlieben und den Abneigungen einiger weniger abhängt«, daß »der Arbeitsplatz und der Lohn, die Wohnung und die Miete, die Ausbildung und die Freizeit, die Steuern, das

Krankenhaus, das Wasser, die Elektrizität bis hin zu der Menge Luft, die man zum Atmen hat, von Kriterien bestimmt werden – und zwar was für Kriterien! –, die sie festlegen«, daß die Unterschiede »zwischen den einzelnen, den Familien, den gesellschaftlichen Gruppen und den Regionen« immer größer werden. Diese »tragischen Realitäten«, so schreibt Mitterrand, hätten ihn das vielzitierte Wort des französischen Sozialisten Jean Jaurès verstehen lassen, daß »die wirtschaftlichen Bedingungen, die Art der Produktion und des Eigentums den Urgrund der Geschichte bilden«. Auf die Frage, was er denn nun unter Sozialismus verstehe, antwortet Mitterrand ganz kurz: »Der Sozialismus ist auch und vor allem der Wille, der Anspruch und die Bereitschaft der Menschen, Gerechtigkeit herbeizuführen.«

Über zwei wichtige Teilbereiche seiner Politik, die auch später, nach seiner Wahl zum Staatspräsidenten, immer wieder Fragen und Kritik auslösen, gibt Mitterrand im Rahmen des Buches »Ma part de vérité«, das heißt also schon 1969, recht deutliche Auskunft: sein Verhältnis zu den Kommunisten und seine Absicht, später, wenn er einmal an die Macht gelangt, einen Teil der französischen Wirtschaft in die »öffentliche Hand überzuführen«, kurz gesagt zu verstaatlichen. Die Unterstellung, er sei selber ein heimlicher Kommunist (die er damals nicht selten zu hören bekommt), weist er mit dem Argument zurück, während seines ganzen politischen Lebens habe er sich mit Kommunisten herumschlagen müssen, so bei fast allen Wahlen zur Nationalversammlung, und dabei sei er manchmal – was nachzulesen sei – sogar in den »simplen Konformismus des Antikommunismus« verfallen, wie ihn auch die Kommunisten keineswegs geschont hätten. Wenn er trotzdem für eine gemeinsame Politik mit den Kommunisten eintrete, dann aus der Erkenntnis, daß die Linke nur als Einheit etwas verändern könne, und daß auch die Kommunisten – wenn sie überleben wollten – diese Einheit brauchten. Und für diejenigen, die nach dem sowjetischen Eingreifen in Prag (August 1968) mehr denn je vor einer Allianz mit den Kommunisten warnen, hat Mitterrand das Argument parat: »Ich kann nicht den französischen Arbeiter und den französischen Bauern, die kommunistisch stimmen, für den Einmarsch sowjetischer Panzer in Prag verantwortlich machen«. Im übrigen sei Waldeck Rochet ja gerade durch seine spontane Verurteilung des Einmarsches zum ersten Mal vom bisherigen Moskauer Kurs abgewichen.

Auf die programmatische Frage, ob man dem Großkapital die Herrschaft über die Schlüsselbereiche der Wirtschaft überlassen solle, antwortet Mitterrand kurz und bündig: »Mit Sicherheit nicht!« Er gibt zu, daß er (damals) schon in den Ruf gekommen sei, eine »krankhafte Vorliebe für Verstaatlichungen« zu haben, und räumt ein, daß daran – wie an jeder Karikatur – etwas Wahres und etwas Falsches sei. »Wahr ist«, so sagt Mitterrand, »meine Überzeugung, daß eine sozialistische Regierung, die nicht in den ersten drei Monaten über eine bestimmte Anzahl von Verstaatlichungen entscheidet, später keine Chance mehr dazu hat – die Monopole hätten inzwischen Kassa gemacht. Wahr ist, daß ich einen starken öffentlichen Sektor als Motor für die übrige Wirtschaft für sehr nützlich halte. Wahr ist, daß ich die Nationalisierung derjenigen Wirtschaftsbereiche für normal halte, in denen der Staat den Hauptabnehmer bildet (Rüstung, Raumfahrt), ebenso der Industrien, die von den Kassen des Gemeinwohls leben (Produzenten pharmazeutischer Erzeugnisse also, die von den Krankenkassen bezahlt werden), der Industriebereiche, in denen der Staat eine besondere Verantwortung besitzt und wo keine Konkurrenz möglich ist (Massenverkehr, Energieversorgung) oder wo es keine wirkliche Konkurrenz gibt (Spezialstähle) sowie der Industrien, die ihre Forschung und ihre Ausrüstung nicht selber finanzieren können (Informatik). Wahr ist, daß ich nicht hinnehmen will, daß die Geschäftsbanken einen großen Teil der französischen Unternehmen in der Hand haben. Wahr ist, daß die schon 1945 erfolgte Verstaatlichung der Banken und der Versicherungen überprüft, korrigiert und ergänzt werden muß. Wahr ist schließlich, daß man den Monopolunternehmen das Werkzeug ihrer Vorherrschaft wegnehmen und so schnell wie möglich die Grundmauern für den französischen Sozialismus legen muß.«

Auf den möglichen Vorwurf, die verstaatlichten Unternehmen würden schließlich ihre Dynamik verlieren und nur noch auf Kosten des Staates leben, antwortet Mitterrand mit dem Hinweis auf den staatlichen Automobilkonzern Renault, der sich (damals wie heute) zu Frankreichs größtem und erfolgreichstem Exporteur entwickelt hat, und erinnert im übrigen daran, daß ja auch im kapitalistischen Wirtschaftssystem zahlreiche Großunternehmungen von staatlichen Geldern und von anderen, zum Beispiel steuerlichen Vergünstigungen leben. Eine sozialistische Regierung werde darum, so Mitterrand, alle »Schikanen, Hürden sowie die ebenso unsichtbaren wie erdrückenden Vorschriften, die im Schatten einer entgegenkommenden Staatsmacht wuchern«, abschaffen.

Während Mitterrand redend und schreibend den theoretischen Unterbau für die neue Linke legt, fädeln seine politischen Freunde von der nach wie vor von ihm beherrschten Konvention der Republikanischen Institutionen die ebenso geräuschlose wie gewaltlose Eroberung der Sozialistischen Partei ein. Sie tendiert schon seit einiger Zeit zu einer Vereinigung der verschiedenen sozialistischen Strömungen, die im Bereich der nichtkommunistischen Linken existieren, doch die Anläufe, die der gemächliche Parteichef Alain Savary unternimmt, lösen wenig Begeisterung aus. Er steht zu sehr im Schatten seines Vorgängers Mollet, der aus dem Hintergrund immer noch die Partei steuert und der nicht gerade den Ruf eines »Erneuerers« hat. Sinn der neuen Sozialistischen Partei, die Mitterrand und seinen Freunden vorschwebt, soll es doch gerade sein, sich von Mollets Kurs zu distanzieren, der in ihren Augen die SFIO und dann die daraus entstandene PS heruntergewirtschaftet hat – wofür Defferres unglückselige Kandidatur und sein klägliches Ergebnis bei der Präsidentschaftswahl 1969 der letzte, schreckliche Beweis sind. Außerdem wirft man Mollet vor, daß er von seinen Kolonialfeldzügen als Ministerpräsident der Vierten Republik über seine Anerkennung de Gaulles bis hin zu seinen verschiedenen Flirts mit der Rechten mehr für die Spaltung als für die Einheit der Linken getan hat.

Während Savary immer noch glaubt, eine Sammlung der Sozialisten herbeiführen zu können und für den 11. Juni 1971 zu einem dritten (nach zwei vorangegangenen, ergebnislosen) »Einigungskongreß« nach Epinay-sur-Seine einlädt, hat Mitterrands politische »Mafia« bereits alle Weichen für die Machtübernahme gestellt. Zunächst wurden die beiden mächtigsten Gruppierungen der alten SFIO, die von Mauroy geleitete Fédération du Nord (das ist der Parteiverband aus dem nordfranzösischen Industriebecken rund um Lille) und die von Defferre angeführte Fédération Bouches-du-Rhône (das heißt Marseille und das Rhône-Delta), auf Mitterrand eingeschworen. Beide gehören dem rechten, eher sozialdemokratischen und antikommunistisch ausgerichteten Flügel der alten SFIO an. Beide lassen sich aber überzeugen, daß die Sozialisten nur dann Erfolg haben können, wenn sie neue Wege einschlagen und – gemäß Mitterrands Strategie – mit einer kontrollierbaren Kommunistischen Partei zusammenarbeiten. Aber auch mit Mauroy und mit Defferre als Partnern hat Mitterrands Konvention, die ja nur aus verschiedenen eher marginalen politischen Clubs besteht, bei weitem noch keine ausreichende Mehrheit, um dem Parteikongreß ihren Stempel aufdrükken zu können. Ein zusätzlicher – und entscheidender – Bundesgenosse wird schließlich in dem jungen, auf dem ganz linken Flügel der Partei angesiedelten Jean-Pierre Chevènement gefunden, der seit 1964 das »Centre d'études, de recherches et d'éducation socialistes« (CERES) – das Zentrum für sozialistische Studien, Forschung und Erziehung – anführt, eine Vereinigung von Polit-Intellektuellen, deren Mitglieder zum Teil aus der renommierten staatlichen Verwaltungshochschule ENA hervorgegangen sind. Sie vertreten eine klar marxistisch ausgerichtete Doktrin und sind zum Beispiel überzeugt, daß die Sozialistische Partei mit den gleichen Methoden und in den gleichen Bereichen tätig werden müsse wie die Kommunisten. Politisch liegen zwischen ihnen und zum Beispiel Defferre ganze Welten, doch sie erkennen die Chance, die Mitterrand ihnen bietet, zumal Savary die wichtige, von den CERES-Leuten eroberte und wie eine Bastion gehaltene Fédération de Paris auflösen lassen will. Umgekehrt sieht Mitterrand in dem »linken« Chevènement und dessen Denkfabrik die zukünftige Speerspitze für sein Projekt, die Sozialistische Partei nach links hin, in die Einflußbereiche der Kommunistischen Partei hin auszubauen.

Von dem »demokratischen Attentat«, das Mitterrand auf die alte PS und deren Generalsekretär Savary plant, ahnen die wenigsten der etwa dreitausend Parteitagsdelegierten irgend etwas, die am Freitag, dem 11. Juni in die Sporthalle von Epinay-sur-Seine einziehen. Selbst Savary spürt nicht, daß er gestürzt werden soll. Er ist sich seiner Sache so sicher, daß er dem Kongreß einen Modus für die Wahl des Direktionskomitees vorschlägt, der die Mehrheit begünstigt und der die Minderheiten – wie zum Beispiel Mitterrand oder Chevènement – praktisch ausschaltet. Erst als Chevènement daraufhin die Rednertribüne betritt und eine äußerst scharfe Rede hält, in der er Savarys Vorschlag ablehnt und sich für ein proportional besetztes Direktionskomitee einsetzt, wird spürbar, daß ein anderer Wind weht. Er löst vor allem unter den jüngeren Delegierten Ovationen aus, aber auch Mitterrand, der sich bis dahin zurückgehalten hat, klatscht Beifall. Und als es schließlich nach einer langen Debatte zur Abstimmung kommt, akzeptieren die Delegierten nicht nur das Proportionalsystem, sondern verschaffen dem Quartett Mitterrand, Mauroy, Defferre und Chevènement (das nach außen hin noch nicht als solches zu erkennen ist) eine knappe Mehrheit im Führungsgremium der neuen Sozialistischen Partei: Von den 81 Sitzen des Direktionskomitees entfallen 43 auf die politischen Gruppierungen, die Mitterrand unterstützen (dreizehn für Mitterrands Konvention, dreiundzwanzig für das Gespann Mauroy-Defferre und sieben für Chevènement), und achtunddreißig auf die bisherigen Parteiführer Savary und Mollet.

Der erste und schwierigste Anlauf zur Eroberung der Sozialistischen Partei verlief damit erfolgreich. Der zweite Akt, die Formulierung und Durchsetzung einer gemeinsamen Zielsetzung, wird in der Nacht von Samstag auf Sonntag im Hinterzimmer eines Hotels im Wald von Montmorency vorbereitet. Heimlich wie eine Gruppe Verschwörer treffen sich zum ersten Mal die vier Politiker, die bisher nur über Mittelsmänner miteinander verhandelt hatten: Mitterrand, Mauroy, Defferre und Chevènement. In einer stundenlangen Diskussion, die aus Angst vor Entdeckung zum Teil flüsternd geführt wird, handeln sie die Grundpositionen aus, die am nächsten Tag durchgesetzt werden sollen. Erst um 4 Uhr morgens trennen sich die vier. Nur einer geht auch jetzt noch nicht schlafen. Mit den Notizen über den gemeinsamen Parteitagsantrag fährt Chevènement nach Paris zurück, wo er in einer Brasserie in der Nähe des Ostbahnhofs von seinen CERES-Freunden erwartet wird. Er überzeugt sie – was nicht schwierig ist – von der Notwendigkeit seines »Komplotts« mit Mitterrand und den rechten Flügeln der Partei und macht sich dann an die Ausarbeitung des Textes, der am nächsten Morgen dem Parteitag vorgelegt werden soll – eine Aufgabe, die Chevènement von dieser Nacht an immer wieder von Mitterrand übertragen wird.

Als am Sonntag, den 13. Juni 1971 die verschiedenen Anträge zur Sprache kommen, gibt es zahlreiche Versuche, die sich nun offen abzeichnende Koalition der Verschwörer auseinanderzubrechen. Savary unternimmt sogar einen Anlauf, Mitterrand in sein Lager hinüberzuziehen. Doch ein wesentlicher Graben zwischen den beiden Gegenspielern ist unüberwindbar. Während Savary sich höchstens auf einen ideologischen Dialog mit den Kommunisten einlassen will, geht Mitterrand so weit, in seinem Antrag einen regelrechten »Regierungsvertrag« zwischen Sozialisten und Kommunisten vorzuschlagen. In seinen Augen kann der Kongreß nur dann einen Sinn haben, wenn er der neuen Parteiführung freie Hand für eine Politik der Union mit den Kommunisten gibt und wenn er sie ermächtigt, rechtzeitig in die Debatte über ein gemeinsames sozialistisch-kommunistisches Programm einzusteigen.

In einer langen, immer wieder von Beifall unterbrochenen Rede begründet Mitterrand vor dem Kongreß, warum er so konkrete und weitgehende Vollmachten wünscht. Eine ideologische Diskussion sei gut und schön, sicherlich auch wichtig, wendet er sich an Savary, doch sie könne in den zwei Jahren, die bis zu den nächsten Parlamentswahlen noch Zeit bleiben, all die Streitpunkte zwischen den Sozialisten und den Kommunisten nicht klären. Wichtiger sei es doch, der Zusammenarbeit mit den Kommunisten konkrete Inhalte zu geben, dem Wähler gegenüber deutlich zu erkennen zu geben, warum man ein Wahlbündnis mit den Kommunisten eingegangen sei und was man damit im Falle eines Sieges anfangen werde. Ein Wahlbündnis ohne ein gemeinsames Programm, so Mitterrands Fazit, sei doch die Garantie für eine erneute Niederlage, denn ohne ein gemeinsames Regierungsprogramm sei ein gemeinsamer Wahlsieg undenkbar.

Mitterrand befindet sich an diesem Tag in blendender Form. Er setzt all die rednerischen Mittel ein, die er sich in den vergangenen Jahren während der endlosen Debatten der Nationalversammlung in den zahllosen Wahlveranstaltungen angeeignet hat. Als Sonntagnachmittag schließlich die Abstimmung über die Parteitagsanträge erfolgt, erzielt er mit 43 926 Mandatsstimmen eine knappe, aber ausreichende Mehrheit – und vollbringt dabei das Wunder, sowohl vom rechten wie auch vom linken Flügel der Partei unterstützt zu werden. Savary und damit auch Mollet unterliegen mit 41 757 Stimmen und verlieren auch die zweite, entscheidende Schlacht. Die Parti Socialiste (PS), die aus dem Kongreß von Epinay-sur-Seine hervorgeht, bekommt sowohl eine neue Parteiführung wie auch eine neue Zielsetzung. Zum neuen Ersten Sekretär wählt das Direktionskomitee am 16. Juni – eine reine Formsache – François Mitterrand. Aus Abneigung gegenüber den »Niederungen« einer konkreten Parteiführung hätte er dieses Amt am liebsten Mauroy überlassen, er nimmt es dann aber doch an, nachdem Mauroy vorzieht, in Lille zu bleiben, wo ihm das Bürgermeisteramt winkt. Die neue Zielsetzung lautet: Einheit der Sozialisten und Einheit mit den Kommunisten.

Doch schon der erste Teil dieses Programms, die Einheit der Sozialisten, ist für Mitterrand nicht so einfach zu verwirklichen, wie es in der Feststimmung von Epinay-sur-Seine geschienen hatte. Als er kurz nach seiner Wahl zum Ersten Sekretär der Sozialistischen Partei in die traditionsreichen Räume der Pariser Cité Malesherbes einzieht, in der Guy Mollet so viele Jahre lang residierte, wird er von vielen aus der alten SFIO-Garde als Eindringling und politischer Meuchelmörder betrachtet. Sie werfen ihm vor, erst am Vorabend des Kongresses, auf dem er Savary stürzte, die Mitgliedskarte der PS erworben zu haben und noch kurz vor dem Kongreß als »Parteiloser« in der Nationalversammlung aufgetreten zu sein und nicht etwa als Mitglied der sozialistischen Fraktion.

Das zweite Problem entsteht aus dem Zusammenleben der verschiedenen Tendenzen, die durch den Gründungskongreß in der Parteiführung zusammengewürfelt worden sind. Vor allem die sozialdemokratische Tendenz Defferres und die marxistische Tendenz Chevènements zerreiben sich in endlosen Debatten über Einzelheiten eines von Mitterrand in Auftrag gegebenen ersten sozialistischen Programms. Es soll die neue Linie der PS zum Ausdruck bringen und den vielversprechenden Titel »Changer la vie« – das Leben verändern – erhalten. Daß Mitterrand nach langem Hin und Her schließlich Chevènement und seine militanten CERES-Freunde mit der Abfassung des Programms beauftragt, hat einen doppelten Sinn. Deren »Denkfabrik« soll beschäftigt werden, um nicht durch ihre vielen spontanen Vorschläge noch mehr den Alltag der Parteiführung zu erschweren. Außerdem kann Mitterrand sicher sein, daß ein von Chevènement angefertigtes Papier genügend linke oder auch marxistische Gedanken und Formulierungen enthält, um dort anzukommen, wo es hinzielen soll – in den Randzonen zwischen der Sozialistischen und der Kommunistischen Partei.

Aber auch der zweite Schritt, die Ausarbeitung eines gemeinsamen sozialistisch-kommunistischen Regierungsprogramms, stößt auf Schwierigkeiten. Die Kommunisten sehen in Mitterrands Bemühungen, der neuen Sozialistischen Partei klassenkämpferische Züge zu geben und in ihren ureigensten Bereich, die Arbeiterschaft, einzudringen, eine illoyale Konkurrenz. Sie fühlen sich diskriminiert, wenn er im Zusammenhang mit seiner Partei von »demokratischem Sozialismus« spricht, wodurch der Anschein erweckt wird (wie sie sich bei ihm beschweren), daß dem kommunistischen Sozialismus das Prädikat »demokratisch« nicht zusteht. Am meisten ärgern sie aber Mitterrands dauernde Anspielungen auf eine »ausgeglichene Linke«, die notwendig sei, um eine Union aus Sozialisten und Kommunisten erfolgreich werden zu lassen. Sie nutzen darum jede Gelegenheit, um nach außen hin zu beweisen, daß sie im Lager der Linken nach wie vor eine dominierende Rolle spielen. So schlägt Georges Marchais, der inzwischen zum Parteichef aufgerückt ist, Mitterrand ein heimliches Treffen vor, als Staatspräsident Pompidou am 16. März 1972 ein Referendum über den EG-Beitritt Großbritanniens ankündigt. Er will dem sozialistischen Parteichef nahelegen, sich dem kommunistischen »Nein« anzuschließen, das heißt also, sich gegen den britischen EG-Beitritt auszusprechen.

Die Begegnung zwischen Mitterrand und Marchais kommt einige Tage später zustande – in einem unter dem Dach gelegenen Dienstmädchenzimmer eines kommunistischen Rechtsanwalts, der auf der Ile Saint-Louis wohnt –, nur wenige Schritte von der Privatwohnung

Pompidous entfernt. Mitterrand erkennt jedoch die Falle, die Marchais ihm stellen will. Im Namen der Sozialistischen Partei lehnt er das »Nein« als Antwort auf das Referendum ab. Die Sozialisten, so macht er dem Kommunisten klar, empfehlen höchstens die Stimmenthaltung oder die Abgabe eines »weißen«, das heißt unausgefüllten Stimmzettels.

Einige Tage später, als sich eine sozialistische und eine kommunistische Delegation nunmehr offiziell treffen, um sich über das Referendum abzustimmen, versucht Marchais erneut, Mitterrand hereinzulegen. Vor allen anderen bringt er das »Geheimtreffen« zur Sprache und tut so, als sei Mitterrand bei diesem Gespräch unter vier Augen auf den kommunistischen Kurs eingeschwenkt. Doch der Versuch, Mitterrand vor seinen eigenen Freunden zu desavouieren, mißlingt. Das heimliche Treffen mit Marchais hatte Mitterrand – der seit der Affäre des Observatoriums vorsichtiger geworden ist – mit seinen Parteifreunden abgestimmt. Im übrigen rücken die Sozialisten von ihrer Entscheidung, zum Referendum die Empfehlung »Stimmenthaltung« zu geben, nicht ab.

Die vergeblichen Versuche der Linken, eine gemeinsame Front herzustellen, erfüllen Staatspräsident Pompidou mit Genugtuung. Seine Absicht, mit Hilfe des Referendums Sozialisten und Kommunisten auseinanderzudividieren – deren Annäherungsversuche er mit wachsender Sorge verfolgt hat –, scheinen Erfolg zu haben. Am Abend des Referendums, als die Ergebnisse der Volksbefragung veröffentlicht werden, erlebt Pompidou jedoch eine herbe Enttäuschung. Die Mehrheit der Franzosen spricht sich zwar für den britischen EG-Beitritt aus, doch das Ergebnis fällt so knapp aus und die Beteiligung am Referendum ist so gering, daß eher die Linke als Sieger betrachtet werden kann. 45 % der stimmberechtigten Franzosen blieben der Abstimmung fern oder gaben weiße Stimmzettel ab – wie es die Sozialisten empfohlen hatten. Ein Drittel der abgegebenen Stimmen lautete »Nein« – entsprechend dem kommunistischen Vorschlag. Beide gemeinsam haben Pompidou eine so empfindliche Schlappe zugefügt, daß sie motiviert werden, das schon seit langem geplante, aber immer wieder verschobene Projekt einer gemeinsamen Regierungsplattform nun doch endlich ernsthaft in Angriff zu nehmen.

Vier Tage nach dem Referendum, am 27. April 1972, sitzen sich schon vier verschiedene sozialistisch-kommunistische Arbeitsgruppen gegenüber, um das »Programme Commun du Gouvernement« – das gemeinsame Regierungsprogramm – auszuarbeiten. Es beginnt eine langwierige und hartnäckige Schlacht um grundlegende politische Positionen, wie die demokratischen Grundrechte, um magische Zahlen, wie den Umfang der anzustrebenden Nationalisierungen, oder auch nur um Komma und Punkt. Die Sitzungen, an denen sich später auch Mitterrand und Marchais beteiligen, dauern meistens bis spät in die Nacht und drohen immer wieder zu scheitern. Einmal, als Marchais auch nach stundenlangem Palaver nicht nachgeben will, sammelt Mitterrand seine Unterlagen ein und schickt sich an, mit tiefernster Miene den Versammlungsraum zu verlassen. Worauf der kommunistische Parteichef sofort einlenkt.

Beide Parteien haben ein großes Interesse daran, daß dieses Regierungsprogramm zustande kommt – beide sind darum auch bereit, Konzessionen zu machen. Die Kommunisten sehen ihre Chance, endgültig aus der Isolation, in der sie sich seit ihrem Ausscheiden aus der Regierung im Jahre 1947 befinden, herauszukommen und sich mit dem wichtigen Beiwort »demokratisch« schmücken zu können. Bei einem Wahlsieg der Linken öffnet ihnen das gemeinsame Regierungsprogramm überdies den Einzug in die Regierung. Für die Sozialisten bleibt ein Zusammengehen mit den Kommunisten der einzige Weg, an die Macht zu gelangen, nachdem die Radikale Partei nicht mehr an den Sozialisten interessiert ist und damit die Möglichkeit des »dritten Weges« zwischen den beiden großen Blöcken endgültig ausscheidet.

In den vier Arbeitsgruppen (Demokratische Grundordnung, Wirtschaftsprobleme, Sozialprobleme, Internationale Fragen) wird darum äußerst gerecht verhandelt – beide Seiten erringen Siege und stecken Niederlagen ein. Mitterrand, der aus dem Hintergrund die Arbeit in den Fachgrupppen steuert und der sich den Verlauf jeder Sitzung haargenau berichten läßt, achtet aber darauf, daß die Sozialisten in den für ihn wichtigen Fragen der Grundordnung und der Außenpolitik nichts unterschreiben, was nach einer Unterwerfung unter kommunistisches Diktat aussieht. So können die sozialistischen Verhandlungspartner durchsetzen, daß der demokratische Machtwechsel – für die Sozialisten eine Selbstverständlichkeit, für den Monopolanspruch der Kommunisten etwas Überflüssiges – ebenso festgeschrieben wird wie eine ganze Reihe »persönlicher Freiheiten«, die für die nach wie vor vom strammen »demokratischen Zentralismus« geprägte Kommunistische Partei Frankreichs keineswegs üblich sind. Im Bereich der Außenpolitik verhindern die Sozialisten, daß die Kommunisten ihre Forderung nach einer Auflösung der französischen Atomstreitmacht durchsetzen können oder einen Passus unterbringen, der eine weitere Mitgliedschaft in der Atlantischen Gemeinschaft oder anderen Sicherheitsbündnissen unmöglich macht. Umgekehrt setzen sie ein Bekenntnis zum Gemeinsamen Europa durch, an dem die Kommunisten kein Interesse haben.

Der Preis für diese »Essentials« sind Konzessionen im Bereich der Wirtschafts- und der Sozialpolitik. Hier können die Kommunisten ihre marxistische Diktion einschleusen und mehr finanzielle Versprechungen unterbringen, als es den Sozialisten lieb ist. Außerdem zwingen sie ihnen Modalitäten für die geplanten Verstaatlichungen auf (über deren Notwendigkeit man sich im Prinzip einig ist), die weit über ihre ursprünglichen Vorstellungen hinausgehen. Der einzige Punkt, über den keinerlei Einigkeit erzielt werden kann – was später ausdrücklich im Text vermerkt wird –, betrifft die Mitbestimmung und die Selbstverwaltung durch die Arbeiterschaft – die Sozialisten melden weitergehende Forderungen an als die Kommunistische Partei.

Am 26. Juni 1972 treffen sich Mitterrand und Marchais in der modernen, aus Glas und Beton konstruierten Parteizentrale der Kommunisten am Place Colonel Fabien, um auf einer Plenarsitzung den Textentwurf der Fachkommissionen durchzugehen und – wenn möglich – das gemeinsame Regierungsprogramm zu unterzeichnen. Es gibt noch eine lange Liste von Streitpunkten, vor allem im Bereich der Außen- und der Wirtschaftspolitik, die behandelt werden müssen. Die Entscheidung, welche Version endgültig ins Programm aufgenommen wird, fällt meistens erst nach einem längeren direkten Dialog zwischen den beiden Parteiführern. In diesem Zweikampf unter den Augen ihrer wichtigsten Mitarbeiter entwickeln beide Matadore ihren eigenen Stil. Mitterrand pflegt in entscheidenden Momenten eine feierliche Miene aufzusetzen und in einem gemessenen, ernsten Ton zu reden, als gehe es um Leben und Tod. Marchais poltert dagegen meistens los, wenn er sein Gegenüber unter Druck setzen will, verblüfft immer wieder aber auch durch seine Fähigkeit, Niederlagen ungerührt einzustekken, indem er etwa sagt – nachdem Mitterrand ihm die Verstaatlichung der Stahlindustrie ausgeredet hat: »Sie ziehen uns wieder unser letztes Hemd aus, Monsieur Mitterrand.«

Am 27. Juni 1972 um 5 Uhr morgens öffnen sich endlich die Türen des Verhandlungsraums, in dem die beiden Delegationen seit dem Nachmittag des vorhergehenden Tages letzte Hand an die Textentwürfe gelegt haben. Mitterrand und Marchais treten vor die Kameras und Mikrofone, um in aufeinander abgestimmten Erklärungen die Vollendung des »Programme Commun« – des gemeinsamen, auf fünf Jahre befristeten Regierungsprogramms – bekanntzugeben. Marchais strahlt trotz der großen Müdigkeit, die an seinen rotgeränderten Augen abzulesen ist, über das ganze Gesicht. Er hat seine Mission erfüllt: Seine Partei, die so lange verhöhnt und verketzert war, bekommt in dem soeben verabschiedeten Papier schwarz auf weiß ihre Regierungsfähigkeit bescheinigt. Auch Mitterrand wirkt an diesem frühen Morgen, an dem der neue Tag hinter den großen Fensterscheiben der Parteizentrale schon heraufdämmert, sichtlich erleichtert. Doch der sozialistische Parteichef triumphiert nicht, er bleibt ernst. Solange die Kommunistische Partei noch stärker ist als die Sozialistische, darüber ist er sich in diesem Augenblick klar, nützt ihm das gemeinsame Regierungsprogramm nur wenig, es kann sogar – falls die Linke bei den nächsten Parlamentswahlen tatsächlich siegen sollte – zu einer gefährlichen Falle werden. Außerdem ahnt er, daß das sozialistisch-kommunistische Abkommen und der symbolische Handschlag, den er mit dem Kommunistenchef austauscht, eine neue Welle des Hasses und der Ablehnung auslösen werden. Worin er sich nicht täuscht – sowohl in Frankreich wie auch im westlichen Ausland wird Mitterrand nach seinem Bündnis mit den Kommunisten wie ein Paria, wie ein Aussätziger betrachtet, und zwar nicht nur von seinen Feinden, sondern auch von Freunden, die im sozialistischen oder auch sozialdemokratischen Lager beheimatet sind.

Um sich zu verteidigen, vor allem aber, um zu erklären, warum ihm dieses Programm notwendig erscheint, veröffentlicht Mitterrand unter dem Titel »La rose au poing« – Die Rose in der Faust – eine Art Rechtfertigungsbericht. Er schildert darin, wie er auf einer Geburtstagsfeier bei Françoise Giroud, der späteren Herausgeberin des »l'Express«, von einem alten Freund »angegangen« wird, der ihm vorrechnet, wie viele Versuche in Ost und West, mit den Kommunisten zu »kollaborieren« (ein Wort, wie Mitterrand anmerkt, das für seine Generation einen teuflischen Sinn behält), im Gefängnis, mit Strang oder Genickschuß endeten – »ein gemeiner Angriff«, so gesteht Mitterrand, »der mir ans Herz geht.«

Trotz der Feindschaft, die ihm entgegenschlägt, rückt er keinen Deut von der gegenüber den Kommunisten eingegangenen Verpflichtung ab. Er erklärt: »Ich übernehme die volle Verantwortung.« Er gesteht allerdings ein, daß er sich oft und ernsthaft die Frage stellt: »Habe ich damit der Freiheit einen Dienst erwiesen?« Auch gibt er unumwunden zu, daß das gemeinsame Regierungsprogramm »nicht die Bibel ist und auch nicht diesen Anspruch erhebt«, sondern daß es die »Begegnung derjenigen ist, die die Geschichte ein halbes Jahrhundert vorher auseinandergerissen hat.« »Kommunisten, Sozialisten und Linksradikale« (letztere unterzeichnen durch ihren Parteichef Robert Fabre kurze Zeit später ebenfalls das »Programme Commun«, Anm. d.A.), so schreibt Mitterrand, »haben jeder für sich noch einen langen Weg vor sich. Sie haben sich auf ein gemeinsames Aktionsprogramm geeinigt, weil sie eine Notwendigkeit dazu verspüren, die schwerer wiegt als die noch bestehenden Gegensätze.«

Mitterrand ist gerne zu einer sachlichen Diskussion über sein Bündnis mit den Kommunisten und über das gemeinsame Regierungsprogramm bereit, das – wie er zugibt – »kritisiert werden kann und dessen Analysen und Schlußfolgerungen vielleicht falsch sind«. Er fordert seine Gegner jedoch auf, diese Diskussion ernsthaft zu führen und nicht so »vergiftete Komplimente« zu machen wie jenes, das die Rechte immer wieder vorbringt und das sinngemäß lautet, die Linksunion sei ein »Bündnis wider die Natur« und die praktische und theoretische Handhabung der Demokratie durch die Sozialisten sei unvereinbar mit dem »Stalinismus der Kommunisten«.

Derartige Argumente erschrecken und verbittern Mitterrand, und er schreibt: »Seitdem die Vereinte Linke sich ein Programm zugelegt hat, sind einige von einem gewissen Haß befallen. Ich sehe mir diese Leute an, ich höre ihnen zu, aber ich erkenne sie nicht wieder. Wie soll ich sie auch wiedererkennen? – Der Haß verzerrt!« Angesichts der Angriffe stellt er noch einmal sein persönliches Verhältnis zu den Kommunisten klar: »Bevor ich das Schwarzbrot und die Gerstensuppe der deutschen Gefangenenlager mit ihnen teilte, habe ich die Kommunisten nicht gekannt. Während der Widerstandsbewegung habe ich sie dann richtig entdeckt, sind wir Freunde geworden – wie Hunde und Katzen, die unter einem Dach leben und die sich beim Schlafen beobachten. Später habe ich sie bekämpft, und ich würde das wieder tun, wenn die Geschichte sich wiederholen sollte. Als sie für den Osten und für den Warschauer Pakt optierten, habe ich den Westen, die Atlantische Gemeinschaft und den Aufbau Europas gewählt. Ich vergesse nicht, was meine Freiheit den Vereinigten Staaten zu verdanken hat. Vielleicht habe ich eine bürgerliche Vorstellung von dieser Freiheit, und ich gestehe gern ein, daß sich daran nichts ändern wird. Wenn ich mir aber ansehe, wer innerhalb der französischen Gesellschaft von heute frei ist und wer nicht, dann weiß ich, wem ich die Hand reiche.«

Wie sehr es sich bei dem sozialistisch-kommunistischen Regierungsprogramm um eine »Vernunftehe« handelt und nicht um eine »Liebesheirat«, geht aus einigen internen und intimen Kommentaren hervor, die die Unterzeichner des Programms abgeben. Zwei Tage, nachdem er seine Unterschrift unter das Programme Commun gesetzt hat, erklärt Mitterrand vor seinen Freunden von der Sozialistischen Internationalen, die sich in Wien zu einem Kongreß versammelt haben: »Unser wichtigstes Ziel besteht darin, auf dem Gelände, das derzeit von der Kommunistischen Partei besetzt gehalten wird, eine große Sozialistische Partei zu schaffen – um am Ende zu zeigen, daß sich unter 5 Millionen kommunistischen Wählern 3 Millionen befinden, die sozialistisch wählen können.« Als diese Sätze in Paris bekannt werden, sieht sich die kommunistische Parteizeitung »l'Humanité« zu einem giftigen Kommentar veranlaßt, in dem Mitterrand wieder einmal beschuldigt wird, sich auf Kosten der Kommunisten »bereichern« zu wollen. Aber für die Kommunistische Partei ist die Erkenntnis, daß die Sozialisten den Regierungsvertrag mit eindeutigen Hintergedanken unterzeichnet haben, nicht unbedingt etwas Neues. Am 29. Juni 1972, das heißt also, ebenfalls zwei Tage nach der denkwürdigen Nacht der Entscheidung in der kommunistischen Parteizentrale, warnt Marchais in einem Rapport vor dem Zentralkomitee der PC (der erst 1975 an die Öffentlichkeit gelangt): »Es wäre gefährlich, sich die kleinste Illusion über die Ernsthaftigkeit der von den Sozialisten eingegangenen Verpflichtungen zu machen.«

Um zu verhindern, daß die Sozialisten in ihre Domäne, die Arbeiterschaft, eindringen, empfiehlt Marchais der Führungsspitze seiner Partei ein umfangreiches Aktionsprogramm auf der Ebene der Fabriken. Durch eine ganze Welle von Einzelforderungen, Streiks und Betriebsbesetzungen soll den Arbeitern deutlich gemacht werden, wer den echten Klassenkampf betreibt und wer innerhalb des linken Regierungsbündnisses mehr erreicht. Da aber auch die Sozialistische Partei mit einigen werbewirksamen Aktionen aufwartet, herrscht an der Basis allmählich Kampfstimmung – die beiden Parteien der »vereinten« Linken, die sich oben, an der Spitze, umarmt haben, schlagen sich unten, in Betrieben und Stadtvierteln, um jede einzelne Stimme und gebärden sich als erbitterte Konkurrenten.

VI

Das erste Duell Mitterrand – Giscard d'Estaing

Pompidou stirbt

Einen ersten Test, wie das gemeinsame Regierungsprogramm von den Linkswählern akzeptiert wird und wie sich die neue Sozialistische Partei unter der Führung Mitterrands gegenüber den anderen Parteien der Linken, darunter vor allem den Kommunisten, durchzusetzen vermag, ermöglichen die Parlamentswahlen, die am 4. und 11. März 1973 stattfinden. Weder Mitterrand noch Marchais glauben daran, daß die Linke eine Mehrheit erringen und damit das gemeinsame Regierungsprogramm zur Anwendung bringen kann. Angesichts der internen Wettbewerbssituation mobilisieren sie jedoch alle Kräfte. Die Sozialisten, die innerhalb kurzer Zeit ihre Mitgliederzahl von 56008 (am Vorabend des Kongresses von Epinay) auf 80300 (Ende 1971) steigern konnten und sich damit allmählich von einer Partei der Honoratioren zu einer Mitgliederpartei mausern, präsentieren – gemeinsam mit den ihnen inzwischen eng verbundenen Linksradikalen des Apothekers Robert Fabre – zum ersten Mal in jedem Wahlkreis einen eigenen Kandidaten.

Von den alten Sozialisten aber, die sich schon 1968 um ein Abgeordnetenmandat bewarben, nimmt nur noch etwa ein Viertel teil. Die neuen gehören der jungen Generation an, sind Beamte, Lehrer, Ingenieure und leitende Angestellte – womit das bittere Lehrgeld, das Mitterrand im Mai 1968 zahlen mußte, seine Zinsen zu tragen beginnt: Seine neue Sozialistische Partei bedeutet für viele junge, politisch interessierte Franzosen eine Alternative zur äußersten Linken, die bis dahin als einzige politische Formation bei der jungen Generation Anklang fand.

Der erste Wahlgang, der einen Kräftevergleich zwischen den einzelnen Parteien ermöglicht, übertrifft die Erwartungen der Sozialisten: Sie erzielen 19,3% der Stimmen und kommen damit auf ein ähnliches Ergebnis (19,0%) wie die SFIO 1936, im legendären Jahr der Volksfront. Die Stimmen der nichtkommunistischen Linken (Sozialisten und Linksradikale) ergeben zusammen sogar 20,8% – was gegenüber den 1968er Parlamentswahlen einen Zugewinn von vier Prozentpunkten bedeutet. Die Stimmengewinne werden hauptsächlich in Gebieten erzielt, wo die Sozialisten bisher nur relativ schwach vertreten waren – der Umgebung von Paris, der Bretagne, dem Osten mit Elsaß und Lothringen sowie dem Südosten. In ihren alten Bastionen im Norden und im Süden Frankreichs stagniert die PS dagegen oder geht sogar zurück. Offenbar wird hier, wo die traditionellen Ideen der SFIO zu Hause sind, Mitterrands Zusammengehen mit den Kommunisten weniger honoriert. Ihr Fernziel – die Kommunistische Partei einzuholen oder sogar zu übertrumpfen – hat die Sozialistische Partei allerdings noch nicht erreicht. Die PC bleibt mit 21,4% stärkste Partei der linken Opposition und bietet Mitterrand sogar großzügig einige Wahlkreise an, in denen sozialistische Kandidaten von kommunistischen majorisiert werden. Doch darauf möchte Mitterrand, der weiß, daß jedes Geschenk seinen Preis hat, nicht eingehen. Er gibt sich mit den bereits erzielten Fortschritten zufrieden, die sich im übrigen auch hinsichtlich der Mandate sehen lassen können: Während die Linke nach den »Angstwahlen« des Jahres 1968 auf nur 91 Abgeordnete schrumpfte, erringt sie jetzt 176 Sitze und damit fast so viele wie 1967 (193 Sitze).

Zwischen den beiden Wahltagen zieht Mitterrand eine Bilanz der kurzen, aber wichtigen Etappe, die seit dem Kongreß von Epinay-sur-Seine zurückgelegt wurde. »Man sagt oft, daß die Sozialistische Partei alle Risiken auf einmal eingeht«, erklärt er in Château-Chinon, »das stimmt. Ihre Entscheidung für eine vereinte Linke – zuerst auf der Basis eines eigenen, sozialistischen Programms, dann auf der Basis des gemeinsamen Programms – hatte ein radikales Auseinanderbrechen der Partei zur Folge. Einige gemäßigte Wähler, die sonst für sie stimmten, sprangen ab, eine ganze Anzahl Mitglieder traten aus, weil sie vor eine Situation gestellt wurden, die sie nicht verkraften konnten. Außerdem setzte die Union der Linken die Sozialisten den rücksichtslosen Schlägen der offiziellen Propaganda aus und damit einer möglichen Konfusion zwischen Kommunismus und Sozialismus.« Doch trotz dieser Risiken, so findet Mitterrand, beginnen die Franzosen die Sozialistische Partei als eine eigenständige und selbstsichere politische Kraft zu akzeptieren. Aber auch an der Kommunistischen Partei stellt er positive Veränderungen fest. Bekämpft von der extremen Linken und bedrängt von den Sozialisten, die ihr das Leben nicht leicht machen, bewege sie sich allmählich aus ihrer alten Isolation heraus, so findet Mitterrand, und werde durch die Strategie der Einheit zu einer neuen, offeneren Politik gezwungen.

In Mitterrands Augen hat die Vereinte Linke frühestens 1976, wenn die Amtszeit Pompidous abläuft und erneut Präsidentschaftswahlen bevorstehen, ernsthafte Aussichten, einen Machtwechsel herbeizuführen. Doch schon sehr viel früher – am 2. April 1974 – tritt ein Ereignis ein, das alle politischen Kalkulationen über den Haufen wirft. Um 21.40 Uhr unterbricht das Erste Französische Fernsehen, das an diesem Abend eine Musikshow ausstrahlt, seine laufende Sendung und kündigt eine wichtige Nachricht an. Danach wird das Programm fortgesetzt, jedoch nur für wenige Minuten. Es erscheint – von Trauermusik untermalt – ein Stationsdia. Kurz vor 22 Uhr gibt dann ein Redakteur in knappen Worten bekannt, daß Staatspräsident Pompidou gegen 21 Uhr in seiner Wohnung auf der Ile Saint-Louis gestorben ist.

Mitterrand diniert an diesem Abend ganz für sich im hinteren Saal der Brasserie Lipp, die für Prominenz aus der Politik und aus dem Kulturleben reserviert bleibt. Er bereitet – zwischen Eisbein und Käse – eine Parlamentsrede vor. Gegen 22 Uhr kommt Roger Caze, der allgegenwärtige Patron der Brasserie, an seinen Tisch und flüstert ihm zu: »Es heißt, der Präsident ist gestorben.« Einige Minuten später kommt er erneut und wiederholt, was der Rundfunk inzwischen bestätigt hat: Pompidou ist tot. Die Trauernachricht überrascht und erschüttert Frankreich, denn die perfekt funktionierende Maschinerie der staatlichen Information hatte bis zu diesem Tag jede konkrete Meldung über eine mögliche Krankheit des Staatspräsidenten unterdrücken können. Zu den Gerüchten, die immer wieder auftauchten, wurde nie offiziell Stellung genommen, und selbst die allen sichtbaren physischen Veränderungen – so sein stark aufgedunsenes Gesicht – wurden einfach ignoriert. Im äußersten Fall, wenn Pompidou dem Amt einige Tage fernbleiben mußte, gab sein Pressebüro eine »leichte Grippe« zu.

Wie wenig Spielraum (und Mut) die in Paris akkreditierten Journalisten gegenüber dem fast sakralen Amt des Staatspräsidenten besitzen, erlebte ich im Mai 1973, als Staatspräsident Pompidou und der damalige amerikanische Präsident Nixon sich in Reykjavík, der Hauptstadt Islands, zu einem politischen Meinungsaustausch trafen. Kurz nachdem die amerikanische Air-Force-Number-One gelandet ist und ihre Ladung – außer Nixon und seiner Begleitung etwa einhundert Journalisten und Kameraleute – ausgespuckt hat, trifft die französische Präsidentenmaschine ein. Die Gangway wird herangerollt, und es erscheint am vorderen Eingang ein schwerfälliger, fast gespenstisch aufgedunsener Pompidou, der tastend aussteigt und sich gegen den kühlen Nordwind, der über die Piste fegt, in einen dicken Wollschal hüllt. Für die amerikanische »White-House-Press«, die abgebrühten ständigen Korrespondenten der Hauptstadt, gibt es von diesem Moment an nur noch ein einziges Thema: Pompidou sieht todkrank aus. Die aus Frankreich angereisten Journalisten (einschließlich der Auslandskorrespondenten) dagegen klammern in ihren Berichten den unübersehbaren Krankheitszustand des Staatspräsidenten aus – dieses Thema gehörte zu den Tabus der Fünften Republik, an die man besser nicht rührt. Statt dessen werden die Berichte zitiert, die am nächsten Tag in der amerikanischen Presse erscheinen – allerdings sehr vorsichtig. Erst Ende März 1974, etwa eine Woche vor dem Tod Pompidous, erwähne ich das erste Mal in einem Bericht für die Tagesschau die erneut kursierenden Krankheitsgerüchte. Der französische Staatspräsident verbringt zu diesem Zeitpunkt schon die meiste Zeit zu Hause, am Quai de Béthune, der seinetwegen für jeden Verkehr gesperrt wird. Inzwischen ist es kein Geheimnis mehr, daß er unter der sehr seltenen Kählerschen Krankheit leidet.

Einige seiner möglichen Nachfolger verhalten sich inzwischen, als habe der Wahlkampf bereits begonnen und als gelte es, Ansprüche auf den nun bald frei werdenden Platz anzumelden – zumal Pompidou keinerlei Anstalten macht, einen Dauphin zu bestimmen. Zu den wenigen, die sich in diesen von Gerüchten und von Manövern erfüllten Wochen eine totale Zurückhaltung auferlegen, gehört Mitterrand. Er tut so, als nehme er den sich täglich deutlicher abzeichnenden Verfall Pompidous nicht zur Kenntnis und weigert sich vor allem, erste heimliche Vorbereitungen für einen eventuellen Präsidentschaftswahlkampf zu treffen. Angesichts der Unruhe, die im Lager der Regierungsmehrheit ausgebrochen ist, bekräftigt er am 3. März 1974 sogar: »Die Linke wird nichts unternehmen, was den Anschein erwecken könnte, daß sie noch vor 1976 mit einer Vakanz an der Macht rechnet.« Und eine knappe Woche später, als eine Boulevardzeitung zum ersten Mal das Foto eines Krankenwagens veröffentlicht, in dem Pompidou nach Hause transportiert wird, notiert er: »Ich habe mich noch nie an politischen Spekulationen über eine Situation beteiligt, die ich nicht genau kenne. Ich finde, das Leiden und der Mut müssen respektiert und zumindest in einer würdigen Weise behandelt werden.«

Pompidou hat Mitterrands Diskretion im übrigen durchaus bemerkt. Er vertraut mehreren Politikern an, daß »Mitterrand einer der wenigen ist, die sich in dieser Sache korrekt verhalten« – in der Hoffnung, daß man es dem Sozialistenchef weitererzählt. Direkt konnte Pompidou ihm das nicht sagen. Sie haben in ihrer ganzen politischen Laufbahn kein einziges Mal miteinander gesprochen – was zeigt, wie sehr Frankreich in zwei politische Welten gespalten ist.

Einheitskandidat der Linken

Während der Gaullist Chaban-Delmas seine Kandidatur schon am 4. April anmeldet, obwohl Pompidou noch gar nicht richtig beerdigt ist, und jedermann sieht, wie auch Giscard d'Estaing schon in die Startlöcher geht, bleibt Mitterrand auch an den folgenden Tagen stumm. Alle bestürmen ihn – die Kommunisten, die Sozialisten, die Linksradikalen und die großen Gewerkschaften –, sich als gemeinsamer Kandidat der Linken aufstellen zu lassen und so bald wie möglich in den Wahlkampf einzusteigen. Doch Mitterrand, der vor allem verhindern will, daß die Kommunistische Partei ihn als erste zum Kandidaten der Linken ausruft, verschwindet zunächst einmal nach Château-Chinon. Er regelt seine Geschäfte als Bürgermeister und beschäftigt sich ein ganzes Wochenende lang mit lokalen Angelegenheiten, wie etwa der Vorbereitung einer Radrennmeisterschaft. Das Thema Präsidentschaftswahl, das Paris inzwischen ganz und gar beherrscht, klammert er bewußt aus. Erst nachdem er Montagmorgen auf dem Rückweg nach Paris Einkehr in die Basilika von Vézelay gehalten und dort – wie schon oft in den vergangenen dreißig Jahren – einige Zeit lang meditiert hat, steht sein Entschluß fest: Er tritt die Kandidatur an. Und zwar nicht als Kandidat, der den Kommunisten – die schon auf einen regelrechten Vertrag drängen – oder irgendeiner anderen Partei verpflichtet ist, sondern als gemeinsamer Kandidat der drei Parteien, die das gemeinsame Regierungsprogramm unterzeichnet haben. Über Wahlkampfthemen oder gar eine Wahlplattform wird nicht verhandelt – womit Mitterrand freie Hand bekommt, sich seine Wahlkampfthemen selber auszusuchen (und all das wegzulassen, was ihn am gemeinsamen Regierungsprogramm geniert), und wodurch er verhindert, daß er Gefangener der Kommunisten wird, die ihm nur allzugerne ihren Stempel aufdrücken möchten.

Als Mitterrand nach seiner offiziellen Ernennung zum Kandidaten der Linken im Fernsehen befragt wird, welche Chancen er sich ausrechnet, antwortet er: »Fünfzig zu fünfzig und ein bißchen weniger.« Mehr hält er kaum für möglich, da die Kandidaten der Rechten, die sich um Pompidous Nachfolge bewerben, »noch mit den alten Illusionen jonglieren können«, das heißt, weil die wirtschaftlichen und sozialen Probleme, die sich unter Pompidou aufgestaut haben, dem Volk noch nicht bewußt geworden sind. Wären die Wahlen zwei Jahre oder auch nur sechs Monate später gekommen, davon ist Mitterrand überzeugt, sähen seine Chancen besser aus.

Um in den wenigen Wochen, die bis zum Wahltermin bleiben, einen modernen und wirkungsvollen Wahlkampf organisieren zu können, mietet Mitterrand eine ganze Etage im höchsten Wolkenkratzer von Paris, dem Tour Montparnasse. Als Wahlhelfer engagiert er hauptsächlich die jungen »Wölfe« seiner Sozialistischen Partei, die schon gemeinsam mit ihm die PS eroberten. Es stoßen aber auch neue Leute hinzu, die nach außen hin kaum in Erscheinung treten: Beamte aus dem Finanz- und Wirtschaftsministerium sowie Spezialisten für Fragen aus dem Sozialbereich, der Landwirtschaft und dem Erziehungswesen. Sie arbeiten fast alle für das derzeitige Regime, doch ihr Herz schlägt für Mitterrand. Einer dieser »Eierköpfe« ist der Wirtschaftsexperte Jacques Delors, der als Berater von Premierminister Chaban-Delmas dessen Projekt einer »Neuen Gesellschaft« vertrat, den Chaban dann aber nicht in seinen Wahlkampfstab beruft. Ein anderer ist Michel Rocard, der einstige Generalsekretär der sehr linken PSU (Vereinigte Sozialisten), ein »Inspecteur des Finances« und Anhänger der »Autogestion«, der Selbstverwaltung, der über seine persönliche Mitarbeit hinaus die Unterstützung seiner Partei einbringt. Kommunisten ziehen andererseits nicht in das Hochhaus am Bahnhof Montparnasse ein.

Da aus vielen öffentlichen Reaktionen deutlich zu erkennen ist, daß seine Kandidatur die alte Kommunistenangst wachruft, nimmt Mitterrand soviel Abstand wie möglich zur PC. So gibt er mitten im Wahlkampf bekannt – ohne die Kommunisten zu konsultieren – daß er im Fall seines Wahlsieges einen Sozialisten zum Premierminister ernennen würde. Auch als Marchais ihn daraufhin empört zur Rede stellt, bleibt Mitterrand hart. Allerhöchstens, so teilt er dem Kommunistenchef mit, könnte er ihm fünf bis sieben Ministerposten zugestehen – und keinesfalls, wie es ihrer eigentlichen Stärke entsprechen würde, die Hälfte des Kabinetts.

Auch das gemeinsame Programm, das ihn seit nunmehr zwei Jahren an die Kommunisten bindet, klammert Mitterrand so weit wie möglich aus. Die sozialen Versprechungen, die darin enthalten sind und die Milliardenbeträge kosten würden, wirken angesichts der Wirtschaftskrise, in die Frankreich durch den ersten Ölschock geraten ist, reichlich unseriös. Sie würden die Inflation, die schon jetzt bei 15 % liegt, nur noch weiter anheizen. Werden ihm im Wahlkampf dennoch kritische Fragen zum gemeinsamen Regierungsprogramm gestellt, weicht er schnell ins Unverbindliche aus – worin er sein Leben lang eine Meisterschaft entwickelt hat. Er antwortet dann, nicht er als Staatspräsident sei für das Regierungsprogramm zuständig, sondern sein zukünftiger Premierminister und dessen Ministerrat. Um glaubwürdiger zu wirken, nimmt er sogar die Bekämpfung der Inflation ins Wahlkampfprogramm auf – womit er erneut die Kommunisten überrollt, die in all ihren Programmen die preistreibende »Umverteilung« favorisieren.

Das zentrale Thema des Präsidentschaftswahlkampfes ist die schwierige Wirtschaftslage Frankreichs, dessen Wachstumsrate auf 4 ½ % Prozent gesunken ist und dessen Zahlungsbilanzdefizit auf 30 Milliarden Franc geschätzt wird. Für Mitterrand bedeutet diese Thematik eine starke Benachteiligung – vor allem gegenüber seinem Hauptkonkurrenten unter den insgesamt zwölf Präsidentschaftskandidaten, gegenüber Giscard d'Estaing. Während er selber wenig Ahnung von Wirtschaftsfragen hat und sich auch nie richtig dafür interessiert hat, besitzt Giscard ein wahres Computergedächtnis für Zahlen. Außerdem kennt er als langjähriger Wirtschafts- und Finanzminister alle wichtigen Dossiers in- und auswendig.

Dieses Handicap wiegt besonders schwer bei den zahlreichen Rundfunk- und Fernsehdebatten, die in diesem Wahlkampf – zum ersten Mal für Frankreich – zwischen den Hauptkandidaten arrangiert werden.

Schon bei ihrem ersten Zusammentreffen, das in einem Pariser Rundfunkstudio abläuft, gewinnt Giscard fast jeden Schlagabtausch im Bereich der Wirtschaftspolitik. Er wirkt selbstsicherer und kompetenter, überdies behandelt er Mitterrand ziemlich von oben herab – wie ein Lehrer seinen Schüler. Während der einstündigen Direktsendung, zu der etwa hundert Journalisten und Parteigänger eingeladen sind, beobachte ich Mitterrand aus wenigen Metern Entfernung. Sobald Giscard mit seinen Zahlenkolonnen und Prozentsätzen auftrumpft, kriecht Mitterrand immer tiefer in sich hinein, kommen seine Gegenargumente langsamer, wie aus weiter Ferne. Er versucht gar nicht erst zu kontern. Nur wenn er allzusehr in die Ecke gedrängt wird, unterbricht er Giscard unablässig durch Nebenbemerkungen, die eher störend wirken. Doch der läßt sich dadurch nicht aus dem Konzept bringen – und beendet dieses erste Duell als Sieger.

Wahrscheinlich hat Mitterrands Schwäche in komplizierten Wirtschaftsfragen mit zur Folge, daß er am 5. Mai, im ersten Wahlgang, nur 43 % der Stimmen erzielt und damit fast zu weit von der Mehrheit entfernt liegt, um sich für den entscheidenden zweiten Wahlgang große Chancen ausrechnen zu können. Erschwerend kommt hinzu, daß sein Gegner Giscard d'Estaing heißt, der mit 32 % der Stimmen die anderen Kandidaten der Rechten, darunter vor allem Chaban-Delmas, klar geschlagen hat und damit als Kandidat der Rechten in den zweiten Wahlgang einzieht. Ihm persönlich wäre Chaban als Gegenkandidat lieber gewesen, den er seit langem kennt und mit dem er befreundet ist. Giscard dagegen liegt ihm so fern, daß er ihn nicht einmal als Gegner interessiert. Er bezeichnet ihn – mit seinen Diplomen, seinen Hohen Schulen, seiner Familie, seiner Intelligenz – als den Prototyp oder gar Archetyp »einer angeschlagenen Gesellschaft, die ums Überleben kämpft«. Außerdem weiß er genau, daß dieser Wirtschaftsfachmann den Franzosen in der augenblicklichen Krise als der geeignetere Mann erscheint, um das Staatsschiff durch die schweren Zeiten zu steuern, während er, der vielgescholtene »Kommunistenfreund«, eher als Risiko gilt.

Mitterrand läßt sich jedoch weder durch sein unzureichendes Ergebnis im ersten Wahlgang noch durch die Stärken seines Gegners entmutigen. Mit Hubschrauber, Flugzeug und Eisenbahn bereist er ganz Frankreich, hält in 36 Städten Versammlungen ab. Er stellt sich fünfmal zu Rundfunk- und Fernsehduellen, gibt sechs große Pressekonferenzen und gewährt unzählige Interviews. Zwischendurch kehrt er immer wieder nach Paris zurück, um die Wahlspots aufzunehmen, die beide Kandidaten im Fernsehen ausstrahlen dürfen. Diese zeitlich genau begrenzten Aufnahmen, bei denen er alleine der elektronischen Kamera und deren Rotlicht gegenübersitzt, fallen ihm von allen Wahlkampfveranstaltungen am schwersten. Er leidet unter furchtbarem Lampenfieber, wie er mir später einmal gesteht, und glaubt jedesmal, daß ihm – bevor er das erste Wort herausbringt – die Zunge verdörrt. Darum findet Mitterrand im Fernsehen auch nur mäßigen Anklang, im Gegensatz zu Giscard, der vor der Kamera locker agiert.

Der Höhepunkt des zweiwöchigen Wahlkampfes ist

ohne Zweifel ein großes Fernsehduell mit Giscard d'Estaing, das vom Pariser Rundfunkzentrum aus direkt ausgestrahlt wird. Um gegenüber Giscards Fachwissen besser gewappnet zu sein als bei dem ersten Treffen, läßt sich Mitterrand 24 Stunden lang von seinen Wirtschaftsexperten über alle wichtigen Daten und Argumente informieren. Danach sucht er auf einem langen Spaziergang über die Seine-Quais die nötige innere Sammlung.

Die Erwartungen, die an das Fernsehduell geknüpft werden, sind enorm groß, wahrscheinlich – so mutmaßen die Kommentatoren – werden an diesem Abend die Wahlen entschieden. Als die Sendung um 20.30 Uhr beginnt, sind in Paris die Straßen wie ausgestorben, herrscht in Cafés, Restaurants, Kinos und Theatern gähnende Leere. 25 Millionen Franzosen, so ergeben die späteren Untersuchungen, sehen sich die Debatte an, die über alle Fernsehkanäle ausgestrahlt wird. Mitterrand und Giscard sitzen sich direkt gegenüber. Zwei Journalisten, die außer ihnen im Studio anwesend sind, haben nur die Aufgabe, die gerechte Verteilung der Sprechzeit zu überwachen. Der Verzicht auf journalistische Gesprächspartner kommt eindeutig Giscard zugute. Von der ersten Minute an bestimmt er durch seine schnelle, zupackende Art die Themen und den Ton der Diskussion. Er kann erreichen, daß fast nur über das Programme Commun, eine eventuelle Beteiligung kommunistischer Minister an einer linken Regierung und über das linke Verstaatlichungsprogramm gesprochen wird – alles Themen, die Mitterrand in die Verteidigung drängen – und kaum über die schwierige Wirtschaftslage, die Giscard als Regierungsmitglied zu verantworten hat. Bei verschiedenen Gelegenheiten vermag Giscard sogar Mitterrands Wissenslücken im Bereich der Wirtschaft bloßzulegen, so zum Beispiel, als der sozialistische Kandidat nicht weiß, in welchem Jahr genau der für die französischen Arbeiter so wichtige SMIG, der staatlich garantierte Mindestlohn, in Kraft getreten ist.

Und immer wirkt Giscard, der seine Attacken wie mit dem Florett vorbringt, informierter, überzeugender und vertrauenerweckender, während sein Gegenüber gegen Ende der anderthalbstündigen Sendung immer langsamer, fast wie in Trance reagiert. Giscard landet überdies zwei Aussprüche, die am nächsten Tag in allen Zeitungen wiederholt werden. Er bezeichnet ihn als »homme du passé« – als Mann der Vergangenheit –, und er spricht ihm den Alleinanspruch auf das »Herz« ab, ein Dialog, bei dem Mitterrand eindeutig den kürzeren zieht. Er läuft wie folgt ab: Mitterrand (über die Notwendigkeit, auch die Arbeiter, die ihre Hände schmutzig machen, an den wirtschaftlichen Fortschritten zu beteiligen): »Das ist eine Angelegenheit des Herzens und nicht nur der Intelligenz.« Giscard d'Estaing: »Sie besitzen nicht den Alleinanspruch auf das Herz, Monsieur Mitterrand. Auch ich habe ein Herz.«

23% der Fernsehzuschauer, die zum ersten Mal ein solches Wahlspektakel miterleben, finden die Debatte, wie Meinungsforscher ermitteln, »erregend«, 31% »sehr interessant« und immerhin noch 38% »interessant«. Darüber befragt, ob ihre Wahlentscheidung beeinflußt wurde, antwortet nur einer von zehn mit »Ja«. Giscard kommt allerdings zugute, daß Rundfunk und Fernsehen, die damals noch weitgehend von der Staatsmacht dirigiert werden, ebenso wie die millionenstarke regierungsnahe Presse das Fernsehstreitgespräch in einen legendären Sieg für ihn ummünzen. Dabei werden sogar gefälschte Meinungsumfragen ins Spiel gebracht, die Giscard als haushohen Sieger ausweisen.

Andererseits braucht sich Mitterrand aber auch nicht über einen Mangel an Unterstützung zu beklagen. Bekannte Schriftsteller, Schauspieler, Sänger und Maler, die sich noch nie politisch engagiert haben, sprechen sich für ihn aus oder unterzeichnen Sympathieerklärungen. Der Kreis der gesellschaftlichen und politischen Splittergruppen, die in seinem Namen um Stimmen werben, wird jeden Tag größer und bunter – unter ihnen finden sich Homosexuelle wie Feministinnen, Grüne und Wehrdienstverweigerer, alte Generäle und Veteranen der Widerstandsbewegung. Aber auch die Kommunisten, die nach außen hin kaum in Erscheinung treten und die sich damit abgefunden haben, daß ihnen in diesem Wahlkampf nur eine Handlangerrolle zukommt, beteiligen sich massiv am Wahlkampf. Zu einer Wahlkundgebung, die Mitterrand auf dem riesigen Messegelände von Paris ansetzt, lassen sie Hunderte von Omnibussen mit Arbeitern aus dem »roten Gürtel« von Paris anrollen, so daß der Einheitskandidat der Linken schließlich vor 100 000 Menschen spricht – der größten Versammlung während des Wahlkampfes.

24 Stunden vor der Niederlage – bei Mitterrand zu Hause

Am Freitag, den 17. Mai, zwei Tage vor dem Wahlsonntag, macht Mitterrand einen Höflichkeitsbesuch bei Senatspräsident Alain Poher, der die von der Verfassung vorgeschriebene Funktion des Interimspräsidenten wahrnimmt (wie schon 1969, als de Gaulle zurücktrat, allerdings mit dem Unterschied, daß er damals dann selber kandidierte). Als er nach dem Gespräch den Elysée-Palast verläßt, wirkt er gelöst, ja fast euphorisch. Poher hat ihm – so sickert später durch – die Wahlvoraussagen des Innenministers mitgeteilt, die auf den verdeckten Umfragen der Präfekturen und ihres bis ins letzte Dorf reichenden Spitzelsystems beruhen. Danach kann Mitterrand – mit einigem Glück – hoffen, am kommenden Sonntag zum Staatspräsidenten gewählt zu werden.

Für uns, für das Deutsche Fernsehen, hat der Optimismus, der plötzlich im Lager Mitterrands ausbricht, einen unerwarteten Nebeneffekt. Unsere Bitte um ein Interview kurz vor dem entscheidenden Wahlgang wird positiv beschieden. Wir werden sogar – ein Privileg, das kaum engen Parteifreunden vergönnt ist – in sein Privathaus in der Rue de Bièvre gebeten. Als wir Samstagmittag noch vor der verabredeten Uhrzeit am Haus Nr. 22 anklopfen, öffnet ein Mann von Mitterrands eigenem Sicherheitsdienst das Hoftor. Von dort sind es über einen mit Steinen gepflasterten Hof, der von hohen Blumenstauden umgeben ist, nur wenige Schritte bis zu dem weißgestrichenen Haus, das die Familie Mitterrand sich Anfang der siebziger Jahre kaufte und das sie seitdem mit sehr viel Sorgfalt restauriert hat. Es wird sogar erzählt, der französische Staatssicherheitsdienst habe sich eigenmächtig an den Arbeiten »beteiligt« und Abhörmikrofone in alle Wohn- und Arbeitsräume eingebaut. Im Parterre kann ich einen Blick in den Speiseraum werfen, in dem ein Marmortisch für acht, höchstens zehn Gedecke steht. An diesem Tisch pflegt Mitterrand die Führungsspitze der Sozialistischen Partei zum Essen zu empfangen, aber auch viele andere Politiker, darunter der Kommunistenchef Marchais, haben hier schon gespeist. Viele von ihnen, so beklagt sich Danielle Mitterrand, haben die schlechte Angewohnheit, während der stundenlangen Debatten die Tischplatte zu bekritzeln. Vom Parterre aus gibt es zwei Möglichkeiten, nach oben, in die privaten Wohn- und Arbeitsräume Mitterrands, zu gelangen: ein winziger Fahrstuhl, der neu eingebaut worden ist und mit dem gelegentlich auch Bücher, Post und Getränke transportiert werden, sowie eine breite, abgetretene Steintreppe mit einem alten, handgeschmiedeten Eisengeländer. Überall in Mitterrands Haus herrscht dieses harmonische Nebeneinander von alten Mauern, Möbeln und sonstigen Zeugen der jahrhundertealten Vergangenheit dieses Gebäudes und einer sehr modernen und zweckgebundenen Einrichtung, bei der die Farbe Weiß dominiert. Am deutlichsten wird dieser Gegensatz in Mitterrands »Taubenschlag«, seinem Arbeitsraum mit schrägem Dach und alten Holzbalken, der sich über zwei Ebenen erstreckt und der ganz in Weiß und Braun gehalten ist. Die wenigen Möbel – ein rechteckiger Tisch aus Stahl und Glas, zwei Stühle – verschwinden fast völlig unter Unmengen von Büchern, die mehrere bis an die Decke reichende Borde sowie die meisten der stoffüberzogenen Stufen bedecken. Ich entdecke die Gesammelten Werke von Zola, Balzac und Stendhal, die Essays von Montaigne, alte Ausgaben von Plato, Cervantes und Montesquieu sowie eine Schrift von Machiavelli. Zwischen und vor den Büchern, aber auch sonst über das ganze Zimmer verstreut, liegen und stehen kleine Skulpturen, Fotos von Freunden und Familienmitgliedern sowie andere Erinnerungsstücke, wie etwa drei alte Spazierstöcke, die aus seiner Familie stammen, eine Kupfermedaille mit dem

Portrait von Jean Jaurès, dem Begründer der Sozialistischen Partei, ein Abbild Mauriacs sowie verschiedene griechische Büsten und antike Steine.

Wir haben einige Mühe, unterstützt von Mitterrands persönlicher Sekretärin, unsere Stative, Lampen, Kabel und Mikrofone aufzustellen, ohne das »gepflegte Durcheinander«, das offensichtlich zu Mitterrands persönlichem Stil gehört, zu beeinträchtigen. Bald darauf kündet eine gewisse Unruhe in den unteren Etagen an, daß der Hausherr eingetroffen ist. Als Mitterrand schließlich in seinen »Taubenschlag« hinaufsteigt und uns nach einem mißmutigen Blick auf das von uns verursachte Durcheinander allen die Hand gibt, steht ihm die Müdigkeit des kurzen, aber ungemein hektischen Wahlkampfes deutlich im Gesicht geschrieben. Seine letzte Rede hielt er am Abend vorher in Toulouse – vor 40 000 entfesselten Zuhörern, die ihn schon wie den kommenden Staatspräsidenten feierten. Die Wahlveranstaltung ging erst gegen 1 Uhr morgens zu Ende – wodurch auch die Nachtruhe nur kurz gewesen war. Doch sobald die Scheinwerfer aufleuchten, reißt Mitterrand sich noch einmal zusammen und konzentriert sich auf das Interview. Es soll – so hofft er – am nächsten Abend den neuen französischen Staatspräsidenten im Deutschen Fernsehen vorstellen. Die neun Fragen, die ich mir aufgeschrieben habe und die vorher schon von zweien seiner Mitarbeiter begutachtet worden sind, überfliegt er nur und sagt dann – nachdem er sich durch einen kurzen Blick mit seinem »Außenminister« Robert Pontillon verständigt hat: »Jetzt kann es losgehen.«

Er hat genau gemerkt, daß ich nicht nur ein Interview, sondern in Wirklichkeit zwei führen will. Meine ersten fünf Fragen beziehen sich auf den wahrscheinlichen, aber natürlich noch keineswegs sicheren Fall, daß er zum Staatspräsidenten gewählt wird, die restlichen vier dagegen auf den negativen Fall seiner Wahlniederlage. Doch der »Kandidat der Linken«, der in seinem Leben so viele Klippen umschifft hat, läßt sich durch diesen journalistischen Trick überhaupt nicht irritieren. Nur an der hohen Geschwindigkeit, mit der seine Augenlider flattern, erkenne ich, daß er innerlich nicht so ruhig ist, wie er sich nach außen hin den Anschein gibt.

Seine Antworten kommen schnell, kurz und prägnant formuliert – als habe er sich lange darauf vorbereitet. Nach seinem Verhältnis zu Bundeskanzler Schmidt (der erst kurz im Amt ist) und zur SPD befragt, erinnert er daran, daß er sowohl über die Sozialistische Internationale wie auch auf europäischer und bilateraler Ebene (zwischen PS und SPD) gute Beziehungen zu den Sozialdemokraten pflegt. Er hebt (schon damals) Brandt hervor, indem er ihm in die Kamera hinein einen Gruß übermittelt und ihm seine »Hochachtung« ausspricht, äußert sich aber auch anerkennend über die »großen Kapazitäten und Kompetenzen« von Helmut Schmidt, mit dem er »fruchtbar« zusammenzuarbeiten hofft.

Auch gegenüber dem deutsch-französischen Vertrag äußert er sich uneingeschränkt positiv. Er erinnert daran, daß er an der ersten »europäischen Konferenz der modernen Geschichte« im Jahre 1948 in Den Haag teilnahm und daß er seitdem immer für jenes Europa optierte, das auf die deutsch-französische Versöhnung und auf die konstruktive Zusammenarbeit mit der Bundesrepublik Deutschland begründet sei und mit dem, »was das deutsche Genie in der Geschichte darstellt«. Auf die Frage, ob er eine unterschiedliche Haltung zu Bonn und zu Ostberlin einnehmen würde, sagt Mitterrand noch einmal, die Beziehungen zur Bundesrepublik seien natürlich direkter und intimer, da beide Partner eines wichtigen Bündnisses sind, während die DDR in einer anderen »Ordnung« angesiedelt sei. Andererseits gebe es inzwischen natürlich auch zwischen Paris und Ostberlin offizielle Beziehungen, die berücksichtigt werden müßten, zumal es ja erklärtes Ziel seiner Politik sei, »die beiden getrennten Teile unseres Kontinents miteinander zu vereinigen«.

Ich frage ihn weiter, ob er ein starkes, konkretes und vereintes Europa für möglich hält und dafür nationale Konzessionen machen würde. Seine Antwort lautet: »Ich halte das für ein realistisches Ziel, im übrigen: Utopien werden manchmal Realität.« Das Europa, das er sich vorstellt, müßte allerdings »demokratischer sein, auf allgemeinen Wahlen beruhen und der Arbeiterschaft mehr Mitspracherecht gewähren«. Mitterrand könnte sich sogar eine Art von europäischer Verteidigung vorstellen. Auf meine Frage, wie sein Verhältnis zur NATO aussieht, antwortet er, im Augenblick müsse man mit der Atlantischen Gemeinschaft vorliebnehmen, weil es noch keine andere oder gar bessere Lösung gebe. Wenn man aber über neue Möglichkeiten nachdenke, gebe es nur zwei, die in Frage kämen: 1. ein Sicherheitssystem, das sich die Europäer selber zulegen – was allerdings wohl noch Zukunftsmusik sei, weil einige Länder – wie vor allem die Bundesrepublik – besondere Verpflichtungen hätten, die ein solches Sicherheitssystem ausschließen; 2. eine gemeinschaftliche Sicherheitsbasis mit Osteuropa, die aber wohl noch illusorischer sei.

Den zweiten Teil des Interviews beginne ich mit der Frage, was er politisch und persönlich macht, wenn er nicht in den Elysée-Palast gewählt wird. Mitterrand antwortet ohne Umschweife und mit einem ganz leichten Lächeln – als hätte er sich selber diese Frage auch schon gestellt: »Ich habe diesen Kampf mit dem großen Ziel aufgenommen, den französischen Sozialismus zur dominierenden Kraft unseres Landes zu machen. Dieses Ziel werde ich weiterhin verfolgen. Ich werde, wenn ich nicht zum Präsidenten der Republik gewählt werde, meinen Kampf fortsetzen.« Ich lasse eine Frage nachfolgen, die ihm offensichtlich nicht behagt: ob er glaube, daß das Programme Commun, das gemeinsame Regierungsprogramm, Bestand hat. Mitterrand antwortet kurz und bündig: »Dieses Programm verpflichtet die Partner für die Dauer einer Legislaturperiode – es wird darum fünf Jahre lang Bestand haben.« Zum Schluß möchte ich wissen, wie die Linke reagieren wird, wenn nicht er, sondern Giscard d'Estaing gewählt wird – ob sie die Enttäuschung überwindet.

Mitterrand antwortet, er würde soziale Unzufriedenheit, die sich zum Beispiel durch das legale Mittel des Streiks äußert, keineswegs ausschließen, denn »Giscard d'Estaing hat als Wirtschafts- und Finanzminister die eine Hälfte der Franzosen, das heißt die Hälfte der Arbeit und der Produktion, ignoriert«, es könne darum sein, daß die »Vertreter der Arbeiterklasse und der Mittelklasse Angst vor ihrer Zukunft bekommen«. Mitterrand beendet das Interview mit einem beinahe feierlichen Gruß an den deutschen Bundespräsidenten und den deutschen Bundeskanzler und wünscht »dem deutschen Volk Glück und Erfolg«.

Unser Besuch in der Rue de Bièvre, der eine knappe Stunde dauert, ist für Mitterrand der Schlußpunkt unter dem mörderischen Wahlkampf. Er wirkt plötzlich ganz entspannt, fast heiter, als würden das Visier, der Panzer und das Schwert des Wahlkämpfers von ihm abfallen. Seine Frau, die sich vor der Tür offenbar schon bereitgehalten hat, serviert Getränke und einen Imbiß – eine Domäne, für die sie im Hause Mitterrand zuständig ist, was aber nicht ausschließt, daß sie die politischen Aktivitäten ihres Mannes genau verfolgt, begutachtet und mit ihm diskutiert, ja sich gelegentlich sogar ein leises, aber bestimmtes Veto erlaubt. Umgekehrt kehrt Mitterrand (auch heute noch) keinen Abend heim, ohne, auf dem Rand von Danielles Bett sitzend, über seinen Tagesablauf und über die Leute, mit denen er zusammengetroffen ist, zu berichten.

Beim Abschied frage ich Danielle und François Mitterrand, wie sie das Wahlwochenende verbringen werden. Die Antwort hätte ich mir denken können: »Wir fahren nach Château-Chinon, in mein Département. Dort werden wir spazieren gehen, mit den Leuten reden – uns erholen.« Der Kandidat, der am nächsten Tag vor das französische Volk tritt, um sich von ihm zum Staatspräsidenten wählen zu lassen, wirkt in diesem Augenblick eher wie ein gesetzter Oberlehrer, der sich auf das Wochenende in der freien Natur freut. Ich frage mich im stillen, ob er gewinnen wird. Meine Antwort: Ich glaube es nicht!

Am nächsten Tag, dem 19. Mai 1974, sendet das Deutsche Fernsehen in seiner Sondersendung über die französische Präsidentschaftswahl dann doch nur jenen zweiten Teil meines Mitterrand-Interviews, den ich »vorsichtshalber« für den Fall seiner Niederlage aufgenommen habe. Der erste Teil, in dem er zehn Minuten lang wie der zukünftige Staatspräsident redet, verschwindet für immer im Archiv. Um 22.30 Uhr steht offiziell fest: Mitterrand verpaßt den Sieg um einige 100000 Stimmen, der neue Staatspräsident heißt Valéry Giscard d'Estaing.

Als der Fernsehsprecher diese Nachricht mit einem unüberhörbaren Triumph in der Stimme verliest, herrscht im Hotel »Vieux Morvan« in Château-Chinon, wo Mitterrand mit seinen Freunden die Wahlergebnisse abwartet, minutenlang betretenes Schweigen. Niemand wagt den wieder einmal unterlegenen Kandidaten anzusehen oder anzusprechen, der wie entgeistert auf den Bildschirm starrt. Die Niederlage ist nicht nur eine von vielen in seinem langen Politikerleben, das Höhepunkte und Tiefpunkte gekannt hat. Sie bedeutet mit großer Wahrscheinlichkeit, daß ihm das höchste Staatsamt und damit die Möglichkeit, ein anderes, sozialistisches Frankreich zu bauen, für immer versperrt bleiben. Vier Jahre lang sind es noch bis zur nächsten Parlamentswahl, so kann er sich ausrechnen, sieben Jahre lang dauert gar das Präsidentschaftsmandat, das Giscard d'Estaing nun antreten wird – und das er am Ende wahrscheinlich erfolgreich verteidigen wird. Für einen Politiker, der 57 Jahre alt ist, sind das keine vielversprechenden Aussichten. Seine kurze Fernseherklärung, die er später im Rathaus abgibt, klingt dementsprechend melancholisch: »Eine wirksame Koalition des herrschenden Regimes und der Welt des Geldes haben mit äußerster Knappheit die Volksbewegung besiegt. Meine Freunde in Frankreich und in den Überseegebieten – ich bitte Sie, zusammenzustehen und meine Entschlossenheit zu teilen: Unser Kampf geht weiter. Weil Sie die Welt der Jugend und der Arbeit verkörpern, wird Ihr Sieg unvermeidbar sein.«

Erst nach Bekanntgabe des offiziellen Wahlergebnisses wird deutlich, wie knapp Mitterrand unterlegen ist: Giscard bekommt 13 396 203 Stimmen, das sind 50,81 %, Mitterrand 12 972 604 Stimmen, entsprechend 49,19 %. Wenn nur etwa 212 000 Franzosen und Französinnen mehr für Mitterrand gestimmt hätten, wäre er an Giscards Stelle Staatspräsident von Frankreich geworden. Er kann sich damit trösten, daß er bei dieser Wahl mathematisch unterlegen ist, aber nicht politisch. Ihm fehlten letztlich – wie spätere Wahlanalysen ergeben – einige Stimmen aus den alten sozialistischen Hochburgen, während diejenigen Wähler, die traditionell kommunistisch stimmen, 100 %ig zu ihm hielten.

Mitterrand führt diesen »Ausfall« auf Giscards Propagandamaschine zurück, die – angeheizt von dem Giscard-Freund Michel Poniatowski – den Kandidaten der Linken immer wieder in die Nähe Moskaus zu rücken versuchte und damit offensichtlich genügend Wähler einschüchterte. Auf der anderen Seite berechtigen die fast 13 Millionen Stimmen, die für ihn abgegeben wurden, zu der Hoffnung, daß die »andere Hälfte« Frankreichs, das Lager der Linken, unaufhörlich im Wachsen begriffen ist. »Es ist nur noch eine Frage der Zeit, und die Linke wird gewinnen«, versucht er seine Freunde zu trösten, mit denen er sich am Tag nach der Wahl zum letzten Mal in den Räumen des Wahlkampfbüros trifft, die nun ausgedient haben. Aber er deutet an, daß er selber dann nicht mehr dabei sein wird. »Es ist eine neue Generation, die dann siegt, es wird jemand anders sein, der die Linke an die Macht führt, aber nicht ich.«

VII

Bürgermeister, Familienvater, Schriftsteller – der andere Mitterrand

Kommunalpolitik in Château-Chinon

Mitterrand übernimmt wieder den Parteivorsitz, den er während des Wahlkampfes an Mauroy abgegeben hatte. Aber er kann sich nicht vorstellen, daß es noch einmal eine politische Konstellation geben wird, die ihn so dicht an die Macht heranführt wie in diesem Frühling 1974 – jedenfalls nicht, solange er selber vom Alter und von der körperlichen Widerstandskraft her als Kandidat in Frage kommt. Er findet das auch gar nicht schlimm. Allzu großen Ehrgeiz, Staatspräsident zu werden, so philosophiert er nach der verlorenen Schlacht, habe er eigentlich nie gehabt. Bei einem Umtrunk, den er, Marchais und Fabre, die drei Unterzeichner des gemeinsamen Regierungsprogramms, eine Woche nach den Wahlen für ihre Wahlhelfer und für die Presse geben, frage ich ihn: »Warum nicht?« Seine Antwort lautet sinngemäß: »Während Giscard kandidierte, um an die Macht zu kommen, ging es mir in erster Linie um Veränderungen, um die Durchsetzung politischer Ziele. Wenn diese Ziele auch ohne mich verwirklicht werden, wenn der Sozialismus sein

Rendezvous mit Frankreich schafft, habe ich mehr für die Geschichte Frankreichs getan, als wenn ich sieben Jahre lang Staatspräsident gewesen wäre.« Über seine Zukunft befragt, meint Mitterrand gegenüber einem anderen Journalisten, er könne sich etwas Besseres vorstellen, als sich mit Giscard d'Estaing und seinen Leuten herumzuschlagen. »Drei Eichen in einer Landschaft oder ein Roman«, so Mitterrand, würden ihn mehr interessieren als dieser Mann.

Auf der »Begräbnisfeier« in einer der schrecklich nüchternen Hallen des Pariser Kongreßzentrums, bei der die Enttäuschung über den so knapp verpaßten Wahlsieg mit vielen Litern Rotwein heruntergespült wird, treten Mitterrand, Marchais und Fabre für sehr lange Zeit zum letzten Mal gemeinsam auf. Viel haben sie sich nicht zu sagen – es reicht gerade für einen Händedruck für die Kameras der Fotografen und des Fernsehens. Danach zieht jeder seine eigenen Kreise durch die etwa dreitausend Gäste, unter denen junge Leute in Jeans und offenem Hemd überwiegen. Die Vereinte Linke hat zunächst einmal ihre Rolle ausgespielt. Das Interesse Frankreichs richtet sich auf den neuen, jungen Staatspräsidenten Giscard d'Estaing, der zu seinem Amtsantritt zu Fuß über die Champs Elysées schreitet und der ein neues politisches Zeitalter ankündigt. »Es ist das Zeitalter der Verjüngung und des Wechsels«, verspricht er bei seinem Amtsantritt und fügt selbstsicher, als hätte es die Linke nicht gegeben, hinzu: »Ich höre noch den gewaltigen Ruf des französischen Volkes nach diesen Veränderungen. Wir werden sie in Angriff nehmen – mit dem Volk und für das Volk in seiner Ganzheit und in seiner Vielfältigkeit.«

Da die Opposition in Frankreich von allen Staats- und

Regierungsgeschäften ausgeschlossen wird und im Gegensatz zur Bundesrepublik oder auch England weder informiert noch um Rat gefragt wird (was sich trotz Giscards Versprechungen, ihr ein »Statut« zu geben, nicht ändert), hat Mitterrand in den nächsten Jahren Muße genug, sich um die »drei Eichen im Feld« und um den »Roman« zu kümmern, die ihm mehr am Herzen liegen als der tägliche Grabenkampf gegen Giscard. Er verbringt viel Zeit auf dem Lande, dem er seit seiner Jugend mehr verbunden ist als der Großstadt Paris, wo er nie richtig Wurzeln zu schlagen vermochte. »In Paris habe ich meine Arbeit«, erklärt er in einem Fernsehinterview, »spiele ich eine politische Rolle als Chef der Sozialistischen Partei, habe ich meine Freunde, meinen Familienkreis – es ist wie eine Art waagerechter Schnitt durch diese riesige Stadt, wobei ich alles, was sich darüber und darunter abspielt, nicht kenne. Ein bißchen lebe ich wie ein Pariser, indem ich Shows besuche, ins Theater und ins Kino gehe, doch ich beteilige mich überhaupt nicht am mondänen Leben, kümmere mich auch so gut wie überhaupt nicht um das, was täglich in Paris passiert. Ich lebe in Paris, bin aber kein Pariser, und mein Verhältnis zu Paris ist reichlich abstrakt. Wenn ich dagegen in Château-Chinon im Morvan-Gebirge bin, weiß ich, was die Leute tun, wenn ich sie arbeiten sehe, ich weiß, was sie machen, wenn sie mit der Arbeit aufhören, kenne die Themen ihrer Unterhaltung, ihre Sportarten, ihre Spazierwege.«

Regelmäßiger als sonst – mindestens alle vierzehn Tage – verbringt er ein Wochenende in Château-Chinon, um seinen Pflichten als Bürgermeister, als Präsident des Generalrates und als Abgeordneter nachzugehen. Jeder kennt ihn hier, die meisten mögen ihn, und auch mit seinen Gegnern kommt er recht gut aus. Nur einmal, nach dem Mai 1968 und seiner unglücklichen Rolle als »Verräter« de Gaulles will er eines Tages aus »den Augenwinkeln« bemerkt haben, daß die beiden Stadtpolizisten ihn nur zögernd grüßten. Aber auch Mitterrand kennt seine Stadt und seinen Wahlkreis wie kaum ein anderer. Er besucht jede der 153 Gemeinden seines Wahlkreises mindestens einmal pro Legislaturperiode und markiert auf einer Wahlkreiskarte, die in seinem Büro an der Wand hängt, jeden einzelnen Besuch mit einer bunten Nadel.

In Château-Chinon renoviert er behutsam die Altstadt, schafft – ohne das Alte zu zerstören – Platz für einen neuen Verkehrskreisel, für ein Finanzamt, ein Einkaufszentrum sowie andere öffentliche Einrichtungen. Das ehemalige Gerichtsgebäude wird in ein neues Rathaus transformiert. Die Stadtratssitzungen finden nicht selten in dem Restaurant vom Hotel »Vieux Morvan« statt, dessen einer Besitzer sowieso Mitglied des Stadtrates ist. Die Tischrunde vergrößert sich während dieser Sitzungen meistens, weil viele, die sich einfinden, um ein Problem mit »Monsieur le Maire« – dem Herrn Bürgermeister –, mit »Monsieur le Député« – dem Herrn Abgeordneten – oder »Monsieur le Président« – dem Präsidenten des Generalrates – zu besprechen, zu einem Imbiß eingeladen werden. Große Politik wird bei diesen halb kommunalpolitischen, halb freundschaftlichen Mittagessen nur ganz selten behandelt. Man diskutiert über Baustoffe für die Wände des neuen Schulzentrums, über die Beschäftigungslage der einzigen Textilfabrik (die Mitterrand nach Château-Chinon holte), über die Preise von Dünger und Getreide oder über künstliche Befruchtung von Zuchtvieh.

François Mitterrand und seine Frau Danielle vor ihrem Landhaus
(Quelle: Keystone)

oben: Drei führende Persönlichkeiten der französischen Linken, Mitterrand, Marchais und Seguy, auf dem Weg zu einer Wahlkundgebung
(Quelle: Keystone)
unten: Wahlkampf in einem Café des 20. Arrondissements
(Quelle: dpa)

Danielle und François Mitterrand bei einer Wahlkundgebung im April 1981
(Quelle: dpa)

oben: Die Fernsehdiskussion zwischen François Mitterrand und Giscard d'Estaing
(Quelle: Keystone)
unten: Glückwünsche nach der Wahl Mitterrands zum Staatspräsidenten Frankreichs in seinem Heimatort Château-Chinon
(Quelle: dpa)

oben: Mitterrand übernimmt das Präsidentenamt. General André Biard überreicht ihm die Halskette des Großmeisters des Ordens der Ehrenlegion.
(Quelle: dpa)
unten: Nach der Amtseinführung fahren Mitterrand und Mauroy, von Tausenden umjubelt, über die Champs Elysées.
(Quelle: dpa)

oben: Am 13. Juni 1981 besucht König Khaled von Saudi-Arabien Mitterrand.
(Quelle: dpa)
unten: Der Vorsitzende der SPD, Willy Brandt, trifft François Mitterrand im Hause von Mitterrands Schwester in Sion (Südwestfrankreich).
(Quelle: dpa)

oben: Staatspräsident Mitterrand trifft zu den 38. deutsch-französischen Konsultationen am 12. und 13. Juni 1981 in Bonn ein.
(Quelle: Bundesbildstelle Bonn)
unten: Bundeskanzler Helmut Schmidt empfängt Staatspräsident François Mitterrand im Bundeskanzleramt.
(Quelle: Bundesbildstelle Bonn)

oben: Staatspräsident Mitterrand stattet Bundespräsident Carstens einen Besuch ab.
(Quelle: Bundesbildstelle Bonn)
unten: Eine der vielen Begegnungen von Heiko Engelkes mit François Mitterrand
(Quelle: Bundesbildstelle Bonn)

Weil er ein ausgezeichnetes Gedächtnis hat, aber auch, weil er sich wirklich für die täglichen Probleme der Bevölkerung interessiert, kann Mitterrand über all diese Themen wie ein Eingeweihter mitreden. Er vermag sogar – obwohl er selber nicht in der Regierung sitzt – manches schwierige Dossier zu beschleunigen, indem er diesen oder jenen Freund in dem zuständigen Ministerium nachhelfen läßt. Er umgeht damit – wie viele Bürgermeister, die Abgeordnete oder gar Minister sind – das zentralistische Verwaltungssystem, das den Gemeinden nur wenig Befugnisse läßt und das alle, selbst die unwichtigsten Entscheidungen nach Paris, in die Hauptstadt, verlagert. Aus den Erfahrungen heraus, die er als Kommunalpolitiker macht, befürwortet Mitterrand eine Dezentralisierung der französischen Verwaltung. Das Thema taucht in jedem seiner Wahlprogramme auf und führt bei den regelmäßigen Sitzungen des Generalrates, an denen als »Tutelle«, als eine Art Vormund, der Präfekt des Départements teilnimmt, regelmäßig zu ironischem Geplänkel zwischen ihm und dem offiziellen Vertreter der Regierung und der Staatsmacht. Nach seiner Wahl zum Staatspräsidenten gehört die Dezentralisierung darum auch zu einer der ersten großen Reformen, die in Angriff genommen werden.

Treffpunkt Cluny

Einmal im Jahr besucht Mitterrand, der seine eigenen Gewohnheiten hat und der einen tiefen Sinn für Traditionen besitzt, einen anderen Ort in Burgund: das Städtchen Cluny, in dem das Elternhaus seiner Frau Danielle steht

– ein schlichtes kleines Landhaus, in dessen Garten Salat und Radieschen wachsen. Seit dreißig Jahren verbringt er dort das Pfingstfest mit seinem »Gefolge«, zu dem natürlich die engsten Familienmitglieder gehören, wie Danielle und die beiden Söhne Jean-Christophe und Gilbert, Danielles Schwester Christine und deren Mann, Mitterrands Brüder und Schwestern und deren Familien sowie seine engsten Freunde und Mitarbeiter, für die eine Einladung nach Cluny stets als persönliche Auszeichnung gilt. Ursprünglich war das Pfingsttreffen in Cluny eine Art Pilgerfahrt zu dem Ort, wo er während der Wirren der Résistance seine Frau kennenlernte und wo das Haus des Ehepaares Gouze – seine späteren Schwiegereltern – als Schlupfwinkel für Widerstandskämpfer der Linken diente. Hier versteckte sich die legendäre Widerstandskämpferin Bertie Albrecht, die später von den Nationalsozialisten umgebracht wurde, und hier traf er den Kommunisten Waldeck Rochet, mit dem ihn seitdem ein freundschaftliches Verhältnis verband und der später bei der ersten Annäherung zwischen der nichtkommunistischen und der kommunistischen Linken für ihn ein wichtiger Partner war. Die Schatten der Vergangenheit sind stets präsent, wenn sich der Mitterrand-Clan in Cluny trifft, doch die Stimmung ist meistens gelöst und heiter wie bei einem geglückten Familientreffen. Dazu trägt nicht wenig die Anwesenheit von befreundeten Künstlern bei, wie dem Griechen Mikis Theodorakis, den Mitterrand seit langem kennt und der eine Hymne für die Sozialistische Partei komponiert hat, oder der ägyptisch-französischen Chansonsängerin Dalida, die Mitterrand – der junge und hübsche Frauen verehrt – in seinen Clan aufgenommen hat.

Die Pfingstfeiertage in Cluny laufen seit dreißig Jahren nach demselben Ritus ab. Am Sonntagmorgen kocht Danielle Mitterrand für alle einen starken Kaffee, es gibt »tartines« – dünn mit Butter bestrichene Baguettehälften. Dann bricht man in den verschiedenen Autos zum Felsen von Solutré auf, an dessen Fuß vor gut hundert Jahren Tierknochen und Steinbeile aus der Vorzeit gefunden wurden und der seitdem Generationen französischer Schulklassen als prähistorisches Reiseziel dient. Bevor der Felsen bestiegen wird, erzählt Mitterrand denen, die erstmals am Ausflug teilnehmen, was die Legende über die Vorzeitfunde zu berichten weiß: Die Pferde stürzten sich – aus Gründen, die nicht überliefert wurden – in ganzen Scharen von dem hochaufragenden Felsen in die Tiefe. In zumeist abenteuerlicher Bekleidung – darunter seit zwei Jahren eine ähnliche Lotsenmütze, wie Helmut Schmidt sie trägt und die seine Frau abscheulich findet – führt Mitterrand dann Familie, Verwandte, Freunde und die verschiedenen dazugehörenden Hunde auf den Felsen hinauf. Er wählt den Weg aus, der manchmal steil nach oben geht, hilft Frauen und Kindern über Hecken und Zäune, erklärt die Namen der Gräser, Büsche und Bäume, weiß jeden Vogel, der auffliegt, zu benennen – ein Aufstieg, den er in einem seiner Bücher als »Höhepunkt des Jahres« bezeichnet.

Nachdem jeder unter seiner fürsorglichen Mithilfe den Felsen erklommen und den weiten Blick über die grünen Hügel Burgunds und Mâcons genossen hat, sammelt sich die ganze Gesellschaft wieder an den Autos und fährt – angeführt von dem Chef des Clans – in eine Herberge unterhalb des Solutré-Felsens, wo der Tisch für ein ausgiebiges Familienessen gedeckt ist. Mitterrand hat am

Vortag schon das Menü bis in alle Einzelheiten mit dem Chef des Restaurants abgesprochen, wie er auch jedem der Gäste persönlich seinen Platz zuweist. Nach dem Essen, das einige Stunden dauert und bei dem meistens ausgiebig gelacht wird, sieht das Programm eine Autorundfahrt vor. Entweder werden die romanischen Kirchen in den Dörfern der Umgebung besucht, deren Geschichte und deren Baustil Mitterrand bis ins letzte Detail zu erklären vermag, oder es wird ein Abstecher nach Milly gemacht, der Heimat des Dichters Lamartine, den er unendlich schätzt und aus dessen Werken er bei dieser Gelegenheit ausführlich rezitiert. Abends kehren alle nach Cluny zurück, wo Danielle eine einfache Familienmahlzeit serviert: Bauernsuppe, Käse und Rotwein.

Der ländliche Literat

Um neben dem Wohnsitz in Paris ein ständiges Refugium auf dem Lande zu haben, kauft Mitterrand sich Ende der sechziger Jahre ein altes Waldarbeiterhaus und einen Schafstall in den endlosen Kiefernwäldern südlich von Bordeaux, in unmittelbarer Nähe der Atlantikküste. Nachdem die beiden Gebäude restauriert sind, entsteht hier in »Latché« das zweite Zuhause der Familie Mitterrand, in dem sie nicht nur die Ferienmonate verbringt, sondern jedes freie Wochenende und jeden Feiertag, an denen ihre Anwesenheit in Paris nicht unbedingt erforderlich ist. Zu den »Bewohnern« gehören außer Danielle und François Mitterrand sowie den beiden Söhnen Jean-Christophe und Gilbert die beiden Labradore Julie und Nil, die beiden Esel Noisette und Marron sowie mehrere

Bienenvölker. Außerdem sind fast ständig Gäste da: Familienmitglieder, Freunde, Politiker oder einfach nur neugierige Parteimitglieder, die ihren Urlaub in Aquitanien verbringen und die gerne einmal sehen möchten, wo ihr Parteivorsitzender wohnt. Sie entdecken dort einen Mitterrand, der nur wenig Ähnlichkeit mit dem gewandten und unnahbaren Politiker aus Paris hat. Er läuft meistens barfuß oder in dicken Stiefeln herum, trägt ausgebeulte dicke Pullover, offene Hemden und irgendeinen alten Hut.

Während Danielle für die Hauswirtschaft zuständig ist – sie kocht Marmelade ein und bereitet feine Leberpasteten –, kümmert der Hausherr sich um Hof und Garten. Die Rosen, Geranien, Kamelien und Magnolien, die im Garten blühen, sind von ihm gepflanzt und großgezogen worden, ebenso ein Eichenhain hinter dem Haus. Mitterrands Tageslauf beginnt meistens gegen 9 Uhr, nach einem geruhsamen Frühstück. Er begutachtet die Bienenkörbe, redet ein paar freundliche Worte mit den Eseln, kontrolliert, ob die libanesischen Zedern Wurzeln geschlagen haben, die er in den Heidesand gepflanzt hat. Gegen 11 Uhr steuert er seinen winzigen Geländewagen in die nächstgelegene Stadt, um sich mit den wichtigsten Tageszeitungen einzudecken. Wenn er zurückkommt, sind meistens schon die ersten Tischgäste eingetroffen – es vergeht kaum ein Tag, an dem Madame Mitterrand nicht für mindestens ein Dutzend Esser zu kochen hat. Der Nachmittag bleibt langen Spaziergängen vorbehalten, die manchmal, wenn sie quer durch den Wald bis zum 7 Kilometer entfernten Soustonssee führen, in regelrechte Wanderungen ausarten. Unterwegs unterhält Mitterrand sich gerne mit Bauern und Waldarbeitern oder erklärt denen, die ihn begleiten, jeden Baum und jeden Strauch. Manchmal bleibt er auch stundenlang auf einer Waldschneise oder in den Dünen am Meer sitzen und meditiert – das sind dann die Augenblicke, in denen er wichtige persönliche und politische Entscheidungen fällt.

Nach dem Tee, den die Familie stets gemeinsam einnimmt, pflegt Mitterrand sich in den alten Schafstall zurückzuziehen, den er zu einer Bibliothek und zu einem Arbeitszimmer ausgebaut hat. Wenn Politiker zu Besuch sind, werden dort Probleme der Partei, des Wahlkampfes und der Weltpolitik besprochen. Sonst telefoniert er oder bereitet Reden, Aufsätze und andere Manuskripte vor. In Latché findet er mehr als in Paris die nötige Ruhe, um seinen schriftstellerischen Neigungen nachzugehen, die im Laufe der Zeit sehr viel mehr als ein Zeitvertreib geworden sind.

Elf Bücher wurden bisher fertiggestellt, ein weiteres ist – seitdem er das Amt des Staatspräsidenten antrat – in Arbeit. In fast allen Büchern, vor allem aber den letzten, beschreibt Mitterrand sich selber – seine Politik, seine Gesprächspartner, seine große und kleine Welt. Der Stil, in dem die Bücher abgefaßt sind, scheint aus dem vergangenen Jahrhundert zu stammen, er wirkt ein bißchen altmodisch und umständlich, doch selbst strenge Literaturkritiker bescheinigen Mitterrand ein »dichterisches Talent« oder zumindest »guten Stil«. Bei der Abfassung seiner Bücher bevorzugt er zwei Arbeitsmethoden: die Chronik und das Interview. Zwei Bücher entstehen aus Gesprächen mit Journalisten, allerdings merkt man den Antworten an, daß sie nicht spontan gegeben, sondern ausgefeilt zu Papier gebracht wurden. Die beiden letzten Bücher sind »Chroniken« – eine Mischung aus Tagebuch, Essay und politischer Analyse über Ereignisse und Erlebnisse der letzten zehn Jahre. Manchmal blitzt Ironie durch, wenn er etwa am 15. Oktober 1971 nur den einen Satz notiert: »Ein Abschnitt in der ›Goncourt-Zeitschrift‹ erinnert mich daran, daß die Gesellschaft zum Schutz der Tiere 1845 gegründet worden ist – drei Jahre vor dem Ende der Sklaverei.« Manchmal – und das sind wohl die besten Stellen – wird er fast lyrisch, wenn er zum Beispiel einen Nachmittag an der bretonischen Küste beschreibt: »Von den Höhen der Bihit-Felsen aus habe ich die Schwingungen der Flußläufe beobachtet, das Spiel der Inseln und der Strömungen, den Tagesablauf am Himmel. Beim Sonnenuntergang wanderte ich zu der kleinen Meerenge, die den Kontinent von der Insel Milhaud trennt. Bei jedem Schritt veränderte sich der Horizont. Manchmal wurde der Fischereihafen mit seinen steifen Segeln und seinen trockengefallenen Fischerbooten sichtbar, manchmal öffnete sich der Weg zur Landzunge hin, deren eigentümliche Architektur aus zerborstenem Granit sich vor mir ausbreitete, und die vollständig vom Ozean umgeben war. Ich habe mich niedergelassen und die Nacht abgewartet, habe in tiefen Zügen den Geruch von Jod und Tang eingeatmet und habe der langsam zurückkehrenden Flut gelauscht.«

Schreiben bedeutet für Mitterrand allerdings schwere Arbeit, und er fürchtet, daß er es wohl nie zur Meisterschaft bringen wird: »Um ein wirklicher Schriftsteller zu sein, muß man sein ganzes Leben nur schreiben«, gesteht er in einem Fernsehinterview. Es dauert auch ziemlich lange, bis er ein weißes Blatt Papier – handschriftlich, mit einem Füllfederhalter – mit Worten und Gedanken gefüllt hat. »Schreiben verlangt vom Autor eine große Konzentration, eine tiefe Sammlung, eine innere Einsamkeit, wenn er seine Ideen der Tinte, der Feder, dem Papier anvertraut«, findet er, und so ist es kein Wunder, daß er schon für seine wöchentliche Chronik in der Parteizeitschrift »Unité«, die einen Manuskriptumfang von vier bis viereinhalb Seiten hat, durchschnittlich acht Stunden braucht.

Sich diese Zeit zu nehmen, ist für Mitterrand jedoch wichtiger als manche Vorstandssitzung seiner Partei, so wie er sich auch jeden Tag zwei bis drei Stunden zum Lesen freihält oder jede Gelegenheit wahrnimmt, um mit anderen Schriftstellern zusammenzutreffen. Er korrespondiert über Jahre hinweg mit dem Dichter und Nobelpreisträger Saint-John Perse oder besucht – wann immer er kann – in Genf den Schriftsteller Albert Cohen, der über ihn sagt: »Mitterrand ist ein Doge (Oberhaupt der früheren Stadtstaaten Venedig und Genua, Anm. des Autors), von ihm geht etwas Kräftiges und Mächtiges aus – eine Art gemessener Stolz, aus dem ich den Eindruck gewinne, daß er ehrenhafter ist als die anderen!«

Auch mit Günter Grass unterhält Mitterrand einen lockeren Kontakt, der sich teils auf politischer, teils auf literarischer Ebene abspielt. Er trifft ihn zum ersten Mal bei einem Mittagessen in Paris, das anläßlich der Veröffentlichung eines Grass-Buches in französischer Sprache gegeben wird. Grass erzählt, daß der Übersetzer seines Buches wahrhaft besessen sei – er suche nicht nur das jeweils am besten passende Wort, sondern er versuche auch, in der fremden Sprache dem ursprünglichen Wort phonetisch nahezukommen, worauf Mitterrand Grass eröffnet: »Dieser Übersetzer, Jean Hamsler, ist mein Jugendfreund.« Aus diesem Gespräch entwickelt sich ein »herzliches Verhältnis« zwischen den beiden Autoren, die sich in Madrid wiedertreffen, wo Grass Willy Brandt zu einem Treffen der Sozialistischen Internationale begleitet. »Bei dieser Gelegenheit«, so erinnert Mitterrand sich später, »berichtet Grass mir von einem Buchprojekt, das sich vor allem mit der Rolle der Nahrung in der europäischen und insbesondere der deutschen Geschichte beschäftigt – er erzählt, daß Kartoffeln, Tomaten, grüne Bohnen und andere Gemüse, die aus Amerika kamen, das Schicksal Deutschlands entscheidender beeinflußt haben als etwa der Siebenjährige Krieg. Damals ahnte ich nicht, daß Grass mir die Idee eines Romans wiedergab, der später unter dem Namen ›Der Butt‹ erscheinen wird.« Eine dritte Begegnung mit Grass hatte Mitterrand im Pariser Quartier Latin. Er entdeckt im Schaufenster einer Galerie in der Rue Mazarine eine Ausstellung von Zeichnungen, die ihm auf Anhieb gefallen. Beim näheren Hinsehen stellt er fest, daß es Zeichnungen von Günter Grass sind – und zwar zu den gleichen Themen, die er schon von dem Treffen in Madrid her kennt, nur ausführlicher, lebendiger und ausgefeilter.

Danielle Mitterrand – eine stille Komplizin

Das Schreiben, die Bücher, der Kometenschweif von politischen Freunden, aber auch die Pflege von Blumen, Bäumen und Viehzeug – das ist die Männerwelt des François Mitterrand. Alles andere – das Haus, die Hauswirtschaft, die Erziehung der Kinder, solange sie noch klein sind, gehört zum Aufgabenbereich von Danielle Mitterrand. Sie organisiert das komplizierte Leben ihres Mannes, bekocht die vielen Gäste, die er mitzubringen pflegt, bestrickt die Enkelkinder und fertigt in ihrer Freizeit kunstvolle Bucheinbände an – ein Handwerk, das sie meisterhaft beherrscht. Auf eine öffentliche Rolle – etwa als lächelnde Ehefrau des Kandidaten Mitterrand – hat sie von Anfang an verzichtet. Durch das sozialistische Elternhaus und durch die bedrückenden Erlebnisse in der Résistance – sie versorgte als Achtzehnjährige verletzte Widerstandskämpfer – ist ihr politisches Interesse jedoch frühzeitig geweckt worden. Sie betrachtet (und begutachtet) jeden politischen Schritt und jede Entscheidung ihres Mannes und spart – wenn es sein muß – keineswegs mit Kritik. So sagt man ihr nach, daß sie während der Zeit der Vierten Republik von der Übernahme eines Ministeramtes abriet, weil sie fand: »Diese Regierung ist zu rechts.«

Wenn es sein muß, verteidigt sie ihren Mann aber auch. Als sie sich 1959 durch die höhnische Berichterstattung der großen Pariser Tageszeitung »France Soir« über das angebliche Attentat am Observatorium verletzt und gedemütigt fühlt, überwindet sie ihre angeborene Schüchternheit und stattet dem Verleger der Zeitung auf eigene Faust einen Besuch ab, um ihm – ohne ein Blatt vor den Mund zu nehmen – ihre Meinung zu sagen. Später, gegen Ende des Jahres 1974, gibt sie ihrem Mann erneut einen wichtigen politischen Rat, bei dem sie sich hauptsächlich vom Instinkt leiten läßt. Als der junge Politiker Michel Rocard, der Mitterrand schon beim Wahlkampf als Wirtschaftsexperte gedient hatte, mit einem Teil seiner Anhänger von der Vereinigten Sozialistischen Partei (PSU) zu den Sozialisten überwechselt, warnt sie ihn: »Nimm dich vor dem in acht!« Hinter dem schmächtigen, aber überaus schnellen und intelligenten Newcomer, der vom Ehrgeiz getrieben scheint, wittert sie einen möglichen Konkurrenten für ihren Mann – womit sie, wie sich später herausstellt, mehr als Recht hat.

Zu dem kommunistischen Parteichef Marchais entwickelt Danielle Mitterrand im Laufe der Zeit fast ein freundschaftliches Verhältnis. Der Kommunist findet sich 1973 und 1974, als das gemeinsame Regierungsprogramm frisch unterzeichnet ist und Mitterrand als gemeinsamer Präsidentschaftskandidat in den Wahlkampf zieht, regelmäßig in der Rue de Bièvre ein, um den Hausherrn zu sprechen. Da jener aber zumeist erst spät nachts heimkommt, muß Danielle sich um ihn kümmern. Wenn der Gesprächsstoff ausgegangen ist, sehen sie sich gemeinsam das Fernsehprogramm an. Eine Zeitlang gehört »Georges« fast schon mit zur Familie, doch eine engere Beziehung zwischen Marchais und Mitterrand entsteht daraus nicht. Auf das Angebot Marchais', der eines Tages zu ihm sagt: »François, wollen wir nicht Freunde werden?«, geht er nicht ein. Während er zu dessen Vorgänger an der Parteispitze, zu Waldeck Rochet, auch persönliche Beziehungen pflegte und ihn gelegentlich sogar mit seinem eigenen Auto zum Arzt fuhr, bleibt der einstige Metallarbeiter Marchais ihm fremd. Ihr Verhältnis kühlt sich sogar ab und wird fast feindschaftlich, als die Kommunistische Partei ab 1975 eine wütende Kampagne gegen Mitterrand und gegen die Sozialistische Partei startet.

VIII

Zerreißprobe für die Linke

Die Kommunisten werden überflügelt

Ein Grund für die Attacken der Kommunisten ist die schnell wachsende Stärke der PS. Ihre Mitgliederzahl steigt innerhalb eines Jahres auf 150000, in den Fabriken gewinnen sozialistische Betriebsgruppen an Boden und beginnen den kommunistischen Betriebszellen, der Basis ihrer Parteiarbeit, Konkurrenz zu machen. Besonders eindrucksvoll aber demonstrieren einige Parlamentsnachwahlen, die im Oktober 1974 stattfinden, daß Mitterrand seinem Ziel, die Kommunistische Partei zu überholen, allmählich näherkommt. In allen Wahlkreisen liegen die sozialistischen Kandidaten vor den kommunistischen. Ein weiterer, vielleicht noch wichtigerer Grund für das Mißtrauen der Kommunisten ist eine Öffnung zur Mitte hin, die die Sozialistische Partei im gleichen Monat vollzieht. Auf einem Wirtschaftskongreß der PS schließt sich nicht nur der Antimarxist und Sozialdemokrat Michel Rocard der Partei an, sondern auch eine Reihe Politiker aus der Gewerkschaft CFDT (Confédération Française Démocratique du Travail) und aus der christlichen

Arbeiterbewegung, darunter so bekannte Namen wie Edgard Pisani und Jacques Delors (später Wirtschafts- und Finanzminister Mitterrands). Sie bilden innerhalb der Sozialistischen Partei zukünftig ein Gegengewicht zum marxistisch orientierten CERES-Flügel, mit dem sie sich heftige ideologische Gefechte liefern und den sie später sogar aus der Parteiführung verdrängen können – zumindest für den Zeitraum von vier Jahren.

In den Augen der Kommunisten hat die PS damit einen »Ruck nach rechts« gemacht und betreibt – wie die Parteizeitung »l'Humanité« am 13. Oktober 1974 schreibt – »die gleiche Politik wie das Großkapital: Sie versucht, die Kommunistische Partei zu schwächen.« Einige Monate später greift Marchais den sozialistischen Parteichef sogar direkt an, indem er ihm auf einer Pressekonferenz vorwirft, er werde immer »selbstsicherer und anmaßender«. Doch auch die Versuche der Kommunisten, von den Sozialisten abzurücken und gegenüber der Basis eine originäre Politik zu vertreten, vermögen den Trend zur Sozialistischen Partei nicht aufzuhalten. Als im März 1976 in einem Teil der »Kantone« Frankreichs die Generalräte gewählt werden, kommt die Linke insgesamt auf 51,8 % der Stimmen und kann sich damit zum ersten Mal rühmen, eine Mehrheit erreicht zu haben. Von diesen 51,8 % entfallen auf die Sozialisten 26,5 % und auf die Kommunisten nur 21 % – womit die PS die PC zum ersten Mal deutlich überflügelt.

Die Sozialisten jubeln, die Kommunisten sind konsterniert, doch in Wirklichkeit kommt das neue Kräfteverhältnis, das Mitterrands langfristiger Strategie entspricht, beiden Parteien zugute. Die Bestätigung liefern die Kommunalwahlen, die im März 1977 abgehalten werden und die normalerweise nach eigenen, lokalpolitisch bedingten Gesetzmäßigkeiten ablaufen. Wieder überspringt der Stimmenanteil der Linken die magische Grenze der absoluten Mehrheit – sie erzielt 50,8 % der Stimmen. Die Zahl der Städte, die sie erobern kann, ist beeindruckend: Von den insgesamt 221 französischen Städten mit über 30 000 Einwohnern erhalten von dieser Wahl an 155 (vorher 98) eine linke Administration, von den 39 französischen Großstädten mit über 100 000 Einwohnern sind es sogar 22. Im Vergleich mit den Kommunisten können die Sozialisten eine größere Zahl von Bürgermeistern stellen. Da in vielen der von der Linken eroberten Städten jedoch sozialistisch-kommunistische Stadträte gebildet werden, vermag auch die Kommunistische Partei ihre Präsenz in den für das tägliche Leben so wichtigen Stadt- und Gemeindeverwaltungen erheblich auszubauen: Der Anteil der Bevölkerung, der ganz oder teilweise unter kommunistischer Verwaltung steht, steigt auf knapp 40 %.

Die Aussichten, nun auch die 1978 bevorstehenden Parlamentswahlen zu gewinnen, stehen damit für die Linke nicht schlecht. Doch es gibt eine Reihe von Anzeichen, die darauf hindeuten, daß sich die Kommunisten in einem Bündnis, in dem sie nur noch die zweite Rolle spielen, nicht mehr wohl fühlen und daß sie versuchen wollen, die für sie ungünstige Entwicklung zu ändern.

Nachdem die ständigen, heftigen Angriffe auf die Sozialistische Partei nicht den gewünschten Erfolg haben – was auch daran liegt, daß Mitterrand die Parole ausgibt, auf diese »Provokationen« nicht zu reagieren –, versucht die Kommunistische Partei es mit einer neuen Variante. Auf ihrem 22. Parteikongreß, den sie Anfang Februar 1976 in der modernen Vielzweckhalle der Pariser Arbeitervorstadt Saint-Ouen abhält, präsentiert sie sich im ideologischen »New Look«. Schon äußerlich sind die Veränderungen zu erkennen: Anstelle des aufdringlichen Rots, das sonst auf kommunistischen Parteikongressen dominiert, prangt an der Stirnseite des Tagungssaales eine gigantische stilisierte Blume in den Nationalfarben. Die Stimmkarten, mit denen die vielen hundert Delegierten ausgestattet sind, leuchten in einem freundlichen Gelb. Am Ende eines jeden Kongreßtages wird nicht nur die Internationale gesungen, sondern auch die Marseillaise, die Nationalhymne.

Was sich am neuen französischen »Kommunismus in den rot-weiß-blauen Farben der Trikolore« inhaltlich ändert, erläutert Parteichef Marchais in der endlosen, fünfstündigen Eröffnungsansprache. Punkt eins ist der Verzicht auf den traditionellen Begriff von der »Diktatur des Proletariats«, der seit jeher zu den Grundforderungen der Kommunisten gehört. Marchais begründet diesen Schritt so: »Tatsächlich entspricht heute der Ausdruck ›Diktatur des Proletariats‹ nicht dem, was wir wollen. Er hat eine unerträgliche Bedeutung, ist ganz und gar nicht das, was wir anstreben. Er steht im Widerspruch zu unseren Thesen. Nicht einmal das Wort ›Proletariat‹ paßt mehr – denn wir wollen ja mit der Arbeiterklasse die Mehrheit aller Arbeitnehmer um uns sammeln.«

Marchais wirft auf diesem Parteikongreß aber nicht nur doktrinären Ballast über Bord, er übt auch in einigen Bereichen halbwegs offene Kritik am großen Bruder, der Sowjetunion. »Wir können nicht hinnehmen, daß das kommunistische Ideal von unrechten oder unbegründeten Handlungen befleckt wird«, mahnt er in seiner Ansprache, und jeder weiß, daß er damit die sowjetische

Hetzjagd gegen Dissidenten meint. Viele Kommentatoren vermuten hinter diesen »Wandlungen« ein Einschwenken der französischen Kommunisten auf den zu der Zeit in Italien, Spanien und Portugal sprießenden »Eurokommunismus«, ja spekulieren sogar, daß die PC von nun an entschlossen einen freiheitlich-demokratischen Kurs einschlägt. Nachdem ich dem Kongreß beigewohnt und die Neuerungen – Verzicht auf den Begriff »Diktatur des Proletariats« und Kritik an Moskau – gegen das Althergebrachte – Ergebenheitsadressen an die sowjetische Bruderpartei, 100%ige Abstimmungsergebnisse, Unterdrückung einer echten Diskussion – abwäge, komme ich zu dem Schluß, daß die französischen Kommunisten, die großspurig eine »Union des französischen Volkes« ankündigen, eher einen wahltaktischen Schwenk vollziehen. Am 15. Februar schreibe ich in einem Artikel für das »Deutsche Allgemeine Sonntagsblatt«: »Das hat einmal klar erkennbare Mitgliedschaftsgründe: Pro Jahr werden fast 100 000 neue Mitglieder angeworben, fast ebenso viele wandern wieder ab, zumeist aus Enttäuschung über die ideologische Enge und über die straffe Leitung von oben, die mit ›demokratischer Zentralismus‹ umschrieben wird. Die Partei, die inzwischen fast ½ Million Mitglieder zählt, befindet sich dadurch in einem ständigen Wechsel. Sie muß den doktrinären Mief lüften, um neue Schichten als Mitglieder und als Wähler an sich binden zu können, sie muß sich Andersdenkenden und Andersgläubigen gegenüber öffnen. Die angestrebte ›Union des französischen Volkes‹ (unter kommunistischem Vorzeichen) hat darum vor allem wahltaktische Gründe. Die Kommunistische Partei möchte sich aus der Umarmung des sozialistischen Partners Mitterrand lösen, der an Gewicht gewonnen hat und der den Kommunisten längst den Führungsanspruch in der Union der Linken streitig macht. Die Kommunisten möchten wieder diese Rolle übernehmen, sowohl heute wie vor allem dann, wenn sie irgendwann, wie sie hoffen, an die Macht kommen.«

Mitterrands Analyse des 22. Kommunistischen Parteikongresses geht in die gleiche Richtung – und noch darüber hinaus. Indem die PC ihre Basis erweitert und sich von der »Diktatur des Proletariats« trennt, so referiert er vor den Führungsgremien seiner Partei, will sie der ständigen, für sie zerstörerischen Auseinandersetzung mit den Sozialisten entgehen. Statt dessen möchte sie eine breite, von allen Schichten der Bevölkerung getragene Front errichten, die stark genug ist, um die dann irgendwo am rechten Flügel angesiedelte Sozialistische Partei abzuhängen oder zu »ersticken«.

Am 28. April des gleichen Jahres verdächtigt Mitterrand die Kommunisten sogar, daß sie sich der Sozialistischen Partei ganz entledigen und einen »historischen Kompromiß« nach italienischem Muster mit der französischen Rechten suchen wollen. Auf einem »Seminar« seiner Partei in einem idyllisch gelegenen Hotel in Seillac an der Loire, an dem ich als Zaungast teilnehme, erklärt er in einem vertraulichen Bericht: »Ein solcher historischer Kompromiß würde Frankreich näher an die Sowjetunion heranrücken.« Und er hämmert seinen Parteifreunden ein, daß es Aufgabe der Sozialistischen Partei sei – auch wenn das angesichts der kommunistischen Attacken und ideologischen Schlenker widersinnig erscheine –, die Union mit den Kommunisten fortzusetzen. Solange diese Union bestehe und von den Sozialisten dominiert werde, so Mitterrand, sei die Kommunistische Partei gezwungen, an dieser Union festzuhalten.

Die Aktualisierung des gemeinsamen Regierungsprogramms scheitert

Die nächsten Parlamentswahlen vor Augen, die 1978 anstehen und die die nächste Chance zur Übernahme der Regierungsverantwortung bieten, akzeptiert Mitterrand im Frühjahr 1977 den Vorschlag der Kommunistischen Partei, das 1972 unterzeichnete gemeinsame Regierungsprogramm zu »aktualisieren«, das heißt den neuen wirtschaftlichen Gegebenheiten Frankreichs anzupassen. Er verspricht sich von einer solchen Aktualisierung sogar Vorteile, sind doch die sozialen Versprechungen, die im Programm von 1972 enthalten sind, durch die inzwischen eingetretene Krise höchst illusorisch geworden. Doch bevor die »Kommission der Fünfzehn«, auf die sich Mitterrand, Marchais und Fabre einigen (für jede Partei fünf Experten), zum ersten Mal zusammentrifft, machen die Kommunisten auf infame Weise deutlich, daß sie mit »Aktualisieren« in Wirklichkeit »Neuverhandeln« meinen. 48 Stunden bevor Mitterrand zu einer Fernsehdebatte mit dem inzwischen als Nachfolger Chiracs zum Premierminister ernannten Raymond Barre zusammentrifft, veröffentlicht ihre Parteizeitung »l'Humanité« eine Aufstellung der Kosten des »aktualisierten« Regierungsprogramms.

Mitterrand kann lesen – und mit ihm ganz Frankreich –, daß nach den »wohlabgewogenen Berechnungen« der Partei (umgerechnet) 200 Milliarden DM bereitgestellt werden müßten, um die Mindestlöhne zu erhöhen, ½ Million Arbeitsplätze zu beschaffen, das Rentenalter auf 60 bzw. 55 Jahre zu senken und die 35-Stunden-Woche einzuführen. Finanziert werden sollte das »soziale Wunderland«, so erklären die Kommunisten vage, durch eine »Sondersteuer« für die Unternehmer. Mit diesem Papier auf dem Studiotisch hat es Premierminister Barre, den Giscard d'Estaing damals noch den »besten Wirtschaftler Frankreichs« nennt, mehr als leicht, Mitterrand während der Fernsehdebatte bloßzustellen. Dem Sozialistenchef bleibt nur noch übrig, sich von den veröffentlichten Zahlen zu distanzieren und sie als »kommunistische Berechnung« abzutun, mit der er nichts zu tun habe.

Trotz dieses Zwischenfalls beginnen die Verhandlungen der »Kommission der Fünfzehn« planmäßig. Dabei stellt sich heraus, daß die Kommunisten etwa zwei Drittel aller im gemeinsamen Regierungsprogramm enthaltenen Punkte »überprüfen« wollen, was in den meisten Fällen eine Neufassung heißt. Streitpunkte sind die Atomstreitmacht (über die die Kommunisten eine Volksbefragung durchführen möchten), die Höhe des staatlich garantierten Mindestlohns, das Kalendarium der sozialen Maßnahmen und natürlich die Verstaatlichungen. Nachdem der letzte Punkt schon bei den ursprünglichen Verhandlungen über das Programme Commun den meisten Sprengstoff lieferte, belastet er auch jetzt die »Aktualisierung« des Programms. Die Kommunisten möchten plötzlich nicht mehr nur die neun Großkonzerne und Banken »nationalisieren«, auf die man sich 1972 schon geeinigt hatte, sondern darüber hinaus zwei weitere Unternehmen und die gesamte Stahlindustrie. Außerdem sollten nach ihren Vorstellungen auch alle Filialen, an denen diese Unternehmen mit mehr als 51 % beteiligt sind, in »öffentliches Eigentum« überführt werden. Das gesamte von den Kommunisten vorgeschlagene Verstaatlichungsprogramm träfe ungefähr 1 500 Unternehmen, das heißt etwa ein Viertel der Industriekapazität, aber darüber hinaus noch zahlreiche weitere Betriebe, die zum Beispiel von den Privatbanken kontrolliert werden.

Der Appetit der Kommunistischen Partei auf das von ihnen regelmäßig gebrandmarkte Großkapital ist aber noch größer. Sie bestehen darauf, daß ein Passus im gemeinsamen Regierungsprogramm aufrechterhalten wird, den die Sozialisten und die Linksradikalen am liebsten streichen möchten – weil sie bei dessen Abfassung vor fünf Jahren, wie Mitterrand insgeheim zugibt, offensichtlich »geschlafen haben« (andere meinen, der linke Chevènement habe diese Zeitbombe gelegt). In diesem Passus heißt es: »Das weitere Fortschreiten der Verstaatlichungen hängt von den Wünschen der Massen ab. Falls also die Arbeiter den Wunsch äußern, daß ihr Unternehmen nationalisiert werden sollte, kann die Regierung diesen Wunsch an das Parlament weiterleiten.« Aufgrund dieser Zugeständnisse, so befürchten Mitterrand und Fabre, könnte es später zu sogenannten »Verstaatlichungen à la carte« kommen, was sie sich und ihren Wählern nicht zumuten möchten.

Bald einigen sich die Verhandlungspartner, die Kommissionsarbeit, die im Dschungel der Streitpunkte steckenzubleiben droht, auf einem Gipfeltreffen fortzuführen. Für Fabre, der mit seiner kleinen linksliberalen Partei den rechten Flügel der drei Unterzeichner vertritt, ist zu diesem Zeitpunkt bereits klar, daß er das Gerangel um die für seine Anhänger unzumutbaren Positionen der

Kommunisten nicht mehr lange mitmachen kann. Um Mitterrand zu warnen, besucht er ihn am frühen Morgen des 14. September 1977, an dem vormittags das Gipfeltreffen der Linksparteien beginnen soll. Als erstes stellen die beiden Politiker verblüfft fest, daß sie haargenau die gleiche weinrote Krawatte tragen, worauf Mitterrand – um den Eindruck zu vermeiden, daß man sich abgesprochen hat – eine andere, dunkelblaue umbindet. Dann eröffnet Fabre seinem Gastgeber, daß die Linksradikalen in drei Punkten hart bleiben werden: Für sie kann es weder weitere Verstaatlichungen auf Konzern- noch auf Filialebene geben, außerdem müssen die gefährlichen »Verstaatlichungen à la carte« eliminiert werden! Worauf Mitterrand ihm zusichert, daß die Sozialisten gleicher Meinung sind.

Jede Delegation besteht aus neun Mitgliedern und dem jeweiligen Parteichef. Als das Gipfeltreffen in der sozialistischen Parteizentrale, schräg gegenüber dem Palais Bourbon, der französischen Nationalversammlung, beginnt, liefern sich Fotografen, Kameramänner, Toningenieure und Beleuchter eine wilde Schlacht, um das Trio noch einmal gemeinsam aufs Bild zu bekommen. Dann eröffnet Mitterrand die Sitzung mit einer längeren, feierlich vorgetragenen Ansprache. Er legt die Grundpositionen seiner Partei dar und deutet an, daß es beträchtliche Divergenzen gibt, meint aber, daß sie doch überwunden werden könnten, solange man »den gemeinsam abgesteckten Zielen« treu bleibe. Im Klartext heißt das eindeutig: Die Sozialisten wollen zu einem Ergebnis kommen. Auch die beiden anderen geben Erklärungen ab, dann überlegt man, wie vorgegangen werden soll.

Die Kommunisten möchten die fast hundert Punkte,

über die die Vorbereitungskommission kein Einverständnis erzielte, der Reihenfolge nach, Punkt für Punkt, abhaken. Fabre spricht sich für ein anderes System aus: »Fangen wir beim Wichtigsten an, bei den Verstaatlichungen!« Mitterrand, der sich nicht schon beim Vorgeplänkel aufhalten lassen möchte, gibt dem Kommunisten recht, worauf auf Seite eins begonnen wird. Wieder, wie schon bei der Ausarbeitung des Programme Commun, ist es fast ausschließlich Mitterrand, der für die Sozialisten spricht. Er will vermeiden, daß die verschiedenen Tendenzen, die in der sozialistischen Delegation mit Rocard und Chevènement vertreten sind, das Geschachere um Mindestlohn, Kindergeld, Arbeitszeit und Verstaatlichungen noch mehr komplizieren, indem sie konträre Stellungnahmen dazu abgeben. Aber auch so geht es nur langsam voran. Erst gegen Abend kommt das heiße Thema Verstaatlichungen auf den Tisch. Und es zeigt sich sogleich: Marchais bleibt stur bei der kommunistischen Forderung, daß die Zahl der Verstaatlichungen erhöht wird und daß sich die Arbeitermassen ihre eigene Verstaatlichung wünschen können. Fabre bittet daraufhin um eine Pause. Er bespricht sich mit seiner Delegation, um anschließend, nachdem man um 19.30 Uhr wieder zusammengekommen ist, zu erklären: »Im Interesse der ganzen Linken darf dieses Treffen nicht fortgesetzt werden.« Marchais stellt verwundert fest: »Das ist also der Bruch!« Doch auch Mitterrand scheint überrascht zu sein. Und er stellt klar, daß die Sozialisten weiterverhandeln möchten.

Kurz nach 20 Uhr, als während der Fernsehnachrichten zu einem Bericht aus dem Quartier der Sozialisten geschaltet wird, sehen Millionen Zuschauer einen offensichtlich erregten Marchais auf die Kamera zukommen. Er will eine Erklärung abgeben. Bevor er jedoch anhebt, wird er von Fabre beiseite gedrängt, der ihm das Mikrofon wegnimmt und seinerseits zu sprechen beginnt. Man hört nur noch das ungläubige »Na aber, was für eine komische Methode« des Kommunistenchefs, dann die trockene Stimme von Fabre, der in aller Ruhe das Kommuniqué seiner Partei verliest: »Die Kommunisten wollen eine kollektivistische Gesellschaft einführen. Dazu sagen wir nein.« Die Linksradikalen seien bereit gewesen, ein Regierungsprogramm auszuarbeiten, das den »Erwartungen der Franzosen und den Realitäten der Zeit« entspricht. Doch sie hätten mit Bedauern feststellen müssen, daß die Kommunisten auf neuen Vorschlägen beharren, »die das Regierungsprogramm verfälschen«.

Das vorläufige Ende der linken Union

An diesem 14. September 1977 bricht die linke Union noch nicht auseinander. Die Verhandlungen werden lediglich vertagt. Doch mit seinem Fernsehauftritt, der die Streitigkeiten der drei Linksparteien frei Haus auf viele Millionen Bildschirme projezierte, hat Fabre ihr den Todesstoß versetzt. Auch Mitterrand sind jetzt die Hände gebunden. Er kann zwar noch versuchen, das Programme Commun und damit die Wahlchancen der Linken zu retten, er muß aber auch den Eindruck verhindern, daß er, der große Mitterrand, den Kommunisten nachläuft, während der Benjamin Fabre mit seinen lächerlichen dreizehn Abgeordneten sich als Bollwerk gegen den Kollektivismus hervortut.

Um dennoch jede Chance wahrzunehmen, schlägt Mitterrand am 21. September, als er an einem großen Fernsehinterview teilnimmt, eine neue Saite an. Er wendet sich direkt an die kommunistischen Wähler, empfiehlt sich ihnen als »Garant der linken Union« und fordert sie auf, Druck auf die Parteiführung auszuüben, damit sie sich in den Verhandlungen über die Aktualisierung des Regierungsprogramms kompromißbereiter zeigt. Daß dieses Manöver Marchais nicht gefällt, erfährt Mitterrand einen Tag später ebenfalls über den Bildschirm. Der kommunistische Parteichef, der nun seinerseits zum Interview geladen ist, will Mitterrand die Schuld am sich abzeichnenden Scheitern aufladen und ruft ihm pathetisch zu – wobei seine Augenwinkel feucht schimmern: »Es hängt von Ihnen ab, François Mitterrand, ob wir heute abend noch unterzeichnen.«

An den beiden Tagen, an denen die Parteichefs ihre großen Fernsehauftritte haben – für die großzügig Sendezeit eingeräumt wird, damit das Volk den Selbstzerfleischungsprozeß der Linken hautnah miterleben kann –, tagen die Verhandlungskommissionen von morgens bis spät in die Nacht, um ein letztes Mal eine Annäherung zu versuchen. Doch am 23. September um 1.30 Uhr sammeln sie endgültig ihre Akten ein, in denen die Fetzen des gemeinsamen Regierungsprogramms begraben liegen. Es kommt keine Einigung zustande. Es wird auch kein neues Treffen verabredet. Andererseits mag niemand offen eingestehen, daß die Union der Linken zerbrochen ist – aus Angst, dann sofort als Schuldiger zu gelten. Dadurch dauert es einige Zeit, bis sich die Erkenntnis durchsetzt, daß das Programme Commun »gestorben« ist. Am längsten brauchen die Parteimitglieder und die Wähler der linken Parteien, die neue Situation zu begreifen und zu verkraften. Vielen gelingt das nie – was schließlich zu Mitterrands späterem Wahlsieg beiträgt.

Wer das Auseinanderbrechen der linken Union schließlich verschuldet hat, wird nie richtig geklärt. Die Kommunisten schieben den Schwarzen Peter den Sozialisten zu, indem sie behaupten, die Partei habe einen deutlichen Rechtsruck gemacht und beginne, das »Spiel der Kapitalisten zu spielen«. Mitterrand macht umgekehrt die Kommunisten verantwortlich. In seinem Buch »Ici et maintenant« – Der Sieg der Rose – nennt er vier Gründe, die seiner Meinung nach die Kommunisten bewogen haben, vom Einheitskurs abzugehen.

Erstens: die Angst der Kommunisten, in der Regierungsverantwortung mit der Wirtschaftskrise und den Schwierigkeiten, die durch sie ausgelöst werden, konfrontiert zu werden.

Zweitens: die Enttäuschung darüber, daß sie innerhalb der Linken ihre Vorrangstellung verloren haben und darum den anderen nicht mehr ihre Sicht der Dinge aufzwingen können.

Drittens: Die französischen Kommunisten folgten der sich seit Anfang 1977 abzeichnenden Moskauer Strategie der Konfrontation und des kalten Krieges.

Viertens: Moskau hatte kein Interesse daran, daß sich in Europa ein sozialistisches Experiment unter Billigung und Beteiligung einer Kommunistischen Partei vollzieht, das vom marxistisch-leninistischen Modell abweicht.

Es war im übrigen weniger die leidige Diskussion über das Ausmaß der Verstaatlichungen, die nach Mitterrands Meinung den Bruch der Linken verursachte. Vielmehr herrschten grundlegende Meinungsverschiedenheiten über die Force de Frappe (die die Kommunisten plötzlich guthießen, deren Anwendung sie aber gleichzeitig einschränken wollten) und über den Versuch der Kommunisten, die Machtverteilung innerhalb einer sozialistisch-kommunistischen Regierung neu vorzunehmen – und zwar zu ihren Gunsten. So verlangten sie Ministerposten entsprechend ihrem Stimmenanteil bei der Wahl (und nicht entsprechend den Parlamentsmandaten), womit sie das von der Verfassung vorgeschriebene Wahlsystem auf den Kopf stellten. Aber auch die Aufgaben einiger wichtiger Ministerien wollten die Kommunisten auseinanderdividieren, um zwei neue Ämter zu schaffen, die sie beanspruchten: ein Ministerium für Planung und für Wirtschaftspolitik, das für die gesamte Industrie-, Landwirtschafts-, Regional- und Sozialpolitik einschließlich deren Finanzierung zuständig sein sollte (und das Marchais für sich selber vorsah), und ein Ministerium für Gemeindereform und öffentliche Verwaltung, dem alle für die regionale, départementale und lokale Verwaltung zuständigen Behörden einverleibt werden sollten (und das ebenfalls unter kommunistischer Leitung stehen sollte). Darüber hinaus sah der Neuordnungsplan eine Entmachtung des Premierministers vor, dem nur noch Koordinierungsaufgaben, aber keine Entscheidungsmöglichkeiten zugestanden werden sollten.

Der Bruch der Vereinten Linken vermindert automatisch die Wahlchancen der drei Parteien, die das gemeinsame Regierungsprogramm unterzeichnet haben. Staatspräsident Giscard d'Estaing, damals noch voller Selbstbewußtsein, fällt es leicht, nun den Franzosen klarzumachen, was er für den »bon choix« – die richtige Wahlentscheidung – hält. Auf einer pompösen, wie eine Oper inszenierten Wahlveranstaltung in dem burgundischen Städtchen Verdun-sur-le-Doubs kleidet er das alte de-Gaullesche »Ich oder das Chaos« in eine zeitgemäße Form: »Am Wahltag sind Sie nicht nur einfache Passagiere, die sich darauf beschränken können, den Fahrer zu kritisieren. Sie sind selber der Fahrer, der durch eine simple Handbewegung darüber entscheiden kann, ob das Auto in den Graben fährt oder weiter geradeaus.« Um die Wähler noch mehr einzuschüchtern, malt er ein Schreckensbild an die Wand, das die Verfassung (die dem Staatspräsidenten alle Macht in die Hand gibt) bewußt falsch interpretiert: »Sie können das Programme Commun wählen, das ist Ihr Recht. Aber wenn Sie sich dafür entscheiden, dann wird es auch angewendet. Glauben Sie nicht, daß der Staatspräsident von der Verfassung her die Möglichkeit hat, sich dem zu widersetzen.«

Trotz alledem glaubt Mitterrand weiterhin an ein Wunder. Er hofft, daß die Basis der Kommunistischen Partei aus Enttäuschung über das Verhalten der Parteispitze massiv die Sozialisten wählen wird – und daß deren Stimmen zusammen mit denen der Mitte eine Mehrheit ergeben. Doch die Streitereien zwischen ihm, Marchais und Fabre, die sie so hautnah auf dem Bildschirm miterleben konnten, sind den Wählern noch allzu gegenwärtig, als sie am 12. und 19. März 1979 an die Wahlurnen gehen. Im ersten Wahlgang kommt die Linke auf zusammen 49,81 % der Stimmen und erzielt damit gegenüber 1973 einen Anstieg von etwa drei Prozentpunkten. Doch dieser Zugewinn reicht kaum zum Sieg.

Am Tag nach dem ersten Wahlgang erscheint die Tageszeitung »Le Monde« mit der Überschrift: »Der Zuwachs der Linken ist nicht groß genug, um ihr am

19. März die Mehrheit zu sichern.« Allerdings verzeichnet die Sozialistische Partei ein historisches Ereignis: Mit 22,6% der Stimmen übertrumpft sie zum ersten Mal seit 1936 in einer Parlamentswahl eindeutig die Kommunistische Partei, die mit 20,6% der Stimmen 0,8% gegenüber 1973 verliert. Erneut bestätigt sich, so ergeben später Wahlanalysen, daß die Sozialistische Partei sich geographisch zu einer »nationalen« Partei ausweitet und daß sie die meisten Stimmengewinne in den katholischen Hochburgen Frankreichs verzeichnen kann.

Das eigene, schlechte Wahlergebnis gibt den Kommunisten offenbar zu denken. Sie ergreifen die Initiative und laden zu einem Gipfeltreffen der drei Parteiführer Mitterrand, Fabre und Marchais ein. Die Begegnung kommt schon am Montag nach dem ersten Wahlgang zustande, doch der Versuch, die sechs Monate vorher zerbrochene linke Einheit zu kitten, führt nur zu einem oberflächlichen Wahlbündnis. Es verpflichtet die Unterzeichner hauptsächlich zur »Stimmübertragung« auf den jeweils besser placierten Kandidaten. Die alten Streitfragen werden ausgeklammert, denn niemand hat Interesse, sie noch einmal zu behandeln.

Mitterrand verläßt das Treffen mit einem Gefühl, das »zur einen Hälfte aus Hoffnung, zur anderen aus Enttäuschung« besteht. Zwei Abende später beteiligt er sich mit den beiden anderen Parteiführern an einer schnell organisierten gemeinsamen Wahlveranstaltung der Linken. Das Treffen in einer finsteren Halle der ehemaligen Pariser Schlachthöfe an der Porte de Pantin schadet den Wahlchancen der Linken jedoch mehr, als daß es ihnen nützt. Das tiefe Zerwürfnis vor allem zwischen Mitterrand und Marchais wird für jedermann sichtbar – sie geben sich nur ganz flüchtig die Hand, ohne sich anzusehen, und wechseln den ganzen Abend über kein Wort. Mitterrand sitzt auch nicht neben dem kommunistischen Parteiführer, wie zu Zeiten des Programme Commun üblich, sondern in einem anderen Teil der Tribüne. Unser Kameramann versucht vergebens, die beiden und Fabre gemeinsam ins Bild zu bekommen – für alle, die diese Maskerade einer notdürftig gekleisterten Linken miterleben, steht fest, daß sie die Wahlen verlieren müssen.

Das Wahlergebnis, das am 19. März um kurz nach 20 Uhr bekannt wird, bedeutet darum auch keine große Überraschung: Die Regierungsmehrheit aus Gaullisten und Giscardisten liegt mit sicherem Abstand vorn, die Linke hat verloren. Die Kommunisten gewinnen zwar 13 und die Sozialisten 11 Mandate hinzu, doch durch das gute Abschneiden der Giscardisten, die zum ersten Mal geschlossen als Partei unter dem Namen »Union für die französische Demokratie« (UDF) antreten, behält die Regierungsmehrheit einen Vorsprung von 30 Sitzen. Für Mitterrand bedeutet dieses Ergebnis eine neue Niederlage in der langen Reihe, die er seit 1965 eingesteckt hat, als er sich zum ersten Mal als neuer Führer der Linken um das Amt des Staatspräsidenten bewarb. Viele gehen sogar Wetten ein, daß die politische Karriere des »Poulidor der französischen Politik«, des ewigen Zweiten, mit dieser Parlamentswahl zu Ende geht.

IX

Der Wettlauf um die Kandidatur

Wer ist Rocard?

Wie stets an Wahlabenden versammelt das französische Fernsehen auch am 19. März 1978 die Vertreter der politischen Parteien in seinem Sonderstudio, um die Wahlergebnisse zu diskutieren. Die erste Runde, an der gewöhnlich die zweite Garnitur teilnimmt, beginnt kurz vor 21 Uhr, als es an der erneuten Wahlniederlage der Linken keinen Zweifel mehr gibt. Michel Rocard, der für die Sozialistische Partei in dieses unerquickliche Fernsehkreuzfeuer geschickt wird, bekommt gleich als erster das Wort erteilt. Er beginnt mit einem Satz, der in der gedämpften Studioatmosphäre wie ein Peitschenknall wirkt: »Wieder einmal hat die Linke ein Rendezvous mit der Geschichte verpaßt – es ist nun schon das achte Mal seit Bestehen der Fünften Republik. Das erfüllt uns mit tiefer Trauer. Aber müssen wir das als Fatalität hinnehmen? Wird es für immer unmöglich sein, daß die Linke dieses Land regiert? Meine Antwort lautet: Nein!«

Im sozialistischen Parteihauptquartier, wo Wahlhelfer das Fernsehprogramm verfolgen, wird Beifall geklatscht.

Andere Sozialisten erstarren vor Entsetzen. Michel Rocard, das wird ihnen in dieser Minute klar, hat seinen Anspruch auf die Nachfolge Mitterrands als Parteichef und als Kandidat für die nächste Präsidentschaftswahl angemeldet, und er hat Mitterrand in einer Weise öffentlich herausgefordert, wie es bis dahin noch nie jemand gewagt hatte.

Mitterrand ist über den Fernsehauftritt des um dreizehn Jahre jüngeren Konkurrenten (der 1978 gerade 48 Jahre alt ist) zutiefst betroffen. Allerdings sind ihm Rocards Ambitionen längst bekannt. Schon seit 1974, seit dem Präsidentschaftswahlkampf, spürt er, daß der äußerst schnell denkende und handelnde »Aufsteiger« aus der linkssozialistischen PSU sein Kronprinz werden möchte. Gelegentlich ruft er ihn freundschaftlich zur Ordnung, wenn Rocard sich wieder einmal zuviel Publizität verschafft, doch meistens bleibt ihr Verhältnis kühl und distanziert. »Rocard hat sicherlich Talent«, pflegt er zu verbreiten, »doch ich bin nicht sicher, ob er auch Qualitäten besitzt.«

Diese Animosität erklärt sich teilweise sicherlich aus der natürlichen Abneigung des Herrschers gegenüber seinem möglichen Dauphin. Darüber hinaus spielt der Gegensatz der Charaktere auch eine bedeutende Rolle. Während Mitterrand – erd- und geschichtsverbunden – meistens lange zögert und manchen Umweg macht, um ans Ziel zu gelangen, reagiert Rocard stets blitzschnell und konkret. Während Mitterrand die lange, wechselvolle politische Karriere und sein Bündnis mit den Kommunisten anhaftet, verkörpert Rocard eine unverbrauchte, junge Kraft sowie einen neuen Sozialismus. Dabei hat der junge »Anti-Mitterrand« 1978 schon eine lange politische Laufbahn hinter sich. Der aus einer wohlhabenden großbürgerlichen Physikerfamilie stammende Rocard (sein Vater Yves Rocard hat an der französischen Atombombe mitgebaut) wird als 25jähriger Erster Sekretär der sozialistischen Jugendorganisation, die später wegen ihrer Sympathien für die algerische Befreiungsorganisation FLN verboten wird. 1966 ernennt ihn die kleine linkssozialistische Splitterpartei PSU zu ihrem Nationalen Sekretär, womit er an den linken Rand des französischen Parteienspektrums rückt. Während der Maiunruhen marschiert er so häufig neben dem Trotzkisten Alain Krivine durch Paris, daß die beiden Castor und Pollux getauft werden. Richtig wahr nehmen die Franzosen Rocard jedoch erst 1969, als die PSU ihn zum Präsidentschaftskandidaten nominiert und gegen Pompidou antreten läßt. Bei dieser Wahl, an der Mitterrand nicht teilnimmt, erzielt er beachtliche 3,61% der Stimmen, das heißt über 800000 Franzosen wählen den jungen »Linksaußen«. Die winzige PSU bildet jedoch eine zu schmale Basis für seine großen politischen Ambitionen. Gern läßt er sich darum von seinem Jugendfreund Pierre Mauroy in die inzwischen von Mitterrand angeführte Sozialistische Partei holen, was Danielle Mitterrand zu der bereits erwähnten Warnung »Nimm dich vor dem in acht« veranlaßt.

Mitterrands alte Garde und auch die linke CERES-Gruppe sind über den Neuzugang überhaupt nicht glücklich. Zuerst wissen sie nicht genau, wo sie den flinken Linken, der politische Wissenschaft studierte, dann die Eliteschule für Verwaltung ENA absolvierte und schließlich den angesehenen Titel eines »Inspecteur des Finances« – eines höheren Finanzinspektors – zugesprochen bekam, politisch eingliedern sollen. Bald merken sie jedoch, daß dieser »Arbeiter der elften Stunde«, wie sie ihn nennen, mit Hilfe einiger ebenfalls neu in die PS eingetretenen Freunde von der Gewerkschaft CFDT und von der christlichen Arbeiterbewegung ein Spinnennetz von Kontakten und Beziehungen aufbaut, das ihm sehr schnell genügend Halt gibt, um eine politische Rolle zu spielen. Aber auch das Programm, das Rocard vorschlägt, macht ihn bei den anderen, alteingesessenen Strömungen der Partei verdächtig. Einerseits umgibt ihn ein »Hauch von Revolutionär«, andererseits möchte er die Sozialistische Partei von einigen dogmatischen Bürden (wie etwa dem Verstaatlichungsprogramm) befreien und durch ein mehr auf die gegenwärtigen wirtschaftlichen Gegebenheiten und Probleme zugeschnittenes Programm moderner und glaubwürdiger machen. Durch Selbstbestimmung und Selbstverwaltung will er zudem die Rechte der Arbeitnehmer vergrößern. »Geschichte interessiert mich weniger als die Zukunftsforschung, die Technologie, die Soziologie und die Demographie«, definiert Rocard seine Interessen, womit er sich bewußt von Mitterrand absetzt. Seine Gegner stufen ihn schließlich als »verkappten Sozialdemokraten« ein, was in Frankreich unter Sozialisten als Schimpfwort gilt.

Obwohl Rocard stets ein Außenseiter bleibt, rückt er schon 1975 in das oberste Führungsgremium der Sozialistischen Partei auf, in das achtzehnköpfige Nationale Sekretariat. Mitterrand braucht ihn dort, nachdem er den linken CERES-Flügel samt Wortführer Chevènement herausmanövriert hat, dessen militanter Marxismus-Leninismus ihm allmählich auf die Nerven ging. Daß Rocard nun jeden Mittwochnachmittag an den für die Parteiarbeit entscheidenden Sitzungen des Nationalen Sekretariats teilnimmt, behagt Mitterrand kaum, doch er weiß den »verkappten Sozialdemokraten« auch geschickt für seine Interessen einzusetzen. So entsendet er ihn nach Bonn, wo man sich über eine mögliche sozialistisch-kommunistische Regierungskoalition besorgt zeigt. Rocard soll die Sozialdemokratische Partei und die Bundesregierung drängen, im Fall eines linken Wahlsieges auf »allergische Reaktionen« – die man vor allem von Bundeskanzler Schmidt befürchtet – zu verzichten.

Durch die Zugehörigkeit zum »Olymp« der Sozialistischen Partei bekommt Rocard andererseits genaue Einblicke in deren Entscheidungsprozesse. Nicht alles, was er sieht und erlebt, behagt ihm. So wundert er sich über den ans Autoritäre grenzenden Führungsstil Mitterrands, dem sich die anderen Mitglieder des Sekretariats wie auch der anderen Führungsgremien, des Exekutivbüros und des Komitees der Direktoren fast widerspruchslos unterwerfen. Strittige Fragen werden sehr oft – nachdem sich die Sekretäre die Köpfe heißgeredet haben – vom später hinzukommenden Ersten Sekretär eigenmächtig entschieden. Kritik wird nur selten (und wenn doch, nur ganz vorsichtig) geübt. Außerdem weiß keiner der Sekretäre, Assistenten oder Referenten jemals genau, ob er nun gerade in der Gunst des Parteichefs steht oder ob er in Ungnade gefallen ist. Daraus entsteht eine interne Wettbewerbssituation, die den Eifer und die Ergebenheit der Mitarbeiter anstachelt, die aber auch Neid und Mißgunst zur Folge hat.

Die Rivalität zwischen Mitterrand und Rocard hält die Sozialistische Partei von nun an in Atem. Sie stellt den Parteichef vor die Frage, ob er sein politisches Lebenswerk – die Einigung der Sozialistischen Partei und die Einheit mit den Kommunisten – aufgeben oder ob er trotz aller ungünstigen Vorzeichen und trotz Rocards Konkurrenz auf dem einmal eingeschlagenen Weg fortschreiten soll. Aus zwei Gründen bleibt Mitterrand schließlich doch bei seiner alten, schon vor über fünfzehn Jahren entwickelten »Langzeit-Strategie«:

Erstens droht der Sozialistischen Partei eine Spaltung, wenn Rocard sich durchsetzt – und das will Mitterrand verhindern.

Zweitens vermag die Linke in Frankreich nur mit den Stimmen der Kommunisten zu siegen – und die würde Rocard sicherlich verlieren.

Er würde statt dessen zwar Wähler der Mitte anlocken, doch nie ausreichend für eine Mehrheit. Es gibt aber noch einen dritten Grund, doch den äußert Mitterrand nie öffentlich: Er hält Rocard für einen klugen, quicken und gewitzten Politiker, doch er spricht ihm das nötige »Gewicht« für das verantwortliche Amt des Staatspräsidenten ab.

Mitterrand bleibt also auch nach der Wahlniederlage bei den altbekannten Formeln, die er seit so vielen Jahren predigt: Die Union mit den Kommunisten muß noch mehr verstärkt werden, die Sozialistische Partei muß die Kommunistische Partei überrunden, es muß eine »Dynamik der Einheit« geschaffen werden, um die Linke an die Macht zu bringen. In vielen langen internen Diskussionen schwört Mitterrand einen großen Teil der sozialistischen Parteiführung auf diese Durchhaltepolitik ein. Viele sozialistische Wähler dagegen, das wichtigste Potential der Partei, aber auch eine Mehrheit der inzwischen 200 000 Mitglieder beginnen, an Mitterrands Kurs zu zweifeln.

Sein Beliebtheitsindex, den die großen Meinungsforschungsinstitute laufend messen, sinkt von über 50 % (im Februar 1978, das heißt also kurz vor den Parlamentswahlen) auf 40 % (September 1978). Er geht sogar auf unter 35 % zurück, als Rocard Mitte September zu einem neuen Schlag gegen ihn ausholt. Im »Presseclub«, einer politischen Diskussionsrunde im Langwellensender Europe 1, antwortet er auf die Frage, wie er sich das Absinken der Beliebtheitszahlen führender Sozialisten (darunter vor allem Mitterrand) erklärt: »Diese Zahlen verurteilen ohne Zweifel einen bestimmten politischen Stil, einen gewissen Archaismus. Es müßte eine andere Sprache gesprochen werden – die mehr der Wirklichkeit und den Fakten entspricht.«

Nach dieser erneuten Attacke gibt es für niemanden mehr einen Zweifel: Michel Rocard will Mitterrand, das »bemooste Denkmal« (wie ich ihn damals in einem Zeitungskommentar nenne), vom Sockel stoßen, er will zunächst einmal einen Teil der Sozialistischen Partei auf seine Seite ziehen und danach die Kandidatur für die Präsidentschaftswahlen des Jahres 1981 an sich reißen. Der erste Sturmangriff soll im April 1979 erfolgen, wenn die Sozialisten ihren Parteikongreß in der lothringischen Stadt Metz abhalten. Als Hilfstruppe sucht sich Rocard Pierre Mauroy aus, den Freund aus der Zeit der sozialistischen Jugendbewegung, der als Chef der mitgliederstarken nordfranzösischen Parteisektion und als Bürgermeister von Lille ein gewichtiges Element bei Tendenzen und Strömungen innerhalb der Partei bildet.

Mauroy schwankt zunächst zwischen seiner Treue zu Mitterrand und seiner Freundschaft zu Rocard, läßt sich dann jedoch von einigen Argumenten überzeugen, die für Rocard sprechen: Er ist jung und unverbraucht, ihm haftet nicht der Geruch des Verlierers an, er ist als Finanzfachmann und Technokrat dem derzeitigen Staatspräsidenten ebenbürtig, weswegen man ihn ja auch schon »Rocard d'Estaing« nennt. Daß der nüchterne Verwaltungsfachmann Mauroy, der wie keiner sonst Gespür für die Basis hat, sich in Rocards Lager absetzt, stimmt andere Sozialisten nachdenklich. Sie bekennen sich nicht öffentlich zu dem Herausforderer (wie auch Mauroy im letzten Augenblick – nach einem Abendessen mit Mitterrand – von ihm abrückt), gehen jedoch auf Distanz zu Mitterrand, indem sie für den Parteikongreß eigene Entschließungsanträge – bei den Sozialisten »motions« genannt – ausarbeiten.

Es gelingt Mitterrand nicht, eine »Synthese« zwischen zwei oder mehreren dieser Entschließungsanträge herzustellen – was schon zeigt, wie man sich von ihm zurückzieht. So werden dem Parteikongreß schließlich sieben »motions« vorgelegt, darunter ein Papier des Parteivorsitzenden, das 41 Punkte umfaßt und wie ein politisches Vermächtnis aussieht. »Es geht den Sozialisten nicht darum«, so heißt es in der Einleitung, »den Kapitalismus zu modernisieren oder erträglicher zu machen, sondern darum, ihn durch den Sozialismus zu ersetzen.« Weiter steht in Mitterrands Entschließungsantrag, über den er nicht mit sich diskutieren lassen will, daß »ein Bruch mit dem bisherigen, am Markt und auf Gewinn ausgerichteten Wirtschaftssystem« herbeigeführt werden müsse. Bei einem Sieg der Sozialisten müsse zudem »schon innerhalb von drei Monaten nationalisiert und dezentralisiert« werden, damit eine Rückkehr zu den früheren Verhältnissen unmöglich gemacht werde.

Der Entschließungsantrag seines Widersachers Rocard nimmt in vielen Punkten eine Gegenposition zu Mitterrands Vorschlägen ein. Er tut dessen wirtschafts- und sozialpolitisches Programm als unrealistisch ab und entwickelt eigene Vorschläge, die viel weniger antikapitalistisch klingen und die mehr die derzeitige Krisensituation berücksichtigen. Mit einer deutlichen Spitze gegen die Kommunisten spricht Rocard von einem »Sozialismus in Freiheit«, während Mitterrand zur Union und zu weiteren gemeinsamen Aktionen mit der Kommunistischen Partei aufruft.

Beim Kongreß selber, der vom 6. bis 8. April 1979 in Metz stattfindet, zeigt sich dann jedoch, daß Mitterrand sich nicht so einfach die Macht entreißen läßt und daß er andererseits keine Koalition scheut, um die Macht zu behalten. Bereits bei der dem Kongreß vorangehenden Abstimmung der sozialistischen Regionalverbände über die sieben Entschließungsanträge kommt Mitterrand auf 40 % der Stimmen, während Rocard nur 20 % erzielt. Bei der Abstimmung der Delegierten erreicht Mitterrand sogar 46,97 %, während auf Rocard 21,25 und auf Mauroy 16,80 % entfallen. Der Parteichef verpaßt damit die absolute Mehrheit, die ihm volle politische Bewegungsfreiheit gegeben hätte; sein Vorsprung ist jedoch groß genug, um seine eigene politische Linie weiterverfolgen zu können. Die nötige absolute Mehrheit wird er sich im übrigen sichern – daran läßt Mitterrand auf dem Kongreß keinen Zweifel –, indem er eine Koalition mit Chevènement und dem CERES-Flügel eingeht, der ihm schon 1971 in den Sattel half. Die anderen Gruppierungen – allen voran Mauroy und Rocard – verschwinden dagegen aus der Parteiführung. Mitterrand ersetzt sie durch neue junge Leute, die erst in den letzten Jahren zur Partei gestoßen sind: Lionel Jospin, 43 Jahre alt, Stellvertreter Mitterrands (heute Parteichef), Laurent Fabius, 32 Jahre alt, Parteisprecher (heute Haushalts-Sekretär im Finanzministerium), Pierre Joxe, 41 Jahre alt, Leiter der Parteiorganisation (heute PS-Fraktionsvorsitzender) und Paul Quilès, 40 Jahre alt, Wahlkampfleiter (heute Leiter der Parteiorganisation).

Mitterrand wird problemlos als Erster Sekretär der Sozialistischen Partei bestätigt und geht am 13. Juni, einen Tag nach den Europawahlen, die erwartete Koalition mit Chevènement ein. Die Manier, mit der er seine Verbündeten gewechselt und dabei viele verdiente Führungsmitglieder vor die Tür gesetzt hat, trägt ihm allerdings heftige Kritik ein. Eine wichtige Frage wurde auf dem Kongreß im übrigen nicht beantwortet: Wer wird Präsidentschaftskandidat der Sozialistischen Partei sein? Mitterrand konnte sie vom Tisch wischen, indem er immer wieder argumentierte, eine Entscheidung sei frühestens im Herbst 1980, das heißt etwa sechs Monate vor dem Wahltermin, fällig. Doch seine Gegner, die Rocard als besseren Gegenkandidaten zu Giscard d'Estaing ansehen, drängen weiterhin auf eine baldige Klärung – damit dem Kandidaten, wie sie sagen, genügend Zeit bleibt, um sich aufzubauen.

Der zermürbende Machtkampf zwischen dem »König« und dem »Kronprinzen« dauert darum auch nach dem Parteikongreß an. Er wird für Mitterrand, der ein »Komplott« gegen sich vermutet und der Rocards Vorpreschen unverblümt als »schmutziges Manöver« und als »Dolchstoß« beschimpft, zur schwersten Belastung seiner politischen Laufbahn. Sein Beliebtheitsgrad sinkt unter 35%, wobei die Meinungsforscher immer wieder zu hören bekommen, Mitterrand wirke durch sein Festklammern »an den Ruinen der linken Union« unglaubwürdig und unzeitgemäß. Rocard dagegen kommt immer glänzender an. Seine Zahlen steigen auf über 50%, man bezeichnet ihn als glaubwürdig und überzeugend. Bei den getrennt nach politischen Lagern durchgeführten Umfragen stellt sich zudem heraus, daß Rocard sowohl von den Wählern der Sozialistischen Partei wie auch bei den Stammwählern Giscard d'Estaings überdurchschnittlich hoch bewertet wird. Ihm werden von allen anderen möglichen Kandidaten (Mitterrand, Marchais) als einzigem Chancen eingeräumt, Giscard zu schlagen.

Rocard unterliegt dem Parteichef

In dem Duell, das sich über achtzehn Monate hinzieht, verliert Rocard schließlich als erster die Nerven. Am 19. Oktober 1980, an einem Sonntagabend, tritt er vor die Kameras des französischen Fernsehens und kündigt in einer feierlichen, knapp sechs Minuten langen Erklärung seine Anwartschaft auf die sozialistische Präsidentschaftskandidatur an. Die Aufnahme erfolgt in Conflans-Sainte-Honorine, einem kleinen Seinehafen nordwestlich von Paris, wo Rocard seit vielen Jahren Bürgermeister ist. Damit das Dekor festlicher wirkt, läßt er den kleinen Hochzeitssaal des Rathauses mit einem Schreibtisch und einem Fauteuil im Louis-XVI-Stil sowie mit Palmen und einem Rosenstrauß schmücken. Die Kamera zeigt dann aber doch nur Rocards Kopf – ob zufällig oder aus böser Absicht, läßt sich später nicht mehr feststellen. Sein Auftritt – was er sagt, und wie er es sagt – wird dadurch noch unbarmherziger dem Urteil der Millionen Fernsehzuschauer ausgesetzt, die Rocard an diesem Abend zusehen.

Inhaltlich bringt Rocard nichts Neues. Er wirft Giscard d'Estaing vor, er habe »Frankreich verändert, ohne die Franzosen beteiligt zu haben«, und ruft zum gemeinsamen Handeln auf: »Ich schlage den Franzosen vor, gemeinsam die Macht zu erobern, gemeinsam die Verantwortung für Frankreich zu übernehmen – die Arbeiter in ihrem Betrieb, die Bürger in ihren Gemeinden, die Regionen im Staat. Ich schlage vor, die tiefgreifenden Ungerechtigkeiten auszumerzen, die unsere Gesellschaft zerstören und entehren.« Um keine Unklarheit entstehen zu lassen, welche Arbeitsteilung er sich zwischen Mitterrand und sich vorstellt, bietet er ihm eine Art Altenteil an: »Seit neun Jahren hat es François Mitterrand verstanden, uns zu einen. Auch morgen wird er uns an der Spitze der Partei den Weg zeigen. Ich meinerseits werde die ganze Verantwortung übernehmen, die mein Entschluß mit sich bringt, die Franzosen um ihr Vertrauen zu bitten.«

Mitterrand sieht sich Rocards Erklärung gar nicht erst an. Während sie um 20 Uhr zu Beginn der Fernsehnachrichten ausgestrahlt wird, spricht er im Kongreßpalast von Nancy zu Parteifreunden. Er läßt sich nur kurz über

Rocards Auftritt berichten und setzt dann seinen Vortrag fort. Seit 24 Stunden weiß er, was sein Konkurrent vorhat. Rocard hat es ihm Samstagabend, als er ihn nach tagelangen Versuchen endlich im Rathaus von Château-Chinon erreicht, selber mitgeteilt. »Es war ein ganz kurzes Telefonat«, berichtet er anschließend seinen Freunden, »Mitterrand hat nur nach der Uhrzeit, dem Ort und der Form der Erklärung gefragt. Es war ein Gespräch wie unter zwei guterzogenen Männern.« Nachmittags, noch bevor die Fernseherklärung ausgestrahlt wird, tut Mitterrand jedoch kund, was er davon hält. Auf einem »Fête de la rose« – einem sozialistischen Rosenfest – im Elsaß erinnert er daran, daß es nach den Statuten der Parteibezirk ist, der einen Kandidaten vorschlägt, und fügt bissig hinzu: »Gegenüber der Partei ist es nicht korrekt, schneller zu marschieren als die Musik.« Er selber, so kündigt er an, werde in einer Woche zu erkennen geben, ob er kandidiere oder nicht.

Rocard bewirkt durch seine Fernseherklärung immerhin eins: Der Prozeß der Meinungsbildung über die Präsidentschaftskandidatur, den Mitterrand hinauszuzögern versucht, wird in Gang gebracht. Sich selber hat er dagegen keinen Gefallen getan. Die Kommentare, mit denen er am nächsten Tag bedacht wird, sind überwiegend negativ. Er habe gehemmt wie ein Schüler im Examen gewirkt, sei unkonzentriert, unsicher und blaß gewesen, schreiben einhellig Regierungs- und Oppositionspresse. Vor allem wird bemängelt, daß die intellektuelle Spontaneität, die ihn sonst auszeichnet, völlig fehlte. Aber auch der Inhalt seiner Erklärung wird kritisiert. Außer einigen wahltaktischen Verbeugungen – einerseits vor den für ihn wichtigen Parteigängern, andererseits vor dem Fernsehpublikum – habe es weder vom Programm her noch im Bereich der Außenpolitik Neues, Aufregendes oder Originäres gegeben, wie man es von einem Präsidentschaftskandidaten erwarten könne. Von einem »französischen Kennedy«, als den ihn viele betrachten, sei er in den entscheidenden Minuten seiner Laufbahn weit entfernt gewesen.

Auch ich finde Rocards Auftritt, den ich abends am Bildschirm verfolge, enttäuschend. Seitdem ich ihn über das Thema »Verfassungsgegner im öffentlichen Dienst« interviewte (obwohl am Maiaufstand aktiv beteiligt, dient er dem Staat als hoher Finanzbeamter), kenne ich seine intellektuelle Überzeugungskraft, weiß ich, wie schnell er reagieren, argumentieren und formulieren kann. Andererseits gehöre ich schon seit einiger Zeit zu denjenigen, die sich fragen, ob Rocards politische Persönlichkeit den Ansprüchen des höchsten Staatsamtes wirklich gewachsen ist. Vor allem seine außenpolitischen Äußerungen klingen gelegentlich laienhaft bis lächerlich. So empfiehlt er als mögliche französische Reaktion auf einen sowjetischen Einmarsch nach Polen die Entsendung französischer Kriegsschiffe – sie sollen die ins Meer getriebenen Polen aufnehmen. Während eines Mittagessens mit Pariser Auslandskorrespondenten referiert Rocard zwei Stunden lang über alle Aspekte der heutigen Weltpolitik, ohne auch nur einen einzigen interessanten Gedanken zu äußern, so daß viele Zuhörer vorzeitig weggehen. Was ihn in Fragen der französischen Politik und Wirtschaft so auszeichnet, sein Sachverstand und sein Ideenreichtum, scheint ihm im Bereich der Weltpolitik zu fehlen.

Mitterrand übergeht Rocards Bewerbung um die Präsidentschaftskandidatur zunächst mit Schweigen und überläßt es seinen Mitarbeitern, Stellung zu nehmen. Die weisen darauf hin, daß Rocard zunächst einmal nur »Kandidat für die Kandidatur« sei und nicht etwa schon sozialistischer Präsidentschaftskandidat. Sie kritisieren, daß er »wohl nicht auf der Höhe des Ereignisses« gewesen sei und daß er Dinge gesagt habe, die eine Parteimehrheit nicht unterschreibt, und die darum die Sozialisten auseinanderdividieren würden. Chevènement kündigt sogar an, auch er werde kandidieren, falls Mitterrand sich zurückziehe. Was der Parteichef selber über eine eventuelle Kandidatur denkt, weiß in diesen Tagen niemand. Die wenigen Freunde, die ihn darauf anzusprechen wagen, bekommen zu hören, daß er in diesem Augenblick noch nicht Kandidat sei und daß ihn die Diskussion um die Präsidentschaftskandidatur anwidert.

Mitterrand fühlt sich in dieser entscheidenden Woche, in der ihm die Entscheidung von Rocard aufgezwungen wird, hin- und hergerissen. Einerseits ängstigt ihn die Vorstellung, noch einmal für ein so schweres Amt, das zudem noch sieben Jahre dauert, kandidieren zu müssen. Auf der anderen Seite fürchtet er, daß die Einheit der Partei einer Kandidatur Rocards nicht standhält. Die Entscheidung, es doch noch einmal zu wagen, fällt schließlich in den ersten Novembertagen während eines Abendessens im engsten Freundes- und Familienkreis. Wie bei so vielen ähnlichen Diners sind außer Danielle deren Schwester Christine und sein Schwager Roger Hanin anwesend, dann seine Freunde André Rousselet, Besitzer einer Pariser Taxizentrale, Irène Dayan, Witwe seines Freundes, und Jean Riboud, Vorstandsvorsitzender der Firma Schlumberger (Erdöl). Gegen Ende der Mahlzeit sagt Riboud zu Mitterrand (wie Hanin später ausplaudert): »François, es geht nicht, daß Sie nicht kandidieren. Das würde Ihr ganzes politisches Werk zunichte machen.« Mitterrand gibt seinem Freund an dem Abend keine Antwort, die behält er sich für die dafür vorgesehene Sondersitzung der sozialistischen Parteiführung vor. Doch sein Entschluß, sich als Kandidat aufstellen zu lassen, der für Frankreich wahrhaft historische Bedeutung bekommt, dürfte an diesem Abend gefallen sein.

Klarheit gibt es erst am 8. November auf der Sitzung des sozialistischen Direktionskomitees. Louis Mermaz (heute Parlamentspräsident) verliest die beiden vorliegenden Bewerbungen um die Präsidentschaftskandidatur. Die eine stammt von Mitterrand, die andere von Rocard. Der Parteivorsitzende hat ihn mit der Hand aufgesetzt – und zwar so leichthin, als würde es sich um die Antwort auf eine Einladung zum Nachmittagstee handeln und nicht um eine Entscheidung, bei der es um sein eigenes politisches Schicksal (und damit um das Frankreichs) geht. Mitterrand schreibt: »Lieber Freund, ich wäre Ihnen sehr verbunden, wenn Sie das Direktionskomitee dahingehend informieren könnten, daß ich – als Antwort auf die Bitten der Föderationen, die mich als sozialistischen Kandidaten für das Amt des Staatspräsidenten vorschlagen – meine Kandidatur der Abstimmung durch die Parteimitglieder unterwerfe. In aller Freundschaft – François Mitterrand.«

Damit ist die Entscheidung, auf die der gesamte Parteiapparat, aber darüber hinaus auch viele Millionen Franzosen warten, endlich gefallen. Alles andere ist nur noch eine Formsache: Rocard zieht noch am gleichen Tag seine Kandidatur zurück, weil er nicht – wie er schon auf dem Parteikongreß in Metz angekündigt hatte – gegen Mitterrand antreten will. Mitterrand seinerseits legt Wert darauf, daß er bisher nur »Kandidat für die Kandidatur« sei und daß nun die Parteiföderationen entscheiden müßten, ob sie ihn akzeptieren oder nicht. Da aber 50 der 97 Föderationen schon seine »Kandidatur für die Kandidatur« unterstützten, gibt es über den Ausgang dieser Abstimmung, die auf einem Sonderparteitag stattfinden soll, keinerlei Zweifel. Den endgültigen Anstoß, noch einmal um das Amt des Staatspräsidenten zu kämpfen, gaben die »Jungtürken« seines neuen, aus dem Kongreß von Metz hervorgegangenen Parteivorstandes – Jospin, Joxe, Fabius und Quilès –, die »Viererbande«, wie sie mit einer Mischung aus Hochachtung und Mißgunst von den anderen tituliert werden. Die wiederum waren von Danielle Mitterrand aufgestachelt worden, den zögernden Parteichef aus der Reserve zu locken. Sie alle, einschließlich Mitterrand, gehen dabei das Risiko ein, gegen den Trend der öffentlichen Meinung zu handeln, der eindeutig Rocard favorisiert. Aber Mitterrand denkt in diesem Augenblick nicht nur an den Wahltag. Auch wenn die Präsidentschaftswahlen verlorengehen, möchte er die Zukunft seiner Partei gesichert sehen – in seinem Sinne und nicht in dem von Rocard.

X

Mitterrand als Präsidentschaftskandidat – die ruhige Kraft

Giscards Niedergang – Mitterrands Chance

Echte Wahlchancen besitzt Mitterrand am 8. November noch nicht. Sein Beliebtheitsindex liegt weit unter dem von Rocard, und auf die Frage, wen sie zum Staatspräsidenten wählen würden, antworten 36% der Franzosen »Giscard«, während nur ganze 18% Mitterrand als ihren Favoriten bezeichnen. Erst als Mitterrand am 24. Januar auf einem Sonderkongreß seiner Partei auch offiziell zum Präsidentschaftskandidaten gewählt wird, ändert sich das Bild. Punkt für Punkt gewinnt Mitterrand an Boden. Dazu trägt sicherlich die Einmütigkeit bei, mit der sich die Partei für ihn entscheidet. Er erhält 83,66% der Mandatsstimmen – ein Ergebnis, das zeigt, wie konsequent die Parteimitglieder sich hinter ihrem so lange umstrittenen Ersten Sekretär formiert haben. Als es in der Stadthalle von Créteil, einer der modernen Betonvorstädte von Paris, verkündet wird, erheben sich die Delegierten von ihren Sitzen und klatschen minutenlang Beifall.

Ein sichtlich bewegter Mitterrand bedankt sich mit einer kurzen Rede und sagt u.a.: »Ich bedanke mich für das Vertrauen, das Sie mir entgegenbringen. Ich betrachte es als eine Ehre – wenn auch keine einfache Ehre – sowie als brüderliches Zeichen einer vereinten Partei.« Dieses Mal, so versichert Mitterrand, werde »Frankreich seine historische Begegnung mit dem Sozialismus« erleben, für die er schon so lange kämpfe. Am gleichen Abend wird Mitterrand auf dem Pariser Messegelände von 20000 Anhängern, die aus ganz Frankreich angereist sind, wie ein Volksheld umjubelt. Seite an Seite mit ihm treten seine Widersacher und Konkurrenten von gestern auf: Mauroy und Rocard. Auch sie erhalten tosenden Beifall. Der eine, weil er sofort nach Mitterrands Kandidatur die von der Zersplitterung bedrohte Partei mit Geschick und Überzeugungskraft wieder geeint hat, der andere, weil er seine Kandidatur so fair zurückgezogen und sofort dem Parteichef seine Unterstützung versprochen hat.

Drei Monate sind es noch bis zum ersten Wahlgang – fast zu kurz, um eine wirkungsvolle Kampagne ins Rollen zu bringen und um einen Kandidaten, dem seit Jahren ein negatives Image anhaftet und über dessen verbissenes Festhalten am einmal für richtig befundenen politischen Kurs man schon lächelt, in eine überzeugende Wahllokomotive zu verwandeln. Daß es schließlich doch gelingt, liegt weniger an der sozialistischen Wahlkampagne als an der innenpolitischen Situation, in der sich Frankreich im Frühjahr 1981 befindet und die in jeder Hinsicht Mitterrand begünstigt. Am meisten profitiert er von der wachsenden Unzufriedenheit der Franzosen mit Staatspräsident Giscard d'Estaing.

Die Bilanz seines Septennats fällt so negativ aus, daß

selbst diejenigen, die ihn 1974 wählten, vor seiner Wiederwahl zurückschrecken. Dabei sind es nicht einmal unbedingt die für jedermann erkennbaren wirtschaftlichen Mißerfolge – Inflationsrate zwischen 12 und 14%, 1,5 Millionen Arbeitslose –, die ihm zur Last gelegt werden. Die Gründe für das Gefühl des »ras le bol« – die Schnauze voll haben –, das sich in Frankreich ausbreitet, liegen überwiegend in der Persönlichkeit des Staatspräsidenten. Zunächst einmal ist man von ihm enttäuscht, weil er viele Versprechungen nicht einhielt. 1974, als er zu Fuß über die Champs Elysées marschiert, um sein Amt anzutreten, umgibt er sich mit der Aura eines liberalen Reformers und Erneuerers – was ihn über das rechte Lager hinaus beliebt macht. Doch bald stellt sich heraus, daß die meisten der Veränderungen, die er verspricht, in den Schubladen der Ministerien vermodern – vor allem jene, die dem »anderen«, dem unterprivilegierten Frankreich zugute kommen sollen. So bleibt eine durchgreifende Steuerreform ebenso auf der Strecke wie eine Gemeindereform und ein neues Betriebsverfassungsgesetz, das den Arbeitnehmern ein Minimum an Mitspracherecht sichern und das Klima in der Arbeitswelt entkrampfen sollte. Andere Reformen, wie die Legalisierung der Schwangerschaftsunterbrechung, bringt er mit den Stimmen der Opposition durch, doch ihre Verwirklichung wird anschließend weitgehend von der konservativen Administration sabotiert.

Auch der Anstrich der Liberalität, den Giscard sich zu Beginn seiner Amtszeit gegeben hat, verblaßt zum Schluß völlig. Er führt eine Reform des staatlichen Rundfunk- und Fernsehsystems durch, indem er die ORTF, das »Office de Radiodiffusion Télévision Française«, in sieben Teile zerlegt, doch die Bevormundung durch die Staatsmacht ändert sich nicht. Auch weiterhin werden die Intendanten durch den Ministerrat ernannt, die wiederum alle wichtigen Positionen mit »sicheren Leuten« besetzen, wobei nicht selten der Staatspräsident persönlich eingreift. Gleichzeitig benutzt Giscard das Fernsehen – mehr als de Gaulle und Pompidou – als seine persönliche Bühne. Mindestens alle zwei Monate erscheint er – eingeleitet von feierlicher Musik – zur Hauptnachrichtenzeit auf dem Bildschirm, um zum Volk zu sprechen. Je nach der Weltlage gibt er sich dabei todernst, oberlehrerhaft (mit Tafel und Zeigestock, um zu verdeutlichen, daß Inflation nicht Inflation und Arbeitslosigkeit nicht Arbeitslosigkeit bedeuten) oder leutselig, was meistens durch flackerndes Kaminfeuer im Hintergrund hervorgehoben wird.

Giscard beherrscht dieses Metier so meisterhaft, daß er seine Zuhörer – wie man im Deutschen so treffend sagt – »dumm« redet. Er wickelt sie so in seinen Bildschirm-Charme ein, daß auf den Inhalt kaum noch jemand achtet. Das Risiko, sich von unabhängigen Journalisten unvorbereitete Fragen stellen zu lassen, scheut er dagegen. Jedes Fernsehinterview wird gestellt und detailliert abgesprochen. Wie das geschieht, erlebe ich als Präsident der Pariser Vereinigung für ausländische Rundfunk- und Fernsehkorrespondenten. Gemeinsam mit den Präsidenten des Auslandspressevereins, der Angloamerikanischen und der Diplomatischen Presse werde ich gebeten, eine Pressekonferenz vorzubereiten, auf der Giscard zur Außenpolitik Stellung nehmen will.

Die Veranstaltung mit mehreren hundert in Paris akkreditierten Journalisten soll unterschwellig die liberale

Pressepolitik des Staatspräsidenten hervorkehren. Bei den Vorgesprächen, die, wie in solchen Fällen üblich, im Elysée-Palast stattfinden, legt uns Giscards damaliger Pressesprecher Pierre Hunt zunächst nur auf vier Hauptthemenbereiche fest – Europa, Ost-West, Energiepolitik und Nord-Süd-Fragen. Doch je näher der Termin der Pressekonferenz heranrückt, desto enger wird das uns aufgezwungene Korsett. Wir müssen die zu stellenden Fragen Punkt für Punkt notieren, bekommen für jeden Fragenkomplex einen genauen Zeitraum zugemessen und müssen auf das »Recht zur kritischen Nachfrage« (für den Fall, daß die Antwort unbefriedigend ausfällt) völlig verzichten. Ich schäme mich heute noch, daß wir uns darauf einließen und nicht den Mut aufbrachten, Giscards Auftritt platzen zu lassen. Wahrscheinlich lag das daran, daß Unbotmäßigkeiten gegenüber dem Staatspräsidenten damals geahndet wurden, wie ich selber bei verschiedenen Gelegenheiten erfahren mußte. 1975, als ich Giscard auf einer Moskaureise eine unangenehme politische Frage stellte, wollte mich sein indignierter Pressestab nach Hause schicken. Als die französischen Behörden 1977 den mutmaßlichen Terroristen und Organisator des Münchner Olympiamassakers, Abu Daud, abschoben und ich daraufhin die französische Nahostpolitik scharf kritisierte, wurde ich zur Polizeipräfektur vorgeladen – ohne daß mir ein konkreter Grund genannt wurde. 1979 wollte mich der Elysée sogar ganz loswerden, nachdem ich Giscards Afrikapolitik und seine Beziehungen zum gewalttätigen Kaiser Bokassa allzu genau unter die Lupe genommen hatte.

Ein weiterer Grund für die zunehmende Entfremdung zwischen Giscard und dem französischen Volk ist die Art und Weise, wie er sein Amt wahrnimmt. Obschon die Verfassung den französischen Staatspräsidenten zum mächtigsten Mann aller westlichen Demokratien macht, nimmt Giscard jede Gelegenheit wahr, diese Macht noch weiter auszubauen. In alle Schlüsselpositionen von Politik, Verwaltung, Justiz, Presse, Rundfunk, Fernsehen und Staatswirtschaft schleust er eigene Leute ein – teils Mitglieder der Verwandtschaft, teils sogenannte Giscardisten. Der Elysée-Palast wird mit so vielen Spezialisten bestückt, daß er im Laufe der Zeit eine Art Gegenregierung bildet, in der die eigentlichen Entscheidungen fallen, während die Ministerien nur noch zuarbeiten. Auch das Parlament wird – soweit überhaupt noch möglich – entmachtet, indem der Staatspräsident von seinem Vorrecht, die zu behandelnden Gesetze zu bestimmen, ausgiebig Gebrauch macht. Die seit langem fälligen Debatten über die Atomenergie und über die Todesstrafe – die Giscard verhindern will – kommen gar nicht erst auf die Tagesordnung.

Diese »Omnipräsenz« geht einher mit einem zunehmend majestätischen Lebensstil, der die Franzosen immer häufiger zu der Frage veranlaßt, ob sie »noch« in einer Republik oder »schon« in einer Wahlmonarchie leben. In die blau-weiß-rote Trikolore, die über dem Elyséepalast weht, läßt Giscard als sein persönliches Signum ein Liktorenbündel einrücken – das im alten Rom das Zeichen für die Herrschaft über Leben und Tod bedeutete. Die Republikanische Garde muß die Marseillaise langsamer spielen – weil das feierlicher klingt. Während des Ministerrats, auf Pressekonferenzen und bei Festveranstaltungen sitzt er wie ein Auserwählter auf einem eleganteren und wertvolleren Fauteuil als alle anderen. Bei offiziellen Déjeuners und Diners läßt Giscard nicht nur sich selber, sondern auch seiner Frau und seinen Kindern zuerst servieren; erst danach sind die Gäste dran. Selbst wenn er mit einem Staatsgast wie Madame Thatcher zu Tisch sitzt, gilt dieses Protokoll. Wer sich darüber mokiert, begeht Majestätsbeleidigung.

Da ein Staatspräsident wie Giscard, der privat im Schloß wohnt, der Großwildjagd betreibt und der seinen (vom Großonkel käuflich erstandenen) Adel bei jeder Gelegenheit hervorkehrt, in einer Epoche der Inflation und der Arbeitslosigkeit nicht gerade populär ist, gibt es im Elyséepalast eine eigene Abteilung für die Pflege seiner Volkstümlichkeit. Sie arrangiert ein Frühstück mit den dreckstarrenden Müllmännern aus der Rue du Faubourg Saint-Honoré, verschafft ihm und Madame eine Reihe von Einladungen zum Abendessen bei »einfachen« Leuten, organisiert »spontane« Besuche im Gastarbeiterheim und bei strafgefangenen Jugendlichen oder läßt das Ehepaar Giscard d'Estaing mitten im Wahlkampf eine Linienmaschine benutzen. Anfangs machen diese »Gesten« Eindruck, bis sich herumspricht, daß alles sorgfältig inszeniert wird, um seine Volksnähe zu demonstrieren, und daß jedesmal ein Fotograf bereitgestellt wird, damit die Öffentlichkeit teilhaben kann.

In kritischen Situationen umgibt Giscard sein Amt andererseits mit einem so dichten Schleier des Geheimnisses, daß die Wahrheit kaum noch durchdringt. So schweigt er monatelang, als die satirische Wochenzeitung »Canard enchaîné« – die gefesselte Ente – über angebliche Diamantengeschenke Bokassas an die Familie Giscard d'Estaing berichtet und diese Enthüllungen mit Dokumenten belegt. Erst kurz vor den Wahlen läßt er sich herab, den Empfang einiger »wertloser Steinchen« zuzugeben. Über den viel größeren Skandal, daß die französischen Steuerzahler für Bokassas gespenstische Kaiserkrönung aufkommen müssen, verliert der Staatspräsident nie ein Wort. Ein Journalist, der über Bokassa und die Diamantenaffäre ein Buch veröffentlichen will, verschwindet monatelang als angeblicher Spion im Gefängnis, bis man ihn wegen fehlender Beweise wieder freilassen muß. Keiner dieser Skandale, die sich zum Ende des Septennats häufen und die allmählich das politische Klima vergiften, ist groß genug, um darüber ein französisches Watergate auszulösen und vielleicht sogar den Staatspräsidenten zu stürzen. Doch ihre Anhäufung hat eine Erosion des Vertrauens zur Folge, die schwerer wiegt als sein außenpolitisches Bemühen, Frankreichs Rolle als Weltmacht zu sichern, als seine glänzende Starrolle auf internationalen Konferenzen oder bei Staatsbesuchen oder auch als seine anerkennenswerten Anstrengungen, die französische Wirtschaft zu modernisieren. Das Volk hatte einfach – man muß dieses brutale Wort noch einmal benutzen – »die Schnauze voll« von ihm.

Die verbitterten Gaullisten

Giscards größter innenpolitischer Fehler aber – von dem Mitterrand später am meisten profitiert – ist sein feindseliges Verhalten gegenüber den Gaullisten. Obwohl deren »Sammlungsbewegung für die Republik« (RPR), die Chirac 1976 nach seinem Rücktritt vom Premierministeramt ins Leben ruft, im Parlament nach wie vor die stärkste Fraktion bildet und auch in der Regierung wichtige

Minister stellt, scheut Giscard keine Mühe (und keinen Trick), um die Gaullisten zu brüskieren und aus der Macht zu verdrängen. Er versucht zu verhindern, daß Chirac zum Bürgermeister von Paris gewählt wird (und damit als erstes gewähltes Stadtoberhaupt der Hauptstadt einen politischen Gegenpol bildet), indem er seinen Freund, den Giscardisten Michel d'Ornano, als Gegenkandidaten ins Rennen schickt – der dann allerdings scheitert. Und er schlägt einen wirtschafts- und konjunkturpolitischen Kurs ein, der den gaullistischen Vorstellungen diametral entgegengesetzt ist, den sie schließlich aber doch schlucken müssen, weil sie Premierminister Barre nicht stürzen und sich dem Vorwurf aussetzen wollen, Neuwahlen provoziert zu haben – die einen Sieg der Linken zur Folge haben könnten.

Irgendwann, so befürchten die Gaullisten, will Giscard sich ihrer ganz entledigen und statt dessen eine andere Mehrheit suchen, die mehr in der Mitte angesiedelt ist. Diese Sorge scheint nicht unberechtigt, denn Giscard spricht immer häufiger von einer »Politik der gerechten Mitte« und läßt anklingen, daß Frankreich seiner Ansicht nach »vom Zentrum her« regiert werden müsse. All diese Manöver bewirken, daß Chirac, der 1974 dem Präsidentschaftskandidaten Giscard d'Estaing in den Sattel half, nunmehr zu seinem Gegner wird, ja sogar zu seinem erbitterten Konkurrenten. Chirac läßt sich ebenfalls als Kandidat für die Präsidentschaftswahlen aufstellen und benutzt den Wahlkampf zu einer schonungslosen Abrechnung mit der zu Ende gehenden Amtszeit, wobei er Giscard härter angreift als der eigentliche Herausforderer Mitterrand. Was für Giscard aber besonders schlimm ist: Chiracs Wahlkampf wird ein einziger Triumphzug durch Frankreich. Überall wo er auftaucht, jubelt man ihm zu – als wäre er der Hoffnungsstrahl, auf den die durch Giscards Eskapaden verunsicherten Franzosen warten.

Während eines Fernsehinterviews, das Chirac mir in seinem feudalen Wahlhauptquartier am Place Charles de Gaulle, in unmittelbarer Nachbarschaft des Triumphbogens, gibt, kann ich mich von der guten Form des Gaullistenchefs überzeugen. Seine frühere Bissigkeit und sein harscher Ton, die ihm hin und wieder den Vorwurf einbrachten, er sei »rücksichtslos«, sei ein »Bulldozer«, ja sogar »faschistoid«, sind verschwunden. Der 49jährige wirkt ruhig, abgeklärt und überlegen. Auch seine Antworten erfolgen nicht mehr so bellend, sondern fast lässig. Auf die Frage, was er von den Vorwürfen der Giscardisten halte, er würde mit seiner Kandidatur und seinem Wahlkampf indirekt und ungewollt Mitterrand begünstigen, antwortet er: »Ich begünstige weder Herrn Giscard d'Estaing noch Herrn Mitterrand.« Während seiner politischen Karriere, so betont er, habe er immer die Werte der Freiheit verteidigt, die im totalen Gegensatz zu den Werten des Sozialismus-Marxismus stünden. Dann bekennt er Farbe: »Aber ich glaube, wir brauchen heute eine andere Politik als die der beiden Kandidaten, zwischen denen die Franzosen schon 1974 wählen konnten.«

Chirac, das zeigt sich bei diesem Interview, brennt vor Ehrgeiz, Giscard aus dem Weg zu räumen und damit Platz zu schaffen für seine eigenen politischen Ambitionen. Mit einem ziemlichen Schuß Demagogie versucht er sogar den Eindruck zu erwecken (indem er manipulierte, für ihn positive Wahlvorhersagen in Umlauf bringt), er könne Mitterrand im ersten Wahlgang übertrumpfen und dann als Zweitplacierter gegen Giscard antreten. Er entfacht damit unter denen, die einerseits Giscard ablehnen, andererseits Mitterrand fürchten, eine Zeitlang eine gewisse Euphorie. Doch echte Chancen hat Chirac trotz der Begeisterung, die sein Wahlkampf auslöst, und trotz der Hoffnungen, die sich an ihn knüpfen, in keinem Fall. Er bewirkt allerdings, daß die Kluft zwischen den Gaullisten und dem Staatspräsidenten unübersehbar wird und daß die Zahl derer, die an Giscard d'Estaing zweifeln, von Tag zu Tag wächst.

Marchais' Irrtümer

Indirekt begünstigt Chiracs Amoklaufen gegen Giscard Mitterrands Wahlchancen. Aber auch die Kommunisten leisten ihm – und zwar ebenfalls indirekt – eine entscheidende, ja vielleicht sogar *die* entscheidende Wahlhilfe. Sie schlagen einen politischen Weg ein, der ihren Präsidentschaftskandidaten Marchais populär und »wählbar« machen soll, der schließlich aber das Gegenteil bewirkt – er führt die Kommunistische Partei Frankreichs in eine verhängnisvolle Sackgasse. Die Haken, die sie dabei schlagen, die Widersprüche, in die sie sich dabei verwickeln, bewirken eine der schlimmsten Wahlniederlagen, die ihre jüngere Geschichte verzeichnet. Am Ende muß die Partei feststellen, daß ihr Millionen einst getreuer Wähler davonlaufen und daß sie nicht mehr eine führende politische Kraft darstellt, sondern eine bessere Splitterpartei.

Begonnen hat der Irrweg der Kommunisten nach dem

Scheitern des sozialistisch-kommunistischen Regierungsprogramms sowie nach den verlorengegangenen Parlamentswahlen des Jahres 1978. Als sie erkennen, daß weder die Öffnung nach außen hin noch der eurokommunistische Anstrich etwas einbringen, ziehen sie sich in ihr ideologisches Schneckenhaus zurück. Die Schuld am Niedergang der linken Union wird mit viel Propagandaaufwand den Sozialisten in die Schuhe geschoben. Selbstkritik, für die es genügend Gründe gäbe, findet nicht statt. Auch als es an der Basis zu rumoren beginnt, als die Enttäuschung über das gescheiterte Links-Bündnis bohrende Fragen, lauten Zweifel und schließlich grundsätzliche Diskussionen auslöst, als sich immer mehr Intellektuelle vom Verhalten ihrer Parteiführung distanzieren, zieht die Parteiführung keinerlei Konsequenzen. Sie verschließt den Kritikern die Leserbriefspalten der Parteizeitung »l'Humanité« und untersagt allen anderen Parteipublikationen wie Wochen- und Monatszeitschriften, Artikel über die Unruhe unter den Parteimitgliedern zu veröffentlichen.

Mit Hilfe des immer noch funktionierenden »demokratischen Zentralismus« setzt sie durch, daß die Sprachregelung der Parteiführung von der Basis, den Parteizellen in den Betrieben und den Wohnvierteln geschluckt wird. Gleichzeitig rollt die PC ihre blau-weiß-roten Fahnen, mit denen sie drei Jahre zuvor noch ihren »Kommunismus in den Farben Frankreichs« dekoriert hatte, unauffällig wieder ein. Der 23. Parteikongreß findet im Mai 1979 erneut unter roten Fahnen statt, und auch sonst ist unübersehbar, daß die Partei zu alten Gepflogenheiten zurückkehrt. Kritik an der Mutterpartei, die auf dem 22. Parteikongreß noch für Schlagzeilen sorgte, erfolgt nur noch ganz verschämt. Statt dessen konstatiert Marchais, der wieder einmal zu einer fünfstündigen Eröffnungsrede ausholt, daß die französischen Kommunisten die Entwicklung im sozialistischen Mutterland »im großen und ganzen positiv« bewerten.

Ab 1979 häufen sich die Anzeichen, daß die PC zu einem strammen neostalinistischen und moskautreuen Kurs zurückkehrt. Höhepunkt dieser Entwicklung ist eine Moskau-Reise, die Marchais am 10. Januar 1980 unternimmt. Seit 1974 war er der sowjetischen Hauptstadt ferngeblieben (die ein Kommunistenführer normalerweise ebenso regelmäßig besucht wie ein katholischer Kirchenführer den Vatikan), und weder 1976 beim Gipfeltreffen der europäischen kommunistischen Parteien in Ostberlin noch bei Breschnjews Paris-Besuch im Juni 1977 hatte es eine Begegnung zwischen ihm und dem sowjetischen Parteichef gegeben.

Nun plötzlich kehrt Marchais wie ein verlorener Sohn in die Arme der Partei zurück. Er wird auf dem Flughafen wie ein Staatschef begrüßt, legt pompös einen Kranz an der Kremlmauer nieder und trifft gleich dreimal Beschnjew. Um welche Themen es bei diesen Spitzengesprächen geht, erfahren die Franzosen am 11. Januar brühwarm aus Moskau. In einer Direktschaltung des französischen Fernsehens, die zunächst nur für wenige Minuten geplant war, die dann aber fast eine halbe Stunde dauert, betätigt Marchais sich als eine Art Marktschreier des Kremls. Mit einer Vehemenz, die den in Paris sitzenden Journalisten fast die Sprache verschlägt, verteidigt er den zwei Wochen zuvor erfolgten Einmarsch sowjetischer Truppen nach Afghanistan und benutzt dabei die gleichen Argumente, die schon sattsam aus der sowjetischen Propaganda bekannt sind: Die Sowjetunion habe ausschließlich eingegriffen, um eine »militärische Intervention von außen her« zu verhindern, und auch dann erst, nachdem die afghanische Regierung um Hilfe rief. »Kamerad Breschnjew«, den Marchais in dieser denkwürdigen Fernsehsendung über ein Dutzend Male zitiert, habe ihm außerdem versichert, die sowjetischen Truppen würden nur vorübergehend in Afghanistan bleiben und sofort wieder verschwinden, wenn sich die Lage normalisiert.

Frankreich erlebt an diesem Tag einen rüden, hemmungslos auftrumpfenden Marchais, der den Eindruck macht, als sei er in Moskau gedopt worden. Doch die Kommunistische Partei Frankreichs geht noch einen Schritt weiter. Um die Wahlchancen ihres Präsidentschaftskandidaten zu erhöhen, um die es – wie man aus ersten Umfragen weiß – nicht zum besten steht, mobilisiert sie primitive nationalistische Instinkte. Am 5. November 1980 läßt ihr Politbüro verlauten: »Die Aufnahme weiterer Gastarbeiter muß gestoppt werden – um zu verhindern, daß die Arbeitslosigkeit steigt.« Wenig später demonstrieren die kommunistischen Bürgermeister in den von Fabriken und Wohnsilos durchzogenen Vorstädten von Paris (dem sogenannten Roten Gürtel), was damit genau gemeint ist. Kurz vor Weihnachten verwüstet ein kommunistisches Rollkommando in Vitry ein Wohnheim für Gastarbeiter aus Schwarzafrika. Es zerstört die Möbel, reißt Strom- und Telefonleitungen heraus, macht mit einem Bulldozer die Eingangstreppe nieder und blockiert den Zugang mit einem Erdwall. Das Kommando wird von dem kommunistischen Bürgermeister von Vitry angeführt. Ähnliche »spontane« Aktionen finden in anderen kommunistischen Gemeinden statt. Nachdem Marchais dann noch unterstreicht, 4,1 Millionen offiziell registrierte Ausländer sowie eine weitere Viertelmillion illegale Gastarbeiter seien angesichts von fast zwei Millionen Arbeitslosen »nicht zu verkraften«, entfachen die Kommunisten ein regelrechtes Kesseltreiben gegen Ausländer. In Montigny, ebenfalls einem Arbeitervorort von Paris, bezichtigt ein kommunistischer Stadtverordneter den 17jährigen Sohn einer kinderreichen marokkanischen Familie öffentlich des Drogenhandels, als sei Frankreich ein Land, in dem das Faustrecht gilt, und kein Rechtsstaat.

Beide Aktionen haben nur ein Ziel: Sie sollen Marchais' Wahlchancen bei denjenigen Franzosen erhöhen, die Gastarbeiter ablehnen (das sind viele) und die der Meinung sind, daß die Behörden den Mißbrauch von Drogen zu wenig bekämpfen. Dieses durchsichtige, primitive Manöver zahlt sich jedoch nicht aus. Im Gegenteil: Marchais' »Verständnis« für den sowjetischen Einmarsch nach Afghanistan, seine rassistischen Aktionen und seine Ausfälle gegen Mitterrand, den er als »Handlanger des Kapitalismus« und als »Kumpel Giscards« beschimpft und den er immer wieder für das Auseinanderbrechen der Linken verantwortlich macht, empören die kommunistische Wählerschaft.

Zigtausende der etwa 600 000 Mitglieder verlassen die Partei oder die von den Kommunisten beeinflußte Gewerkschaft CGT (Confédération Générale du Travail), der Führer der französischen Lehrergewerkschaft, André Henry (heute Minister für Freizeit), der unzählige gemeinsame Aktionen mit den Kommunisten organisiert hat, ruft Marchais zu: »Die Kommunistische Partei hat den Hoffnungen der Arbeiter einen Dolchstoß versetzt.« Viele Intellektuelle beschränken sich nicht mehr auf Leserbriefe oder Zeitungsartikel, sondern verlassen die Partei, wie der Dichter Eugène Guillevic, der seit 1942 Mitglied war. Andere unterzeichnen Manifeste und öffentliche Aufrufe, in denen sie der Parteiführung Rückkehr in die Isolierung, Sektierertum und Verrat an der linken Union mit den Sozialisten vorwerfen. Worauf die Partei ihrerseits zurückschlägt und Parteiausschlüsse vornimmt – eine Methode der Repression, die seit Jahren nicht mehr praktiziert worden ist.

Der erste Intellektuelle, der seine Mitgliedschaft aberkannt bekommt, ist der junge Schriftsteller Jean Kehayan aus Marseille. Er hat nach einem mehrmonatigen Aufenthalt in der Sowjetunion gemeinsam mit seiner Frau einen Erfahrungsbericht geschrieben, der schonungslos den sozialistischen Alltag bloßlegt. Rechtzeitig zum Präsidentschaftswahlkampf veröffentlicht er ein weiteres Buch – diesmal über die inneren Strukturen der Kommunistischen Partei. Sein Fazit lautet: Der moskauhörige Marchais ist kein geeigneter Kandidat. Für einen Fernsehbeitrag über die kommunistischen »Dissidenten« treffe ich Kehayan in einem Café. »Marchais ist ein Clown, sonst nichts«, erklärt er, dann bricht es aus dem Schriftsteller, der besonnen und zurückhaltend wirkt, heraus: »Ich konnte während meiner achtzehnjährigen Mitgliedschaft in der PC beobachten, daß die Parteimaschinerie immer wieder zur Lüge und zur Geheimhaltung greift, um ihre Ziele durchzusetzen. Wenn es darum geht, politische Gegner zu vernichten, werden die gleichen Methoden angewandt wie in der Sowjetunion.«

In der kommunistischen Pariser Vorstadt Arcueil, in

der Marchais seinen Wahlkreis hat (und regelmäßig 70% der Stimmen bekommt), treffe ich einen anderen jungen Intellektuellen, den Wissenschaftler Yves Roucaute. Er stammt aus einer alten angesehenen französischen Kommunistenfamilie, war jahrelang Führer der kommunistischen Studentenbewegung und leitete zuletzt in seinem Wohnblock mehrere kommunistische Parteizellen. »Ich habe von mir aus die Partei verlassen«, so berichtet er vor der Kamera, »weil ich den Bruch der Kommunisten mit den Sozialisten nicht akzeptieren kann. Damit hat die Partei Verrat an der Basis begangen und einmal mehr bewiesen, daß sie von Moskau aus ferngesteuert wird.«

Roucaute macht ebenso wie Kehayan und viele andere kommunistische Intellektuelle auf eigene Faust Wahlkampf für Mitterrand. »Jede Stimme, die wir Marchais abjagen«, so bekräftigt eine Gruppe kommunistischer Hochschullehrer, Wissenschaftler und Schriftsteller, »bringt uns unserem Ziel ein Stückchen näher – daß Mitterrand siegt und daß die gesamte Linke endlich die Früchte ihres jahrelangen Kampfes erntet.« Auch sie verdächtigen Marchais, daß er – im Auftrag Moskaus – Mitterrands Wahl torpedieren will. Für den Bestand seiner Partei wie auch für die weltpolitischen Interessen der Sowjetunion, so ihr Argument, sei es lohnender, wenn Giscard an der Macht bleibt. Diese Vermutung scheint sich zu bestätigen, als die sowjetische Parteizeitung »Prawda« Anfang März einen Kommentar zur französischen Präsidentschaftswahl veröffentlicht, in dem sie Giscards »positive« Außenpolitik lobt und Mitterrand als »unzuverlässig« abqualifiziert.

Die Malaise innerhalb der Kommunistischen Partei kommt Mitterrand sehr gelegen. Seitdem Marchais ihn als bevorzugtes Angriffsziel benutzt, kann niemand mehr behaupten, daß er der Steigbügelhalter der Kommunisten sei. Das verringert die Kommunistenangst, die bei so vielen Wahlen zum Scheitern der Linken beitrug. Der Streit der kommunistischen Parteiführung mit ihrer Basis und mit ihren Intellektuellen bewirkt andererseits, daß immer mehr kommunistische Stammwähler zu ihm, zu dem sozialistischen Kandidaten überschwenken. Seine Theorie, daß die Strategie der linken Union bei den Wählern zündet, daß sie in diesem Wahlkampf eine Chance hat, wird eindrucksvoll bestätigt. Geschickt trägt Mitterrand in seinem Wahlkampf dieser Entwicklung Rechnung. Er greift Marchais, den kommunistischen Präsidentschaftskandidaten, sowie dessen Parteiführung an, bemüht sich aber um die kommunistischen Wähler, indem er immer wieder die Notwendigkeit einer vereinten Linken unterstreicht.

Um auf der anderen Seite aber nicht die Wähler der Mitte und des gaullistischen Lagers zu verschrecken, von denen er sich im zweiten Wahlgang, wenn Chirac ausgeschieden ist, erheblichen Zulauf erhofft, vermeidet Mitterrand allzu antikapitalistische Töne. Der Frage, ob er – falls er gewinnt – kommunistische Minister in die Regierung aufnimmt, geht er möglichst ganz aus dem Weg. Er zieht sich aus der Affäre, indem er erklärt, an der Regierung würden alle beteiligt werden, die seine Politik und seine Kandidatur unterstützen.

Auch von dem sozialistischen »Manifest«, das die Partei als Wahlkampfplattform verabschiedet hat und das aus »110 Vorschlägen für Frankreich« besteht, sucht er sich nur diejenigen Programmpunkte heraus, die niemandem wehtun. Die anderen ignoriert er, zumal dieses

»Manifest«, das auf ein aus 380 Punkten bestehendes »Sozialistisches Projekt« zurückgeht, allzu deutlich die Handschrift seines linken »Chefideologen« Chevènement erkennen läßt. Die delikate Frage, womit die geplanten Maßnahmen zur Ankurbelung der Wirtschaft, zur Schaffung von Arbeitsplätzen, zur Erhöhung des Mindestlohns und zur Verstaatlichung finanziert werden sollen, wird zum Beispiel nie richtig beantwortet – was Mitterrand den Vorwurf einträgt, sein Wahlprogramm sei »flou« – sei verschwommen.

Interview im Superschnellzug TGV

Um sich zu schonen und um sich in der knappen, zur Verfügung stehenden Zeit nicht zu verzetteln, verzichtet Mitterrand auch auf den sonst üblichen Veranstaltungs-Marathon. Er widmet sich statt dessen lieber den verschiedenen sozialen und beruflichen Problemen der Bevölkerung.

Während des Wahlkampfes an Mitterrand heranzukommen, ist nicht einfach. Wir bekommen schließlich am 2. April einen Interviewtermin. Rede und Antwort stehen will uns Mitterrand während einer Fahrt im Superschnellzug TGV (Train à grande vitesse), der Paris und Lyon (ab Ende 1981) mit einer Geschwindigkeit von 260 Kilometern pro Stunde verbindet und der schon jetzt probeweise verkehrt. Der sozialistische Kandidat hat in dem rosaroten, wie ein Pfeil angespitzten Zug 27 Plätze im Speisewagen reservieren lassen. Auf dem Bestellschein steht: Gegen Barzahlung! Kredit hat Mitterrand gut vier Wochen, bevor er zum Staatspräsidenten von

Frankreich gewählt wird, bei den staatlichen Eisenbahnen offenbar noch nicht. Er nimmt zusammen mit Danielle, die ihn wie stets auf Wahlreisen begleitet, in der vierten Reihe Platz. Um ihn herum drängen sich Wahlkampfbegleiter, Referenten, Sekretärinnen und Freunde, doch »tonton« läßt sich von der Hektik nicht anstekken.

Äußerst freundlich bestätigt er, daß ich mein Interview bekommen werde, er bittet mich jedoch, bis nach dem Mittagessen zu warten. Ich willige nur zögernd ein, weil ich mir ausmalen kann, daß dann nicht mehr viel Zeit übrigbleibt – immerhin kommt der Superschnellzug schon um 14.30 Uhr in Dijon an. Meine Befürchtungen sind – wie sich bald herausstellt – nur allzu berechtigt. Bis der ganze Wagen nach französischer Manier mit vier Gängen, Kaffee und »digestif« – einem Verdauungsschnaps – »abgefüttert« ist, wird es 14 Uhr. Zu allem Unglück hält Mitterrand nun auch noch ein Nickerchen. Ich frage Pierre, seinen Leibwächter, ob er seinen Chef nicht wekken mag. Doch er winkt ab. Diese kurzen Ruhepausen, so erklärt Pierre, legt Mitterrand auf Wahlreisen regelmäßig ein, um sich zu regenerieren. Während wir warten, verrät Pierre mir, daß sie beide unterwegs im Auto fast nie über Politik sprechen. Sie unterhalten sich über die Spiele der Fußball-Nationalliga, über die Rugby-Meisterschaften (die Mitterrand alle im Kopf hat) oder über das Wetter und neue Filme. Manchmal, wenn Mitterrand ein altes Haus, ein Baum oder eine Landschaft besonders gut gefällt, läßt er anhalten und steigt aus – was die oft stundenlangen Verspätungen erklärt, die den Wahlkampfmanagern graue Haare bereiten.

Um 14.15 Uhr werfe ich Danielle Mitterrand einen so

verzweifelten Blick zu, daß sie ihren Mann wie zufällig anstößt und ihn an seine Zusage ans Deutsche Fernsehen erinnert. Wir können endlich anfangen. Ich hocke mich in den Gang und frage: »Woher nehmen Sie die menschliche und politische Kraft, noch einmal zu kandidieren – mit all den Reisen, den Reden und – sagen wir – der Unsicherheit, die damit verbunden sind?« Bevor er antwortet, sieht Mitterrand mich einen winzigen Augenblick lang indigniert an – seitdem Giscard d'Estaing ihn 1974 als »homme du passé« – als Mann der Vergangenheit – brandmarkte, mag er es nicht, wenn man seine Kampfbereitschaft in Frage stellt. Dann antwortet er mir so leise ins Mikrophon, daß Danielle, um ihn verstehen zu können, sich vorbeugen muß: »Ich glaube, sehr ausgeglichen zu sein. Ich achte darauf, daß mein Leben sich nicht immer nur um dieselben Dinge dreht. Es gibt Zeiten, wo viel passiert, dann wieder Zeiten, wo ich nachdenken kann. Außerdem lagen zwischen den drei Präsidentschaftswahlkämpfen, an denen ich teilgenommen habe, immerhin fünfzehn bis sechzehn Jahre. Ich hatte also genug Muße, darüber nachzudenken, was ich zu tun habe und wie ich mein Leben organisieren muß, um all die Verantwortung verkraften zu können.«

Die nächste Frage zielt auf die wirtschaftlichen und politischen Veränderungen, die er für den Fall eines Wahlsieges plant. Mitterrand winkt erst ab und sagt lächelnd, dafür würde die Zeit bis Dijon nicht reichen. Dann antwortet er jedoch in einer Art Telegrammstil, der dem dahinhetzenden Superschnellzug angepaßt ist: »Der erste Punkt ist, daß die Politik geändert werden muß. Das ist aber nur möglich, wenn sowohl der Staatspräsident wie auch die parlamentarische Mehrheit abgelöst werden. Ich werde mich also darum bemühen, daß dieser politische Wechsel, den es seit sehr vielen Jahren nicht gegeben hat, in Frankreich stattfindet. Danach werde ich mich um die wirtschaftlichen und sozialen Probleme kümmern. Ich werde im Rahmen der mir zur Verfügung stehenden Möglichkeiten das Wachstum steigern und unsere Wirtschaft ankurbeln – was über die Erhöhung der kleinen Einkommen sowie durch eine Reihe von Vergünstigungen für verschiedene sozio-professionelle Gruppen geschieht, die heute knapp am Rande des Existenzminimums leben und die mehr verkonsumieren müssen, damit unsere Fabriken auf vollen Touren laufen und damit wir unsere Binnenmärkte zurückerobern – und nicht mehr lebensnotwendige Waren importieren müssen. Diese Maßnahmen sind eng verbunden mit der Priorität der Prioritäten, die ich in den Mittelpunkt meiner Kampagne gestellt habe, das heißt dem Kampf gegen die Arbeitslosigkeit. Schon jetzt haben wir 1,7 Millionen Arbeitslose. Diese Zahl wird nach den Berechnungen der Regierung innerhalb der nächsten zwei Jahre auf 2,2 Millionen ansteigen. Um diesen Prozeß zu bremsen, müssen wir – durch Verhandlungen – einige Sofortmaßnahmen einleiten: Verringerung der Arbeitszeit, Herabsetzung des Rentenalters, öffentliche Bautätigkeit vor allem im Bereich des Wohnungsbaus, dann die Schaffung von 210000 Arbeitsplätzen im öffentlichen Dienst und in der Gemeindeverwaltung, Verminderung der sozialen Belastungen für die Betriebe sowie schließlich spezielle Beihilfen für arbeitslose Jugendliche – immerhin erhalten 47% der Arbeitslosen in Frankreich keine Unterstützung, und von diesen 47% sind 90% Jugendliche unter 25 Jahren.«

Während der TGV schon in die Außenbezirke von Dijon einrollt, stelle ich noch eine letzte Frage: »Monsieur Mitterrand, im Ausland interessiert die Leute vor allem, ob Sie als Staatspräsident kommunistische Minister an der Regierung beteiligen würden.« Seine Antwort kommt ohne Zögern: »Ich habe schon oft auf diese Frage geantwortet und dabei gesagt, daß man nur dann regieren kann, wenn man sich einig ist, daß die seit vier Jahren andauernden Streitigkeiten der Linken aber zu einem Bruch geführt haben, den die Kommunisten verantworten müssen. Ich habe darum eine Reihe Fragen an die Kommunistische Partei gestellt, und ich erwarte deren Antworten. Ziel meiner politischen Arbeit ist und bleibt die Sammlung der Linken, entsprechend den Grundsätzen der linken Union. Ich suche und wünsche die Versöhnung zwischen allen sozialen Schichten, die durch die großen Parteien der Linken vertreten werden – doch das hängt nicht alleine von mir ab. Damit Frankreichs Regierung wirksam und harmonisch arbeiten kann, braucht sie einen Regierungsvertrag. Einen solchen Vertrag kann es aber nur nach meiner Wahl geben. Er fällt auch nicht in meine Zuständigkeit, sondern bleibt den politischen Parteien überlassen. Mein Wunsch bleibt dennoch, und das ist bekannt, daß ich der Regierung eine möglichst breite Basis geben möchte, in der möglichst viele politische Kräfte der Linken vertreten sind – entsprechend den Verpflichtungen, die ich vor fünfzehn Jahren eingegangen bin.«

Bedeutet das nun, daß Mitterrand kommunistische Minister nimmt, frage ich mich, als wir in Dijon aussteigen, um mit dem Gegenzug nach Paris zurückzufahren. Liest man seine verklausulierten Sätze genau, muß die

Antwort lauten: Ja, wenn sich die Kommunisten ändern, das heißt seiner Politik unterwerfen. Hier wird deutlich, wie sehr die Kommunistische Partei durch ihr eigenwilliges Verhalten Mitterrand das Siegen leicht macht. Er ist übrigens weitaus selbstsicherer, in sich gefestigter und überzeugender als noch vor sieben Jahren bei unserem ersten Interview. Als er in Dijon über den langen Bahnsteig wandelt – im Kamelhaarmantel, braunem Wollschal und seinem unverwechselbaren, breitkrempigen Hut im Leon-Blum-Stil, kommt er mir ganz wie die »Force tranquille« – die ruhige Kraft – vor, als die er in ganz Frankreich auf Wahlplakaten dargestellt wird. Und ich denke: Dieses Mal hat Mitterrand erstmalig Chancen.

Der »Kandidatenmacher« Séguéla

Mitterrands Wahlslogan wie überhaupt die ganze Kampagne wird von Jacques Séguéla gestaltet – einem der besten und bekanntesten Werbespezialisten Frankreichs. Viele meinen sogar, daß er den Präsidentschaftskandidaten Mitterrand überhaupt erst »gemacht« hat und daß er einen wesentlichen Anteil an dessen späterem Wahlsieg hat. Séguéla, der mich in seinem Palais an der Rue Bonaparte zwischen Zeichentischen, Palmen und schicken Assistentinnen empfängt, schränkt seinen Anteil etwas ein. »Nichts ist leicht zu verkaufen, und darum glaube ich auch nicht, daß man einen Politiker ›verkaufen‹ kann«, erklärt er zwischen zwei Telefonaten, »man kann ihm höchstens helfen, eine Botschaft, die bereits in ihm vorhanden ist, die er aber nur schwer vermitteln kann, weiterzugeben, publik zu machen.«

Die Vermittlerrolle zwischen dem Politiker und seinem Publikum schöpft Séguéla allerdings bis zur Perfektion aus. Schon vor vier Jahren hat er – aus freien Stücken und kostenlos – ein Plakat für Mitterrand gestaltet, das den Sozialistenchef vor einer endlosen Meereslandschaft zeigt. Als Séguéla im August 1980 in einem Interview der Wochenzeitschrift »l'Express« mehr zum Spaß ankündigt, er sei bereit, für den ersten Kandidaten, der sich meldet, die Wahlkampagne zu entwerfen, nimmt Mitterrand mit ihm Kontakt auf. Er möchte möglichst alles über die Technik und die Reichweite der Werbung lernen, sagt er und fragt, wie lange das dauert. Séguéla antwortet: »Zwei Monate.« Von diesem Tag an treffen sich der Politiker und der Werbefachmann einmal wöchentlich zu einem längeren Gespräch. Anfang März 1981 legt Séguéla schließlich seine Plakate und seine Texte vor, für die Mitterrand ihm volle Freiheit gelassen hat.

Die erste Plakatserie, die Mitterrand umgeben von anderen sozialistischen Politikern zeigt, wirkt ziemlich ernst und düster. Als ich das zu bedenken gebe, meint Séguéla lächelnd: »Es gibt ein sehr schönes Wort von Victor Hugo, der sagt: Das Glück ist eine ernste Sache. Da Mitterrand den Franzosen Glück verspricht, tut er es mit Ernst.« Warum, so frage ich, Mitterrand von anderen Politikern umgeben sei. »Um zu zeigen«, antwortet Séguéla, »daß sich die Sozialisten im Gegensatz zum ›Monarchen‹ Giscard aus vielen Kräften zusammensetzen, daß Mitterrand nicht wie er alleine im Elfenbeinturm regieren wird, sondern mit Hilfe der besten Leute aus dem ganzen Land.«

Die zweite Plakatserie, die auf 8 Quadratmeter große Flächen geklebt wird, bildet das Kernstück der Wahlkampagne. Ein milde lächelnder, gelassener Mitterrand steht vor einer friedlichen Landschaft, die von einem blau-weiß-roten Himmel überstrahlt wird. Darunter stehen die Worte: »La force tranquille« – die ruhige Kraft. Das Landschaftsbild wurde 12 Kilometer von Château-Chinon entfernt in der Nähe des Dorfes Sermage aufgenommen. Wer den Slogan von der »ruhigen Kraft« erfunden hat, ist nicht mehr genau festzustellen. Allerdings ist bekannt, daß Mitterrand selber schon 1941 in deutscher Kriegsgefangenschaft die »ruhige Kraft« der thüringischen Landschaft beschreibt – dieser Begriff entspricht demnach seinen eigenen Vorstellungen.

Als Séguéla seinen Vorschlag der Sozialistischen Partei vorlegt, die das Projekt genehmigen (und finanzieren) muß, herrscht zunächst eine gewisse Zurückhaltung. Doch der Werbemann vermag die Politiker zu überzeugen: Mit dem Slogan »ruhige Kraft«, so argumentiert er, werde Mitterrand selbstsicher, solide und seriös dargestellt, als ein Mann, der niemals die Nerven verliert und der die Statur eines Staatsmannes habe. Schließlich sind alle begeistert.

Das einmal gewählte Thema wird den ganzen Wahlkampf über beibehalten. Es soll vor allem diejenigen ansprechen, die in Mitterrand immer noch den etwas dubiosen Exminister der Vierten Republik sehen, die ihm seine Affären nachtragen und die bezweifeln, daß er das höchste Staatsamt zuverlässig verwalten kann. Außerdem soll es demonstrieren, daß Mitterrand im Gegensatz zum Technokraten Giscard d'Estaing mit beiden Beinen auf dem Boden Frankreichs steht, daß er die Sorgen und Nöte des Volkes kennt. In welchem Umfang sein Wahlsieg dadurch schließlich begünstigt wird, ist kaum zu messen. Die beruhigende, optimistische Grundtendenz seiner Wahlwerbung hebt sich jedoch erfreulich von Giscards Kampagne ab, die wieder einmal mit der Angst hausieren geht. Ein besonders typisches Giscard-Produkt ist eine Video-Kassette, die in zigtausend Exemplaren in den Wahlkreisen verteilt wird. Das erste Drittel der etwa dreißig Minuten langen »Wahlsendung« besteht aus einer Aneinanderreihung aller Schrecken dieser Welt: Hunger in Afrika, Terror im Iran, Geiselnahme in Deutschland, japanische Attentatsopfer, die sich im Blut wälzen, Kriege, Aufstände und Revolutionen, untermalt von dumpfer, dramatischer Musik. Das zweite Drittel enthält geschickt montierte Lobeshymnen »einfacher« französischer Bürger auf Giscard, den großen Staatsmann. Im letzten Drittel tritt der Staatspräsident – von Schalmeienklängen begleitet – dann selber auf. Er schreitet gemessen eine Militärparade ab, empfängt Staatsoberhäupter, Könige, Prinzessinnen und Freunde, liebkost auch noch seine beiden Hunde. Die Bilder laufen ohne jeden Kommentar ab, doch die »Botschaft« wird auch so verstanden – und hinterläßt einen schalen Geschmack.

Der erste Wahlgang

Um das Verhängnis aufzuhalten, das sich durch eine unverändert negative Tendenz bei den Meinungsumfragen ankündigt, ebenso wie durch eine gewisse Reserviertheit des Publikums auf seinen Wahlveranstaltungen, spannt Giscard seinen Freund Helmut Schmidt schließlich noch ein. Er verabredet sich mit dem Bundeskanzler zu einem

Abendessen in Blaesheim bei Straßburg, um angeblich – so heißt es jedenfalls offiziell – mit ihm über das bevorstehende Treffen des Europäischen Rates zu sprechen. Die aus Paris angereisten Journalisten merken aber schnell, daß diese Begegnung hauptsächlich Wahlkampfzwekken dient. Vor dem Restaurant spielt eine Trachtenkapelle auf, Hunderte von singenden und fähnchenschwenkenden Giscard-Anhängern drängen sich in der Dorfstraße, der Staatspräsident mischt sich leutselig unter die Menge. Während des Diners – bei dem Giscard und Schmidt gleichzeitig bedient werden (wie mir der Wirt vorher augenzwinkernd erklärt, soll niemand »bevorzugt« werden) – überredet Giscard den deutschen Bundeskanzler, noch vor den Wahlen eine gemeinsame französisch-deutsche Anleihe zu lancieren, die als Wunderwaffe gegen die Arbeitslosigkeit eingesetzt werden soll. Schon am 2. April regelt Premierminister Barre in Bonn die Einzelheiten, wobei sich herausstellt, daß die Bundesregierung nur etwas von einer »konzertierten« Anleihe wissen will, die von beiden Ländern getrennt durchgeführt wird. Trotzdem hängt Giscard seine Absprache an die große Glocke. Er beruft am 9. April in seinem Wahlkampfbüro (und nicht etwa im Elyséepalast) eine Pressekonferenz ein, auf der er die gleichzeitig von Bonn und Paris beschlossene Anleihe wie eine Sensation anpreist.

Giscard spürt offenbar, daß seine Wahlkampagne nicht richtig zündet. In seinem Hauptquartier in der Rue Marignan, direkt neben den Champs Elysées, dringen die Auseinandersetzungen mit den drei für den Wahlkampf abgestellten Ministern Monique Pelletier (Frauenfragen und Gesundheit), Jean-François Deniau (Industrie) und Jean-Philippe Lecat (Kultur) bis auf den

Flur. Doch das geringe Echo, das die nach amerikanischem Vorbild organisierte Materialschlacht der Giscardisten auslöst, liegt eindeutig an seinem Konzept und an ihm selber, der sich als »Bürgerkandidat« tituliert. Er hatte gehofft, im Wahlkampf die Gemeinsamkeiten mit den Gaullisten und auch mit anderen politischen Kräften Frankreichs herausstreichen zu können: die Verteidigungspolitik, die weltweiten Beziehungen, das Nuklearprogramm. Doch die Wähler interessieren sich nur für die bedrohliche Entwicklung von Inflation und Arbeitslosigkeit. Da seine Bilanz gerade in diesen Bereichen durchweg negativ aussieht, klingt seine Versicherung: »Wählt mich noch einmal zum Staatspräsidenten, dann wird alles besser« wenig überzeugend. Viele Wähler sagen sich, daß man nach den schlechten Erfahrungen mit Giscard einen Versuch mit Mitterrand wagen sollte – auch wenn keineswegs bewiesen ist, daß er es besser machen wird.

Um 8 Uhr öffnen am 26. April 1981 in Frankreich die Wahllokale. 36 Millionen Franzosen können zwischen zehn Präsidentschaftskandidaten wählen – außer den vier »großen« Giscard, Mitterrand, Chirac und Marchais haben noch sechs weitere (Huguette Bouchardeau, Michel Crépeau, Michel Debré, Marie-France Garaud, Arlette Laguiller und Brice Lalonde) die notwendigen 500 Paten aus mindestens dreißig Départements zusammenbekommen, um kandidieren zu können. Durch die Vielzahl der Kandidaturen scheidet die Möglichkeit, daß einer schon im ersten Wahlgang die absolute Mehrheit erzielt, aus. Es besteht auch kein Zweifel, daß Giscard die meisten Stimmen bekommt, gefolgt von Mitterrand. Die Höhe der Stimmenanteile wird aber schon erkennen lassen, wie günstig die Chancen der beiden Erstplacierten für den zweiten Wahlgang aussehen. Mitterrand vertraut am Vorabend der Wahl einigen Freunden an, daß 23 % der Stimmen ein Minimum darstellen, daß dagegen 25 % ein großartiges Ergebnis wären. Aus Giscards Lager wird bekannt, daß er mit mindestens 29 bis 30 % rechnet.

XI

Noch zwei Wochen bis zur Stichwahl

Die Taktik von Gaullisten und Kommunisten

Bei der Auszählung stellt sich heraus, daß Mitterrand mit 25,84% besser abschneidet, als er es sich erhoffte, während Giscard d'Estaing mit 28,31% sein sich selber gestelltes Ziel nicht ganz erreicht. Damit hat Mitterrand eine gute Ausgangsposition für den zweiten Wahlgang. Die ganz große Überraschung dieses ersten Wahlgangs aber ist das überaus schlechte Abschneiden des kommunistischen Kandidaten. Georges Marchais erhält nur 15,34% der Stimmen und muß damit eine der schlimmsten Niederlagen hinnehmen, die die französischen Kommunisten seit der Volksfront im Jahre 1936 registriert haben. Viele Franzosen, die normalerweise für die Kommunisten stimmen, haben offensichtlich »nützlich« gewählt, das heißt sich schon im ersten Wahlgang für den Sozialisten entschieden. Für Mitterrand stellen sich am Abend dieses ersten Wahltages, den er wieder mit seinen Getreuen in Château-Chinon verbringt, drei entscheidende Fragen. Erstens, werden die kommunistischen Wähler im zweiten Wahlgang vollzählig zu ihm überschwenken (was u.a. vom Verhalten der Parteiführung abhängt)? Zweitens, wird der Zwist zwischen Giscard und Chirac (der auf 17,99% kommt) zur Folge haben, daß ein wesentlicher Teil der gaullistischen Wähler abspringt (indem er gar nicht erst wählt oder einen ungültigen Stimmzettel abgibt)? Drittens, wem werden die Stimmen des »grünen« Kandidaten Brice Lalonde zufließen, der mit 3,78% einen Achtungserfolg erzielte? Da die Antworten auf diese Fragen nur bedingt von ihm abhängen, beschließt er am Montag nach der Wahl, bis zum zweiten Wahlgang in vierzehn Tagen einen zurückhaltenden Wahlkampf zu führen. Er will auf keinen Fall Fehler begehen, die seine Chancen zerstören könnten. An die Verläßlichkeit einer letzten Meinungsumfrage, die nicht mehr veröffentlicht werden durfte und die ihm für den zweiten Wahlgang eine Mehrheit von 52% voraussagt, mag er noch nicht glauben. Statt zu triumphieren, trägt er darum eine eher nachdenkliche Miene zur Schau, als er Montagnachmittag im sozialistischen Wahlhauptquartier in der Rue Solférino zu einer kurzen Lagebesprechung eintrifft. Auf meine Frage, ob er zufrieden sei, antwortet er nur: »Ach, es geht.« Seine Botschaft an die Wähler lautet: »Der Kampf geht weiter. Wir müssen jetzt alle Gegner der Politik der Arbeitslosigkeit und der sozialen Ungerechtigkeiten mobilisieren. Sie bilden eine Mehrheit. Möge jeder dafür sorgen, daß am 10. Mai die Kräfte der Jugend, der Erneuerung und des Fortschritts siegen.«

An diesem Montag fällt schon eine wichtige Vorentscheidung: Chirac gibt in seinem Wahlkampfbüro bekannt, welche Konsequenzen er aus dem Ergebnis zieht. »Am 10. Mai muß jeder nach seinem Gewissen entscheiden«, lautet seine Empfehlung, und das bedeutet: Er verzichtet auf einen eindeutigen Wahlaufruf zugunsten Giscards. Mitterrand käme für ihn natürlich nicht in Frage, stellt er klar, wenn Giscard aber noch einmal Staatspräsident werden wolle (der als bisheriger Staatspräsident »nur« etwas über ein Viertel der Wähler hinter sich habe, wie er anzüglich feststellt), müsse er sowohl seine Politik wie auch seinen Regierungsstil durchgreifend ändern. »Ich selber kann nicht anders, als Giscard d'Estaing zu wählen«, fügt er fast entschuldigend hinzu. Damit ist abzusehen, daß ein Teil der gaullistischen Wähler Giscard die Stimme verweigern wird. »Chirac ist in die Rolle eines Rächers geschlüpft, der seinen Todfeind abschlachtet«, schreibt ein Kommentator. Viele Franzosen haben den Eindruck, daß Chirac eher einen Sieg Mitterrands in Kauf nimmt, als noch einmal Giscard in den Sattel zu helfen. Er rechnet sich wohl für sich selber bessere politische Chancen aus, wenn Frankreich zum Sozialismus überwechselt und er sich dann als Oppositionsführer (und vielleicht als »Retter der Nation«) profilieren kann.

Die zweite für Mitterrand wichtige Entscheidung fällt am Dienstag im gläsernen Zentrum der Kommunistischen Partei auf einer Sitzung des Zentralkomitees. Die Parteiführung versucht zunächst einmal ihre Niederlage zu beschönigen, indem sie feststellt, viele Wähler hätten nicht erst Marchais, sondern gleich Mitterrand gewählt. Charles Fiterman, die »Nummer Zwei« der Partei (heute Verkehrsminister), stellt auch klar, was die Parteiführung davon hält: »Wir sagen Euch ganz offen: Ihr habt einen Irrtum begangen. Ihr habt nicht das Risiko bedacht, das Ihr eingegangen seid, indem Ihr den Einfluß der Partei gemindert habt.«

Nachdem Marchais' katastrophales Wahlergebnis aber zeigt, daß ihre bisherige, gegen Mitterrand gerichtete Politik gescheitert ist, bleibt den Kommunisten keine andere Wahl, als nun Mitterrand zu unterstützen. »Wir rufen unsere Wähler auf, für Mitterrand zu stimmen«, erklärt ein abgekämpfter, enttäuschter Marchais am gleichen Abend in einer Direktsendung des Fernsehens. Auf die provozierenden Fragen der Reporter, um welchen Preis das geschehe, fügt er entnervt hinzu: »Wir werden das nicht umsonst tun. Glauben Sie, daß die viereinhalb Millionen, die mich trotz der schwierigen Umstände gewählt haben, mir die geringste Kapitulation verzeihen würden?« Konkrete Bedingungen vermag Marchais mit seinen mageren 15% jedoch nicht zu stellen. Mitterrand lehnt jegliche Verhandlung mit der Kommunistischen Partei ab.

Die sich abzeichnende Taktik von Gaullisten und Kommunisten löst bei Giscard eine regelrechte Panik aus. Er stürzt sich in einen Wahlkampf, der kaum noch System hat und der zeigt, wie wenig er mit einer solchen Situation rechnete. Zunächst demonstrieren seine Mitarbeiter Optimismus und beglückwünschen sich, daß Giscard das beste Ergebnis des ersten Wahlgangs erzielte – ein totaler Bluff, denn jeder kann sich ausrechnen, daß er schon 1974 als weitgehend unbekannter Kandidat fast 4% mehr Stimmen bekam als jetzt. Dann zieht er noch einmal alle Register der Kommunistenangst. »Mitterrand braucht die Stimmen der Kommunisten, ich vertrete die anderen demokratischen Familien, die den Bürokratismus und den Marxismus ablehnen«, heißt es in seiner Stellungnahme zum Wahlausgang, und auf einer Wahlveranstaltung in Dijon sagt er: »Mitterrand sucht die unmögliche Allianz zwischen dem Wasser und dem Feuer.« Und weiter: »Frankreich hat – wenn es Mitterrand wählt – nur noch die Wahl zwischen der kommunistischen Ordnung und dem sozialistischen Durcheinander.« Giscard übersieht dabei, daß die Kommunisten nach Marchais' schlechtem Abschneiden weniger Schrecken verursachen als je zuvor. Schließlich versucht der Staatspräsident, dem inzwischen neue, für ihn negative Meinungsumfragen vorliegen, einen Kniefall vor Chirac. Auf einer pompös aufgezogenen Großveranstaltung im Norden von Paris, an der über hunderttausend Menschen teilnehmen und auf der Alain Delon Victor Hugos Freiheitsworte aus dem Jahr 1850 rezitiert, macht er sich die von Chirac im Wahlkampf vertretenen Thesen zu eigen und erklärt: »Chirac hatte recht, als er mich kritisierte.« Mit gekünsteltem Pathos wendet Giscard sich überdies an »Madame la France« und entschuldigt sich »zerknirscht«, daß er sie gelegentlich »betrogen« habe.

Das Fernsehduell, zweite Auflage

Das einzige, was Mitterrand gefährden könnte, ist Giscards Vorschlag, genau wie vor sieben Jahren eine Fernsehdebatte zwischen beiden Kandidaten durchzuführen. Weil Mitterrand darauf zunächst nicht eingeht, kündigt Giscard schließlich sogar an, er werde sich Dienstagabend, den 5. Mai 1981, im Fernsehstudio bereithalten. Einen Moment lang entsteht der Eindruck, als würde Mitterrand »kneifen«. Man erinnert sich sofort daran, wie er 1974 von seinem Konkurrenten matt gesetzt wurde. Doch Mitterrand macht klar, daß er nur unter ganz genau festgelegten Bedingungen in dieses »Duell« geht, weil er sonst befürchten muß, daß der Staatspräsident bevorteilt wird. »Die Männer der Staatsmacht (damit meint er die Fernsehdirektoren, Anm. des Autors) sind nicht geeignet, zwischen den Machthabern von heute und den Machthabern von morgen zu schiedsrichtern«, begründet er auf einer Wahlveranstaltung in Montpellier seine wichtigste Bedingung – daß zwei neutrale Journalisten (und keine Fernsehredakteure) die Debatte leiten. Welche Forderungen sonst noch erfüllt werden sollten, übermittelt Mitterrands Freund und Rechtsanwalt Robert Badinter (heute Justizminister) Giscards Wahlmanagern in einem Neun-Punkte-Brief. Als Regisseur sollte ein bekannter Sportfachmann verpflichtet werden, der sonst Fußballspiele überträgt. Die Kandidaten sollten sich in einer Entfernung von 2 Metern gegenübersitzen, die Journalisten an einem zweiten Tisch.

Richtung und Stärke der Scheinwerfer sollten gemeinsam mit den technischen Beratern der Kandidaten festgelegt werden. Um eine absolute Gleichbehandlung durch die Kameras zu gewährleisten, sollte immer nur der Kandidat im Bild sein, der gerade spricht, dagegen sollten die Reaktionen seines Gegenübers nicht gezeigt werden. Ein technischer Berater jedes Kandidaten sollte der Sendung beiwohnen und jeweils entscheiden, ob »sein« Kandidat in voller Größe erscheint oder ob nur sein Kopf gezeigt werden soll. Den Journalisten sollte nicht nur die Aufgabe zufallen, die gerechte Aufteilung der Zeit zu kontrollieren, sondern auch die Debatte zu lenken und durch Zwischenfragen zu steuern.

All diese Bedingungen, die auf den ersten Blick kleinlich wirken, stellt Mitterrand nicht von ungefähr. Wie schon während der Wahlkampagne vor sieben Jahren hat er auch in diesem Wahlkampf schlechte Erfahrungen mit dem vom Staat und vom Elyséepalast sehr genau kontrollierten Fernsehen gemacht. So wird er bei der täglichen Wahlberichterstattung im Fernsehen eindeutig benachteiligt. Die Manipulationen werden meistens so geschickt vorgenommen, daß sie dem Laien kaum auffallen – was sie um so gefährlicher macht. In der täglichen Rubrik »Präsidentschaftswahlkampf« beginnen und enden die Reportagen über Giscard zum Beispiel stets mit jubelnden Menschen (wobei es sich oft um dieselben Jugendlichen handelt, die ihn als Claque begleiten), während Mitterrand fast nur während der Ansprachen gezeigt wird, ohne daß die Reaktionen des Publikums erkennbar werden. Trifft Giscard einmal nicht so rechtzeitig am Wahlkampfort ein, um vom Fernsehen aufgenommen werden zu können, stellen sich seine »Leibberichterstatter« vor die Kamera und präsentieren von sich aus die Wahlkampfargumente des Staatspräsidenten. Aber es finden noch gröbere Verstöße gegen die Unabhängigkeit der Information statt. Am Tag nach dem ersten Wahlgang unterbricht das Zweite Fernsehen nachmittags sein gerade laufendes Frauenprogramm, um einen Wahlaufruf des gaullistischen Parlamentspräsidenten Jacques Chaban-Delmas zugunsten Giscard d'Estaings direkt und in voller Länge zu übertragen – ohne daß es dafür irgendeine Berechtigung gibt. Dieselbe achtminütige Erklärung wird abends erneut in allen Nachrichtensendungen wiederholt – weil Giscard sich davon offenbar eine Mobilisierung der gaullistischen Wähler verspricht. Noch deutlicher tritt die unterschiedliche Behandlung der Kandidaten bei den zahlreichen Interviews zutage, die das Fernsehen überträgt. Während die Fernsehjournalisten Giscard zumeist untertänig gegenübertreten und zum Beispiel ihre zaghafte Frage nach Bokassas Diamantengeschenken mit einer Entschuldigung für diese »Majestätsbeleidigung« einleiten, packen sie Mitterrand, Chirac und vor allem Marchais hart und hemmungslos an.

Andererseits braucht Mitterrand seinen Gegner dieses Mal viel weniger zu fürchten als noch vor sieben Jahren. Seine Berater haben ihn rechtzeitig für das zu erwartende Fernsehduell »fit« gemacht – und zwar sowohl äußerlich wie fachlich. Ein guter Freund kann ihn überreden, sich die beiden etwas vorstehenden Eckzähne, die einen wenig telegenen Nagetier-Effekt haben, endlich abschleifen zu lassen. Ein bekannter Fernsehmoderator übt mit ihm »natürliches Verhalten« vor der Kamera. Vor allem gewöhnt er ihm das lästige Klappern der Augenlider ab, das sich beim Aufleuchten der Scheinwerfer automatisch einstellt und das den Eindruck von Nervosität hervorruft. Auch Mitterrands Sprechstil wird korrigiert, nachdem ein wissenschaftliches Institut für Lexigraphie feststellt, daß sein wechselndes Sprechtempo – einmal 200 Wörter pro Minute und damit sehr schnell, einmal 100 Wörter pro Minute und damit recht langsam – bei den Fernsehzuschauern schlecht ankommt. Der Werbemann Séguéla schließlich kümmert sich um die Garderobe des sozialistischen Kandidaten. Er verbannt dessen etwas onkelhafte, provinzielle Anzüge auf den Dachboden und sucht ihm einen neuen Schneider – nach seinem Motto, daß »jeder Mensch, der sein Äußeres nicht mit seiner Seele in Einklang bringt, einen Kommunikationsfehler begeht – ob er nun Papst ist oder ein Showstar«. Nachdem Ted Lapidus ihm zu jugendlich und Pierre Cardin zu kapitalistisch erscheint, wählt er als »Hofschneider« den Couturier Marcel Lassance aus. Er gibt zwei Dutzend Anzüge in Auftrag, die Mitterrands etwas gedrungene Figur strecken und die seiner Vorliebe für unifarbene, weiche Stoffe entsprechen. Ein Anzug – ein grauer Flanell mit dazu passendem Hemd und farblich abgestimmter Krawatte – wird für das Fernsehduell mit Giscard ausgewählt.

Die Beauftragten der beiden Kandidaten können sich nach längeren Verhandlungen endlich über Zeit, Ort und Modalitäten des Fernsehduells einigen. Es bleibt bei Dienstagabend 20.30 Uhr im Studio 101 des »Maison de la Radio« – dem Pariser Rundfunkzentrum, das wegen seiner runden Form »Camembert« genannt wird. Mitterrand sagt 24 Stunden vorher sämtliche Wahlveranstaltungen ab und konzentriert sich auf das Zusammentreffen mit Giscard. Seine Fachreferenten überschwemmen ihn mit Spickzetteln für die eventuell zur Sprache kommenden Themen und schreiben ihm einprägsame Formulierungen auf. Doch Mitterrand, der in der Flut der Informationen zu ersticken droht, entwickelt eine andere Methode. Er überlegt, welche Themen wichtig sind, und stellt zu diesen Themen Fragen – die seine Mitarbeiter beantworten müssen. Außerdem geht er die Ratschläge durch, die Séguéla, der inzwischen zu seinen Vertrauten zählt, ihm gleich nach dem ersten Wahltag übergeben hat. Séguéla rät, auch im Fernsehstudio die »ruhige Kraft« zu verkörpern, die als Motto über seinem Wahlkampf steht. »Lassen Sie sich nicht aus der Ruhe bringen, antworten Sie immer nur grundsätzlich, kontrollieren Sie Ihren Redefluß«, empfiehlt der Werbefachmann, der zugleich Psychologe ist. »Beim Fernsehzuschauer muß der Eindruck entstehen, daß Giscard der Herausforderer ist und Sie der Titelverteidiger.«

Durch das lange Hin und Her um die Bedingungen und durch Giscards Versuche, die Fernsehdebatte zum wahlentscheidenden Ereignis hochzuspielen, ist der Erwartungshorizont für diese Sendung sehr hoch. Sie wird von allen drei Fernsehkanälen und sämtlichen französischen Rundfunksendern direkt übertragen. 35 Millionen Franzosen sehen und hören zu, so daß die Millionenstadt Paris wie auch das übrige Frankreich wie ausgestorben und verödet wirken. Doch nachdem die beiden Kandidaten das fast zweistündige Duell mit einer jeweils fünfminütigen Erklärung beendet haben, sind die Wähler nicht viel schlauer. Jeder Kandidat war auf seine Weise nicht schlecht, hatte starke und schwache Momente, keiner konnte jedoch auftrumpfen oder mußte schwere Schläge einstecken.

Giscard drängt Mitterrand in die Ecke, als er Auskunft darüber verlangt, wie er mit einem Parlament regieren will, dessen Mehrheit gegen ihn gerichtet ist – daß es nach den von Mitterrand vorgesehenen Neuwahlen eine linke Parlamentsmehrheit geben könnte, hält er für unwahrscheinlich. Mitterrand erzielt Vorteile, als schließlich die Wirtschaftsbilanz des Septennats drankommt und er Giscard seine vielen nicht eingehaltenen Versprechungen vorhält. Was die Schlagfertigkeit angeht, die ja auf das Publikum oft mehr Eindruck macht als tiefgründige Ideen, behält Mitterrand dieses Mal die Oberhand. Auf Giscards ironische Bemerkung: »Sie verwalten seit 1965 und vor allem 1974 das Ministère de la Parole (das Ministerium der schönen Sprüche), während ich Frankreich verwalte« antwortet Mitterrand (in Anspielung auf die Debatte vor sieben Jahren, in der Giscard ihn als »homme du passé« – als Mann der Vergangenheit – bezeichnete): »Es muß doch peinlich für Sie sein, daß Sie inzwischen zum ›homme du passif‹ – zum Mann der Untätigkeit – geworden sind.« Er zieht sich ein zweites Mal gut aus der Affäre, als das Europäische Währungssystem und der Wechselkurs zwischen Franc und »Deutschmark« behandelt werden. Giscard fragt schulmeisterlich: »Können Sie mir die Zahlen nennen?« Mitterrand: »Ich kenne genau die Kursverluste des Franc seit 1974, und . . .« Giscard: »Nein, nein, nicht diese, die von heute!« Mitterrand: »Die Zahlen vom heutigen Tag, vom Abend?« Giscard: »Ja, ungefähr wenigstens.« Mitterrand: »Die haben sich verschlechtert. Im übrigen – ich nenne Ihnen die Zahlen – gefällt mir diese Methode nicht. Ich bin nicht Ihr Schüler, und Sie sind hier nicht der Präsident der Republik. Sie sind nur mein Debattengegner, und ich möchte gerne . . .« Giscard: »Ja, aber ich habe Ihnen eine Frage gestellt.« Mitterrand: »Nein, nicht in dieser Art, diese Art akzeptiere ich nicht! Diese Art zu sprechen akzeptiere ich nicht!« Giscard: »Wegen der Tatsache, daß ich von Ihnen den Kurs der ›Deutschmark‹ hören möchte?« Mitterrand: »Nein, nein, nicht diese Art, bitte. Was ich Ihnen einfach sagen möchte, ist dies: Wenn der Franc innerhalb von sieben Jahren von 1,87 auf ungefähr 2,35 entwertet wird, so ist das nicht unbedingt ein Erfolg für den Franc.«

Nach diesem Zwischenspiel atmen Mitterrands Berater auf. Er hat eine seiner größten Schwächen – geringes Interesse für Zahlen und für Finanzdinge – meisterhaft überspielt und zugleich Giscard in die Schranken gewiesen. Ein weiteres Mal reagiert Mitterrand gut, als Giscard ihm vorhält, seine Abhängigkeit von den Kommunisten werde Frankreich in eine Phase des »politischen Durcheinanders und der Konfusion« stürzen. Mitterrand antwortet darauf sehr ernsthaft: »Was Ihre – sagen wir – antikommunistischen Einlassungen angeht – erlauben Sie bitte, daß ich einige Korrekturen anbringe, denn sie erscheinen mir ein bißchen leichtfertig. Es gibt, wie Sie wissen, viele kommunistische Arbeiter. Nach Ihrer Argumentation könnte man die Frage stellen: Wozu nützen diese Arbeiter? Sie produzieren, sie arbeiten, sie zahlen Steuern, sie sterben in den Kriegen. Sie sind zu allem nutze, aber sie sollen sich niemals an einer Mehrheit beteiligen können? Die Art, wie Sie das Thema behandeln, bedeutet doch, daß sie vom nationalen Leben ausgeschlossen werden – und das entspricht nicht meiner Überzeugung. Wenn die Franzosen bei den Parlamentswahlen eine Mehrheit wählen, die sich aus der Volksbewegung zusammensetzt, dann würde ich sogar mit ihnen zusammenarbeiten.«

Als Mitterrand am nächsten Morgen die Presseberichte durchsieht, kann er zufrieden sein: Er wird nur bei den von Giscard beherrschten Zeitungen als Verlierer eingestuft. Die anderen finden, daß er sich ebenbürtig zeigte und daß er vor allem staatsmännischer wirkte. Giscard stellt diese Ausbeute jedoch offensichtlich nicht zufrieden. Kurz bevor ich am darauffolgenden Abend im Deutschen Fernsehen die wichtigsten Ausschnitte der Debatte Giscard–Mitterrand präsentierte, läßt sein Wahlkampfbüro dem Pariser Studio die Ergebnisse einer angeblichen Meinungsumfrage zukommen. Danach soll eine überwältigende Mehrheit der Franzosen Giscard besser, überzeugender, wahrhaftiger und kompetenter gefunden haben. Da in Frankreich die Veröffentlichung von Meinungsumfragen in der letzten Woche vor der Wahl verboten ist, erhoffen sich die Giscardisten durch unsere Sendung zweifelsohne eine indirekte Publizität – zumal sie in weiten Teilen des Elsaß und Lothringens empfangen werden kann. Doch eingedenk der falschen Zahlen, die 1974 nach der gleichen Debatte die Runde machten, bleibe ich vorsichtig und nenne die »Umfrageergebnisse« nur am Rande und füge außerdem hinzu, daß die Quellen nicht überprüfbar sind.

Giscard verliert die Nerven

Je näher der 10. Mai, der Wahltag, heranrückt, desto dringlicher versucht Giscards Wahllager die Wählermeinung zu beeinflussen und desto zweifelhafter werden die Methoden. Am Donnerstag überträgt das Fernsehen in allen Nachrichtensendungen eine Erklärung von General de Boissieu, dem Großkanzler der französischen Ehrenlegion, der für den Fall, daß Mitterrand zum Staatspräsidenten gewählt werden sollte, seinen Rücktritt ankündigt. Seine Begründung lautet: Er könne Mitterrand das Großkreuz der Ehrenlegion nicht verleihen (das dem Staatspräsidenten automatisch zusteht), weil Mitterrand durch sein Verhalten während der Résistance die Ehre und das Ansehen de Gaulles, seines Schwiegervaters, beschmutzt habe. Einzelheiten dazu, so der General geheimnisvoll, habe de Gaulle ihm vertraulich mitgeteilt.

Dieser Tiefschlag soll ganz offensichtlich die alte Garde der Widerstandskämpfer gegen Mitterrand mobilisieren und zugleich den Gaullisten, die für Mitterrand stimmen wollen, die Augen öffnen. Doch dieses Manöver fällt auf Giscard zurück. Andere Mitglieder der Ehrenlegion stehen auf, bekennen sich öffentlich zu Mitterrand und werfen ihrem Großkanzler Mangel an Würde vor. Der gaullistische Admiral Antoine Sanguinetti zieht sogar seine Uniform an (womit er gegen die Vorschriften verstößt) und gibt vor der Presse eine Ehren- und Sympathieerklärung für Mitterrand ab.

Eine andere Attacke reitet Giscard selber. Während seiner vorletzten Wahlsendung zitiert er aus dem »Projet Socialiste«, dem sozialistischen Parteiprojekt, und erläutert in 12 Schreckensbildern, was dem französischen Volk unter einem Staatspräsidenten Mitterrand angeblich bevorsteht. Er schließt mit dem Satz: »Ja zur Freiheit, nein zur Utopie.«

24 Stunden später benutzt Mitterrand seine vorletzte Wahlsendung, um darauf zu antworten. Er tut es in einem Ton, der – zum ersten und einzigen Mal – die »ruhige Kraft« vergessen läßt. Zwölfmal wiederholt er vor der Fernsehkamera – indem er die strittigen Punkte aufzählt: »Der Staatspräsident hat gelogen.« Vormittags, auf einer Versammlung von sozialistischen Gemeindevertretern, wird Mitterrand noch deutlicher. Er wirft dem Staatspräsidenten Lüge und Panikmache vor und betont, daß er einzig der Politik verpflichtet ist, die er während des Wahlkampfes vorgeschlagen hat, und nicht irgendeinem Programm. »Zwölf Lügen in zwanzig Minuten! Ich weiß, daß das noch nicht sein Rekord war. Wenn er aber so weitermacht, werde ich mich vor ihn hinstellen und mit dem Finger auf ihn zeigen. Dienstag abend während der Fernsehdebatte hat er es nicht gewagt. Das zeigt, wieviel Zivil-

courage ein Präsident der Republik besitzt. Er hat es nicht gewagt – weil es doch viel einfacher ist, sobald ich ihm den Rücken zugewandt habe. Das hat einmal funktioniert – nämlich 1965 mit de Gaulle (als Giscard zu de Gaulles Sturz beitrug, indem er gegen dessen Regionalisierungs-Referendum Stimmung machte, Anm. des Autors). In den Rücken schießen, das ist seine Spezialität. Er wollte es auch mit mir versuchen, doch er hat sein Ziel verfehlt.«

Freitag abend, in der letzten Wahlsendung, gibt Mitterrand sich dann wieder zurückhaltend und staatsmännisch. Er erklärt – als handle es sich um die Regeln eines neuen Spiels –, was er im Fall eines Wahlsieges zu tun plant: Regierungsbildung, Auflösung der Nationalversammlung, Neuwahlen, erneute Regierungsbildung – getragen, wie er hofft, von einer linken Mehrheit. Giscard benutzt seinen letzten Wahlspot dagegen für ein weiteres wahltaktisches Manöver. Er läßt sich von einem Journalisten fragen: »Herr Staatspräsident, Sie haben neulich in der Fernsehdebatte zugegeben, daß Sie während Ihrer Amtszeit auch Fehler gemacht haben. Was war Ihrer Meinung nach Ihr schlimmster Fehler?« Giscard antwortet darauf – und man merkt, daß dieser Dialog sorgfältig vorbereitet wurde: »Mein schlimmster psychologischer Fehler war, daß ich die offiziellen Feiern zum 8. Mai, zum Ende des Zweiten Weltkrieges, abgeschafft habe.« Um seinen »Irrtum« noch zu unterstreichen, legt er an diesem Tag, dem 8. Mai 1981, am Grabmal des Unbekannten Soldaten unter dem Triumphbogen einen Kranz nieder. Es ist seine letzte Amtshandlung als Staatspräsident. Für mich verrät Giscard d'Estaing in dieser allerletzten Minute vor der Entscheidung die deutsch-französische Freundschaft. Er verkauft die Entscheidung, die er 1975 in den Dienst eben dieser Freundschaft stellte und für die er bei den Deutschen (mich eingeschlossen) viel Anerkennung bekam, für den Preis einiger weniger gaullistischer Wählerstimmen.

Mitterrands Hoffnung, daß sich auch die »Ecologisten«, die Grünen, für ihn aussprechen, erfüllt sich im übrigen nicht. Deren Kandidat Brice Lalonde stellt nach dem ersten Wahlgang, bei dem über eine Million Franzosen für ihn stimmten, einen Katalog mit zwölf Forderungen auf und rät seinen Wählern, entsprechend den Antworten der beiden Kandidaten ihre Entscheidung zu treffen. Doch schon auf die erste Forderung kann Mitterrand nicht (noch weniger als Giscard) eingehen. Sie lautet: Einstellung der gesamten Atomindustrie. »Der Graben zwischen den Vorschlägen der Grünen und dem totalen Nuklearprogramm Giscard d'Estaings ist so tief, daß er kaum überbrückt werden kann«, lassen die Sozialisten Brice Lalonde daraufhin ausrichten, »während Mitterrand den Wünschen der Ecologisten entgegenkommt.« Doch diese Antwort genügt den Grünen nicht. Brice Lalonde verzichtet darauf, sich politisch festzulegen. In einem letzten Aufruf an seine Wähler heißt es: »Ich möchte Giscard d'Estaing sagen, daß wir nicht sieben Jahre lang seine Politik bekämpft haben, um jetzt in seine Arme zu sinken. Ich möchte Mitterrand sagen, daß wir uns nicht seit zehn Jahren für politische Unabhängigkeit stark machen, um uns jetzt in seine Arme zu werfen.« Diese Absage beunruhigt Mitterrand aber nicht allzusehr. Er weiß, daß zwei Drittel der Umweltschützer trotz ihrer unterschiedlichen politischen Ansichten seine Kandidatur unterstützen.

Am Samstagnachmittag, als der Wahlkampf beendet und jene Stille eingetreten ist, die wichtigen Ereignissen vorausgeht, stehe ich im Innenhof des Elyséepalastes, um für die Tagesschau zu berichten. Die persönliche Fahne des Staatspräsidenten ist schon eingezogen, und auch sonst wirkt das Zentrum der Macht, in dem Giscard sieben Jahre lang über Frankreich geherrscht hat, wie ausgestorben. Neben mir spricht vor dem gleichen Hintergrund, zur gleichen Minute Pierre Salinger, Korrespondent der amerikanischen Fernsehgesellschaft ABC und früher Pressesprecher von John F. Kennedy, ebenfalls seinen Kommentar. Er sagt: Alles deutet darauf hin, daß die Franzosen auch dieses Mal im letzten Augenblick wieder mit dem Verstand und nicht mit dem Herzen wählen – daß Giscard d'Estaing also durchkommt. Mein Bericht endet mit den Sätzen: »Die Manöver der letzten Stunde zeigen, wie offen das Rennen noch ist und wie verbissen beide Kandidaten um jede einzelne Stimme kämpfen. Voraussagen darüber, wer morgen Staatspräsident wird und als Hausherr hier in den Elyséepalast einzieht, sind darum unmöglich. Sicher scheint nur, daß ein Machtwechsel in Frankreich noch nie so sehr im Bereich des Möglichen lag wie heute, am Vorabend der Stichwahl.«

XII

Vom Zepter zur roten Rose – der Machtwechsel

Rue de Bièvre 22

Obwohl Mitterrand mit einer eindeutigen Mehrheit zum neuen Staatspräsidenten von Frankreich gewählt wird, kann er sein Amt zunächst noch nicht antreten. Er muß abwarten, bis der Verfassungsrat das Wahlergebnis überprüft und für richtig befunden hat. Außerdem muß er mit Giscard d'Estaing über das Datum und die Form der Amtsübergabe verhandeln, die in der Verfassung nicht genau festgelegt sind. Theoretisch könnte Giscard noch bis zum 24. Mai Staatspräsident bleiben – bis die sieben Jahre wirklich abgelaufen sind. Doch Mitterrand ist daran interessiert, daß die Machtübernahme früher erfolgt. Einmal, um so schnell wie möglich eine neue Regierung bilden, das Parlament auflösen und Neuwahlen ausschreiben zu können. Dann aber auch, um zu verhindern, daß ein Vakuum entsteht, in dem Börse und Währung ungehemmt auf die zu erwartenden politischen Veränderungen reagieren können.

Die Verhandlungen, die zwischen Mitterrands Beauftragten für die Machtübernahme, Pierre Bérégovoy, und

Giscards Generalsekretär im Elysée-Palast, Jacques Wahl, geführt werden, ziehen sich jedoch in die Länge, weil Giscard noch einmal, am Mittwoch, dem 20. Mai, einen letzten Ministerrat abhalten möchte. Auf diesem letzten Treffen seiner Regierung soll Regierungschef Barre eine Bilanz der letzten Jahre vorlegen, mit der sich der Staatspräsident einen honorablen Abgang zu verschaffen hofft. Mitterrand beginnt deshalb von seiner Wohnung aus die vielen politischen und personellen Entscheidungen vorzubereiten, die in den nächsten Tagen auf ihn zukommen. Ab Montag nachmittag, dem 18. Mai, empfängt er in der Rue de Bièvre 22 in Abständen von einer viertel bis zu einer halben Stunde alle sozialistischen Kampfgefährten, mit denen er seit zwei Jahrzehnten zusammengearbeitet hat, sowie die Führer der politischen Gruppierungen, die ihn im Wahlkampf unterstützten. Aber es kommen auch Botschafter, die mit dem neuen Staatspräsidenten Kontakt aufnehmen oder Glückwünsche ihrer Regierungen überbringen möchten, politische Freunde von der Sozialistischen Internationalen sowie Schulfreunde oder Kriegskameraden, die »François« die Hand drücken möchten. Häufigster Gast ist der hochgewachsene Bürgermeister Mauroy aus Lille, den die vielen Journalisten und Neugierigen, die inzwischen Mitterrands Haus belagern, daraufhin als sicheren Tip für das Amt des Premierministers handeln.

Das Drama im Elysée-Palast

Während sich alles Interesse auf die winklige Gasse im Quartier Latin richtet, in der die neue Staatsmacht geformt wird, spielt sich im Elysée-Palast ein persönliches Drama ab. Giscard ist noch einmal zurückgekehrt, um seinen Rücktritt vorzubereiten und um – wie in solchen Fällen üblich – wichtige Akten auszusortieren. Alle, die den noch amtierenden Staatspräsidenten zu Gesicht bekommen, sind erschrocken. Der einst so selbstsichere Mann wirkt enttäuscht, verbittert, gebrochen. Seit Sonntag abend 19.30 Uhr, seitdem seine Niederlage feststeht, hat er weder Fernsehen oder Rundfunk eingeschaltet noch Zeitungen gelesen – als möchte er die Zeit anhalten und das Verhängnis, das über ihn hereingebrochen ist, nicht wahrhaben. Auch glaubt er immer noch, daß er weiterhin eine wichtige politische Rolle spielen wird. Er verurteilt das Verhalten Chiracs (ohne ihn allerdings direkt anzusprechen) als »vorsätzlichen Verrat« und empfiehlt sich als Wegbereiter einer neuen Politik, die »weder Volksfront heißt noch Kampf zwischen Rechts und Links, sondern die eine demokratische Sammlung des politischen Zentrums bedeutet« – womit Giscard sich erneut von den Gaullisten distanziert und den Kurs beibehält, über den er unter anderem gestürzt ist.

Was Giscard nicht ahnt (weil er völlig isoliert ist): Die Giscardisten haben längst ihm, ihrem politischen Führer, hinter dem sie sich sieben Jahre versammelt hatten, den Rücken gekehrt und sich gemeinsam mit den Gaullisten auf eine »Union für eine neue Mehrheit« (UNM) geeinigt, die zumindest bis zur Parlamentswahl gelten soll. Überzeugt, daß mit dem Verlierer Giscard kein weiterer Wahlkampf bestritten werden kann, erkennen sie Chirac als Chef der neuen Opposition an. Als Giscard von diesem neuen »Verrat« erfährt, greift er sich eine wertvolle Sèvres-Vase und schmettert sie – wie »Ohrenzeugen« berichten – voller Wut zu Boden. Es ist seine zweite schwere Niederlage innerhalb von wenigen Tagen.

Die eigentliche Amtsübergabe wird schließlich auf den 21. Mai festgelegt. Drei Tage vorher zelebriert Giscard den letzten seiner vielen offiziellen Fernsehauftritte. Er hat ihn persönlich inszeniert, um den Zuschauern eindringlich vor Augen zu führen, welch ein Verlust sein Abgang bedeutet. Noch einmal flattert auf dem Bildschirm die Trikolore mit seinem persönlichen Signum, untermalt von Fanfarenklängen. Dann spricht Giscard etwa sieben Minuten lang – allerdings stockend, mit brüchiger Stimme und einem feuchten Glanz in den Augenwinkeln. Er zählt die Erfolge seiner Amtszeit auf, zu denen er die Energiepolitik, seine Interventionen in Afrika sowie die deutsch-französische Freundschaft rechnet, und kündigt an, daß er sich »seinem Land zur Verfügung hält«. Zum Schluß macht er eine sieben Sekunden lange Pause, bevor er sich mit »Au revoir«, auf Wiedersehen, verabschiedet. Danach verschwindet Giscard mit schleppenden Schritten im Hintergrund, während die Kamera – zu den Klängen der Marseillaise – eine volle Minute lang auf den leeren Tisch gerichtet bleibt. »Was Giscard sagte und wie er es vorbrachte, war beeindruckend«, stellen am nächsten Morgen die Kommentatoren fest. »In seiner Niederlage wirkte der Staatspräsident zum ersten Mal menschlich«, schreibt eine Zeitung.

Durch seinen melodramatischen Abgang hat er aber alles wieder zunichte gemacht. Der Mitterrand nahestehende »Matin« stellt ironisch die Frage: »Wollte er uns für unsere Schamlosigkeit strafen?« Seine politischen Freunde fühlen sich sogar veralbert. Sie streichen den Namen Giscard d'Estaing aus ihrem politischen Wortschatz und beschließen, ihn zu vergessen. Verdammt von den einen, gemieden von den anderen verschwindet der Mann, der sieben Jahre lang täglich das öffentliche Leben der französischen Nation bestimmte, von einem Tag auf den anderen von der Bildfläche – ein »Reinigungsprozeß«, wie er sonst nur in totalitären oder kommunistischen Staaten vorkommt. Ein politisches Comeback scheint nach diesem tiefen Sturz nicht einmal dann denkbar, wenn Frankreich unter Mitterrands Präsidentschaft in das von Giscard vorausgesagte Chaos steuern sollte.

Mitterrand wird Herr über die Atomstreitmacht

Bevor Giscard sich ganz zurückzieht, muß er seinem Nachfolger das wichtigste Instrument der Staatsmacht übergeben – den Geheimcode für die Force de Frappe, für die französische Atomstreitmacht. Dieser Akt findet am 21. Mai kurz vor der offiziellen Amtseinführung statt. Um 9.30 Uhr trifft Mitterrand, der zum ersten Mal von der einem Staatspräsidenten zustehenden Motorradeskorte begleitet wird, am Elysée-Palast ein. Giscard d'Estaing empfängt ihn auf dem Perron und geleitet ihn in sein Amtszimmer. Das Gespräch unter vier Augen dauert genau 47 Minuten. Mitterrand erfährt, mit welchen elektronischen Code-Ziffern er den atomaren Gegenschlag auslösen kann, den Frankreich sich entsprechend seiner unter de Gaulle entwickelten »Strategie der Abschreckung« für den Fall vorbehält, daß sein »Sanktuarium«, sein nationales Territorium, von feindlichen Truppen bedroht wird. Der sozialistische Präsident, der bis 1977 die Atomstreitmacht noch in Frage stellte, wird damit Herr über achtzehn unter dem südfranzösischen Plateau d'Albion verborgenen Langstreckenraketen mit atomaren Sprengköpfen, weiteren 42 Atombombern vom Typ Mirage IV sowie dem Herzstück der Force de Frappe, den sechs strategischen Atom-U-Booten, von denen jeweils zwei in den Tiefen der Weltmeere zum Abschuß bereitliegen – insgesamt eine Feuerkraft von 77 Megatonnen, was der viertausendfachen Sprengkraft der Bombe von Hiroshima entspricht.

Im Wahlkampf war Mitterrand oft gefragt worden, ob er die Atombombe auslösen wird. Seine Antwort hatte stets gelautet: Ich werde zu verhindern suchen, daß der Ernstfall überhaupt eintritt! Das unter den alten Mauern des Elysée-Palastes verborgene bombensichere Befehlszentrum der Atomstreitmacht, das 1978 fertiggestellt worden ist, besucht Mitterrand erst zwei Tage später. Der Kommandobunker, der »Jupiter« genannt wird, besteht aus einem kleinen, mit Weltkarten, Telefonen, Mikrofonen und Kameras ausgestatteten Raum, der einen ständigen Sprech- und Sichtkontakt zwischen dem Staatspräsidenten und dem ebenfalls unterirdischen militärischen Befehlszentrum in Taverny bei Paris ermöglicht. Ein weiteres Geheimnis, in das Giscard seinen Nachfolger einweiht, sind die sogenannten »roten« Telefone, bei denen es sich in Wirklichkeit um graue Fernschreibapparate handelt. Der eine Fernschreiber, der im Elysée als der Grüne bezeichnet wird, verbindet Paris mit dem Kreml in Moskau, der andere, genannt der Blaue, stellt Tag und Nacht eine Verbindung mit Washington her.

Um 10.17 Uhr tauchen der alte und der neue Staatspräsident wieder auf. Mitterrand hat bereits die Rolle des Hausherrn übernommen. Er begleitet Giscard bis an den

Fuß der Treppe und verabschiedet ihn mit einem kurzen Händedruck. Während Giscard sichtlich bewegt den Hof des Elysée-Palastes durchquert, um zu Fuß sein in einer Nebenstraße bereitstehendes Auto zu erreichen, blickt Mitterrand ihm einige Sekunden lang gedankenverloren nach. Er hört noch, wie Giscard auf der Rue du Faubourg Saint-Honoré von den dort dicht gedrängt wartenden jungen Leuten beschimpft und verhöhnt wird, dann kehrt er in den Elysée-Palast zurück, wo wenige Minuten später die offizielle Amtseinführung beginnt.

Amtseinführung und Gedenkfeier

Die Zeremonie, die in der nächsten Stunde abrollt, ist weniger förmlich und steif als bei den Amtseinführungen von Giscard d'Estaing, Pompidou und de Gaulle. Da der Großkanzler der Ehrenlegion, de Boissieu, wie angekündigt zurücktrat, erhält er die Insignien eines Großmeisters der Ehrenlegion durch General Biard, einem führenden Mitglied der Legion, überreicht, legt sie aber nicht um, weil er keinen Frack trägt. Nachdem Verfassungsratspräsident Frey (jener Altgaullist, mit dem er sich schon 1963 in der Nationalversammlung Rededuelle lieferte) noch einmal das offizielle Wahlergebnis proklamiert hat, hält Mitterrand – begleitet von 21 Kanonenschüssen – seine erste Ansprache als Staatspräsident. Sie ist nur kurz, setzt aber schon deutliche Akzente. »Gibt es ein größeres Bedürfnis für unser Land in der heutigen Welt, als das neue Bündnis von Sozialismus und Freiheit zu verwirklichen?« fragt Mitterrand, und er versichert, daß »Ordnung und Sicherheit dort nicht walten können, wo Ungerechtigkeit herrscht und wo Unduldsamkeit regiert«. Nach der kurzen Rede begrüßt Mitterrand die etwa 200 Gäste, die sich in einem lockeren Halbrund aufgestellt haben: Vertreter der verfassunggebenden Organe, der Parteien, der Armee, der Kirchen, der Stadt Paris, dazu seine Familie und seine Freunde, angeführt von Danielle mit ihren beiden Söhnen Jean-Christophe und Gilbert. Einen einzigen Gast begrüßt Mitterrand mit Umarmung und Bruderküssen auf beide Wangen: seinen alten politischen Freund und Mentor Pierre Mendès France, dem er trotz gelegentlicher Querelen und trotz zeitweiser Konkurrenz tief verbunden geblieben ist. »Ihnen ist es zu verdanken, daß all dieses möglich wurde«, sagt er zu dem Weggefährten aus den frühen Jahren der sozialistischen Bewegung. Ein anderer Partner Mitterrands, mit dem er einen Teil seines politischen Weges zurücklegte, fehlt dagegen – der kommunistische Parteichef Marchais ist nicht eingeladen worden.

Noch bevor Mitterrand die traditionelle Fahrt zum Grabmal des Unbekannten Soldaten unter dem Triumphbogen antritt, trifft er zwei wichtige politische Entscheidungen. Er ernennt Pierre Mauroy zum Premierminister und ordnet die Auflösung der Nationalversammlung an, womit der Weg für Neuwahlen frei wird. Diese Eile hält Mitterrand aus zwei Gründen für geboten. Je schneller die Parlamentswahlen nachfolgen, desto größer ist die Chance, daß die Sozialistische Partei von der Welle der Begeisterung profitiert, die sein Wahlsieg in Frankreich ausgelöst hat. Außerdem müssen die Parlamentswahlen, die frühestens 20 Tage nach Auflösung der Nationalversammlung stattfinden können, unbedingt vor Ferienbeginn, das heißt also vor Ende Juni, abgeschlossen sein. Wegen des neuen, bevorstehenden Wahlkampfes läßt Mitterrand sich auf seiner Fahrt über die Champs Elysées zum Triumphbogen von Mauroy begleiten – damit die Franzosen sehen, daß sie nicht nur einen neuen Staatspräsidenten, sondern auch schon einen neuen Regierungschef bekommen haben. Als der offene Wagen mit dem stehenden Mitterrand und dem neben ihm sitzenden Mauroy auf dem Etoile eintrifft, jenem Platz, der seit einigen Jahren »Place Charles de Gaulle« heißt, scheint ein grandios inszenierter Spielfilm abzulaufen, in dem Mitterrand und Mauroy die Hauptrollen spielen – so fremd, so ungewöhnlich, so unwirklich wirkt diese Szene, die ich schon so oft mit Giscard und auch Pompidou erlebt habe. Erst in diesem Augenblick wird mir richtig klar, daß Frankreich sich verändert hat – vielen Franzosen ergeht es in diesem Augenblick ähnlich.

Bevor Mitterrand einen großen Kranz mit roten Rosen niederlegt, erklingt die Marseillaise zum ersten Mal wieder in ihrem schnellen, aggressiveren Rhythmus, so wie sie vor zweihundert Jahren als Kriegslied für die damalige Rheinarmee entstand und wie sie schon Goethe beeindruckte, der sie als ein »revolutionäres Te Deum, das ergreifend und schrecklich ist«, bezeichnete. An der Gedenkfeier unter dem Arc de Triomphe nehmen außer den üblichen Abordnungen der Veteranen- und Kriegsopferverbände fast alle wichtigen Vertreter der Sozialistischen Internationalen teil – Mitterrands weltweite politische Freunde. Als ersten begrüßt er den Vorsitzenden der Sozialistischen Internationalen und SPD-Chef, Willy Brandt, mit dem ihn seit einigen Jahren eine persönliche Freundschaft verbindet. Unter den vielen anderen, die Mitterrand die Hand entgegenstrecken, sieht man den

Griechen Andreas Papandreou, den Senegalesen Leopold Senghor, den Schweden Olof Palme, den Portugiesen Mario Soarez, den Spanier Felipe Gonzalez, den Dänen Anker Jørgensen, den Italiener Bettino Craxi, außerdem viele Nobelpreisträger, Künstler und Schriftsteller, wie Alfred Kastler, Melina Mercouri, Mikis Theodorakis und Carlos Fuentes.

Mitterrands Wahlsieg bedeutet für die Sozialistische Internationale, deren Mitglieder in mehreren Ländern die Regierungsmacht verloren haben, ein bedeutender Prestigegewinn. Er könnte innerhalb der Internationalen, die bisher – was die wichtige Frage der Sicherheit angeht – eher von neutralistischen oder auch pazifistischen Tendenzen beherrscht wird, allerdings auch eine Akzentverschiebung auslösen. Obwohl Mitterrand einer der wenigen Sozialisten ist, der mit den Kommunisten zusammenarbeitet und der darum eher zu ihrem linken Flügel zählt, nimmt er hinsichtlich der Mittelstreckenraketen eine Position ein, die ihn innerhalb der Internationalen zum Rechten abstempelt. Doch diese Divergenzen spielen am 21. Mai 1981 noch keine Rolle.

»Willy, Olof, Leopold, Mario und die anderen Kameraden« nehmen als Ehrengäste an einem festlichen Mittagessen im Elysée-Palast teil, zu dem Mitterrand seinen ganzen großen Clan geladen hat: Familie, Freunde, Berater, die Gemeinderäte von Château-Chinon (wo er bis zur Präsidentschaftswahl Bürgermeister war), Jarnac (seinem Geburtsort) und Latché (seinem Ferienwohnsitz) sowie den Patron und den Oberkellner der Brasserie Lipp, seinem Stammlokal. Ein festes Protokoll gibt es für dieses erste offizielle Essen des Staatspräsidenten nicht. Mitterrand wird auf der rechten Seite von der Witwe des ermordeten chilenischen Staatspräsidenten Salvador Allende und auf der linken Seite von der Frau des ehemaligen senegalesischen Präsidenten Senghor flankiert, an einem anderen Tisch präsidieren Danielle Mitterrand und Premierminister Mauroy. Für die übrigen etwa zweihundert Gäste besteht keine Tischordnung – was es im Elysée-Palast noch nie gegeben hat. »Es war ein Essen unter Leuten, die sich kennen«, bemerkt UNESCO-Generaldirektor M'Bow beim Verlassen des Elysée-Palastes und fügt hinzu: »Ein Essen unter Humanisten!«

Besuch des Pantheons

Auch am frühen Abend sind die Freunde wieder dabei, als Mitterrand sich ins Quartier Latin begibt, um in dem Viertel von Paris, in dem er seine Studienzeit verbracht hat und das auch heute noch den geistigen Mittelpunkt Frankreichs bildet, die Feierlichkeiten zur Amtsübernahme zu beschließen. Sein erster Weg führt ihn ins Pantheon, dem weltlichen Ruhmestempel der französischen Nation. Gefolgt von mindestens 20000 Menschen, die die ganze Breite der Rue Soufflot einnehmen, geht Mitterrand die letzten hundert Meter zu Fuß. In der Hand trägt er eine rote Rose, die er wie ein Siegessymbol immer wieder der entfesselten Menge entgegenstreckt. Zu den Klängen von Beethovens »Lied an die Freude« (gespielt vom Pariser Symphonieorchester unter dem Dirigenten Daniel Barenboim) betritt er schließlich ganz allein den im griechischen Stil erbauten Tempel, um sich vor drei Symbolfiguren der französischen Geschichte zu verneigen und um an ihren Sarkophagen eine rote Rose niederzulegen. Es sind: Jean Jaurès, der Gründer der Sozialistischen Partei, der sich in den ersten Jahren dieses Jahrhunderts der Militarisierung und dem Aufbau der französischen Armee widersetzte, weil er befürchtete, daraus könne ein Krieg mit den Deutschen entstehen. Er wurde am Vorabend des Ersten Weltkriegs ermordet. Dann Jean Moulin, der im Zweiten Weltkrieg den französischen Widerstand gegen die deutsche Besatzungsmacht organisierte und der nach der Gefangennahme sowie schweren Folterungen in einem Eisenbahnwaggon starb, der ihn ins Konzentrationslager bringen sollte. Schließlich Victor Schoelcher, der 1848 durchsetzte, daß die Sklaverei auf den Antilleninseln abgeschafft wurde.

Mitterrands einsamen Gang durch die Marmorgrüfte des Pantheons verfolgen Millionen Fernsehzuschauer auf ihren Bildschirmen. Es ist eine perfekte Inszenierung, die Mitterrands Schwager Hanin sich ausgedacht hat und die von Serge Maoti ins Bild gesetzt wird, der auch schon bei dem Fernsehduell zwischen den beiden Präsidentschaftskandidaten (auf den Wunsch Mitterrands) Regie führte. Die Lichteffekte und die Schattenspiele erinnern an Filme des sowjetischen Regisseurs Eisenstein, wie z. B. an »Ivan den Schrecklichen«, sie haben aber auch einen Anflug von Kitsch. Doch Mitterrand hat dieses Schauspiel gewollt – sein Besuch im Pantheon soll die republikanischen Ideale hervorheben, die von Jaurès, Moulin und Schoelcher verkörpert werden: den Kampf für die Freiheit, die Gerechtigkeit und den Frieden, die Tapferkeit und den Patriotismus. Als Mitterrand Minuten später wieder aus dem Pantheon heraustritt, erklingt die Marseillaise in einer Vertonung von Hector Berlioz. Die Nationalhymne bildet den Auftakt für einen wahren

Beifallssturm und für ein Volksfest, das bis in die späte Nacht dauert. Der neue Staatspräsident braucht über eine halbe Stunde, um seinen Wagen zu erreichen und um in den Elysée-Palast zurückkehren zu können.

Der neue Stil der Information

Die ersten Verlautbarungen, die noch am gleichen Abend im Präsidialbüro vorbereitet werden, lassen bereits den neuen Stil erkennen, der in das Zentrum der französischen Staatsmacht eingezogen ist. Die Franzosen erfahren klipp und klar, wie es um die Gesundheit und um die Vermögensverhältnisse Mitterrands bestellt ist. In dem medizinischen Bulletin, das ein Vertrauensarzt unterzeichnet hat, wird nichts verschwiegen: Größe 1,72 Meter, Gewicht 80 Kilogramm, Blutdruck 13,5 zu 8, Puls regelmäßig und symmetrisch. Die Überprüfung der Herztätigkeit, der Lunge, der äußeren und der inneren Organe ergeben normale Werte, so daß die Schlußbeurteilung lautet: »Der allgemeine Gesundheitszustand von Mitterrand ist ganz und gar zufriedenstellend und weist keinerlei Anomalien auf.« Die Vermögensverhältnisse, die der neue Staatspräsident vor der Nation ausbreitet (sicherlich auch, weil Giscards Einkünfte aus den Börsenspekulationen seiner Frau Kritik ausgelöst hatten), sind eher bescheiden. Ihnen gehört eine Hälfte (166 Quadratmeter) des alten Hauses in der Rue de Bièvre, ein Ferienhaus in Latché, umgeben von 10 Hektar Land, von denen 7 Hektar mit Fichten bewachsen sind, sowie ein 1,03 Hektar großer Teich in der Nähe von Château-Chinon. Außer ihrem Bankkonto für laufende Ausgaben besitzen sie ein Sparkassenbuch sowie 75 Aktien, die einen Gesamtwert von 9000 Francs (umgerechnet 3700 DM) darstellen. Ein Kredit für ihr Haus ist noch abzuzahlen, die Einkünfte entstammen sowohl Mitterrands Diäten als Abgeordneter wie den Tantiemen für seine Bücher.

Große Besitztümer und großen Reichtum, so bekennt Mitterrand einmal in einem Fernsehinterview, habe er nie angestrebt. Er findet, daß Geld korrumpiert und daß die Anhäufung von großen Werten abzulehnen ist. »Ein Zeitalter, in dem das Geld zum Götzen erhoben wird, schafft eine ›verlorene Gesellschaft‹«, sagt er wörtlich, und weiter: »Die Gier nach Geld und nach einer Vermehrung des Vermögens ist mit ein Grund für die Zerstörung aller tieferen menschlichen Werte.«

Trotz der großen Verantwortung und trotz der vielen Zwänge, die ihn von nun an einengen, möchte Mitterrand weiterhin ein möglichst normales Leben führen. Er benutzt den Elysée-Palast darum nur für die Arbeit und für offizielle Verpflichtungen. Abends kehrt er in die Rue de Bièvre zurück. Auch Danielle Mitterrand, die laut Auskunft ihres Mannes »weder Hofdame noch Hausmütterchen« ist, will weiter ihren persönlichen und politischen Interessen nachgehen, zu denen die von der Sozialistischen Partei ins Leben gerufene Bewegung »Solidarität mit El Salvador und Lateinamerika« gehört – eine Hilfsorganisation für politische Gefangene und Terroropfer. Andererseits macht Mitterrand gleich zu Beginn seiner Amtszeit deutlich, daß er seine Rolle als Staatspräsident uneingeschränkt ausfüllen wird. Er bezieht – was weder Giscard noch Pompidou wagten – demonstrativ das Büro im Elysée-Palast, das Staatspräsident de Gaulle während seiner Amtszeit benutzte.

XIII

Mitterrand und die Deutschen

Das Verhältnis zu Willy Brandt und zur SPD

Als Willy Brandt in Paris gefragt wird, was der Machtwechsel für die deutsch-französische Freundschaft bedeutet, antwortet er: »Die Beziehungen, deren Grundlagen Anfang der sechziger Jahre gelegt wurden, sind so eng, daß sie durch Veränderungen in dem einen oder dem anderen Land nicht beeinträchtigt werden können.« Gleichzeitig deutet er an, daß sich Bundeskanzler Schmidt und Staatspräsident Mitterrand schon in allernächster Zeit treffen könnten. Er verschweigt allerdings – was in diesem Augenblick politisch äußerst klug ist –, daß er sich selber für das Zustandekommen dieser Begegnung einsetzen will. Die Hindernisse, die dabei überwunden werden müssen, sind vor allem psychologischer Art.

Die französischen Sozialisten verübeln dem deutschen Bundeskanzler, daß er so gut wie nie den Kontakt zu Mitterrand suchte und daß es für ihn in Frankreich nur einen Partner gab – ihren Gegner Giscard d'Estaing. Auch hat es in den vergangenen Jahren verschiedene Vorfälle gegeben, die das Verhältnis zwischen Schmidt und Mitterrand ebenso wie die Beziehungen zwischen den Sozialisten und den Sozialdemokraten belasteten. So pflegten die Sozialisten die bundesdeutsche Sozialdemokratie argwöhnisch als »Verrat am Sozialismus« zu betrachten und warfen der SPD-Regierung vor, sie betreibe »Kollaboration mit dem Kapitalismus«. Umgekehrt ließ es sich Bundeskanzler Schmidt nicht nehmen, Mitterrands Zusammenarbeit mit den Kommunisten eine Gefahr für Europa zu nennen.

Als in der Bundesrepublik schließlich die Diskussion um den Radikalenerlaß aufkommt, gründen die französischen Sozialisten mit Billigung von Mitterrand ein »Komitee zur Verteidigung der Bürger- und Berufsrechte in der Bundesrepublik« – was die Deutschen wiederum (einschließlich der Sozialdemokraten) als ungehörig empfinden. Am 28. Juni 1976 begründet Mitterrand seine Initiative mit dem Hinweis, die jüngere Geschichte habe der Sozialistischen Partei leider viele Anlässe gegeben, gegen die Verletzung der Menschenrechte zu protestieren – was sie als ihr Recht und als ihre Pflicht empfinde. »Sollen wir darum schweigen, wenn wir meinen, daß sich hinsichtlich des Zugangs zum öffentlichen Dienst eine betrübliche Regelung einschleicht, die gegen die Menschenrechte verstößt?« verteidigt Mitterrand seine Partei, gibt dann aber auch zu, daß die sozialistische Gründung zu »institutionell« ausgefallen sei, was nicht der ursprünglich geplanten Zielsetzung entspräche.

Wegen der Auseinandersetzungen um den Radikalenerlaß trifft der SPD-Vorsitzende Brandt in Paris mit Mitterrand zusammen, um die auf beiden Seiten entstandenen Mißverständnisse auszubügeln und um eine Delegation französischer Sozialisten nach Bonn einzuladen, damit sie sich persönlich über die deutsche Rechtslage informieren kann. Sie kennen sich seit Brandts Amtszeit als Bundeskanzler und seitdem Mitterrand den Vorsitz der Sozialistischen Partei übernahm. Ihre erste längere Begegnung fand während einer Eisenbahnfahrt statt, auf der Mitterrand Willy Brandt zwischen Stuttgart und Mainz begleitete.

Die Beziehungen zwischen den Sozialisten und den Sozialdemokraten hatten einen Tiefpunkt erreicht, nachdem Mitterrand das gemeinsame Regierungsprogramm mit den Kommunisten unterzeichnet hatte und die Parlamentswahlen zu gewinnen hoffte. Nach dem Abendessen im Sonderwagen des Bundeskanzlers – so erinnert sich Mitterrand in seinem Buch »L'abeille et l'architecte« – stand er lange am Fenster und beobachtete die nächtliche deutsche Landschaft, die ihm mit ihren vielen von Fabriken und Städten hervorgerufenen Lichtern wie ein umgekehrter Sternenhimmel erschien. Dann habe sich Brandt zu ihm gesellt, doch ihr Gespräch sei nicht über einige wenige Bemerkungen hinausgegangen. Diese Stunde am Eisenbahnfenster sei ihm jedoch aus irgendeinem Grunde tiefer haften geblieben als andere, wichtigere Zusammentreffen mit Reden und Tagesordnung. »Ich glaube, wir haben zusammen geträumt«, schreibt er in seiner Chronik, in der er an anderer Stelle über Brandt notiert: »Willy Brandt hat mit Pierre Mendès France eine Tugend gemeinsam: sein erster Schritt ist immer der richtige.« Und er fügt am 16. Februar 1976 hinzu: »Zwischen uns besteht eine Sprache, eine gewisse Dichte des Austausches, die ich als den Beginn einer Freundschaft bezeichnen würde.« Er räumt allerdings auch ein, daß der Umgang mit Brandt nicht immer einfach ist, daß »einem dabei nichts geschenkt wird«. Brandt seinerseits bezeichnet Mitterrand etwa zur gleichen Zeit als einen »vielseitig begabten, ambitiösen und zugleich empfindsamen Menschen«.

Engere freundschaftliche Beziehungen entstehen zwischen den beiden Politikern erst 1979, als sie im Rahmen des Europa-Wahlkampfes häufiger zusammenarbeiten. Brandt besucht Mitterrand während der Ferien in Latché und verabredet mit ihm eine Art Pilgerreise durch die DDR und die Bundesrepublik – entlang der 600 Kilometer langen Strecke, die Mitterrand 1941 auf der Flucht aus der deutschen Gefangenschaft zurücklegte. Auf dieser Reise wird erneut deutlich (wie schon in seinen Büchern), daß der Franzose keinerlei Ressentiments gegenüber den Deutschen hegt – nicht einmal gegenüber denen, die ihn vor vierzig Jahren in der Gemeinde Egesheim am Westrand der Schwäbischen Alb festnahmen, als er dort zerlumpt, ausgehungert und übermüdet auftauchte. Er erinnert sich daran, daß er im Rathaus von Egesheim eine warme Suppe bekam und daß ihm auf dem Weg ins Gefängnis von Spaichingen eine Frau ein Stück Brot zusteckte. Als er mit Brandt die einstigen Gefängnisräume besucht, in denen er damals drei Tage eingesperrt war, erkennt er jedes Detail wieder und weiß sogar noch, daß ihn die Familie des Gefängniswärters am 15. April 1941, einem Pfingstsonntag, zu einem Festessen einlud, nachdem der Rundfunk in einer Sondermeldung die Einnahme von Belgrad gemeldet hatte.

Die gemeinsame Pilgerfahrt auf den Spuren von Mitterrands Kriegserinnerung bedeutet ohne Zweifel auch eine Wahlhilfe für den sozialistischen Präsidentschaftskandidaten. Sie bildet einen bescheidenen Ausgleich für die kleinen und großen Gefallen, die Bundeskanzler Schmidt für Giscard d'Estaing tut. Anfangs ist Schmidt wenig erfreut, daß Brandt an den deutsch-französischen Beziehungen mitwirkt, zumal das Kanzleramt bis kurz vor den Wahlen keinen Grund sieht, an Giscards Wiederwahl zu zweifeln. Nachdem Mitterrand dann doch gewinnt, ist man in Bonn um so glücklicher, daß Brandt seit langem freundschaftliche Beziehungen zum neuen Staatspräsidenten pflegt und bereit ist, zwischen Schmidt und Mitterrand zu vermitteln. Bereits eine Woche nach Mitterrands Wahlsieg reist der stellvertretende SPD-Vorsitzende Hans-Jürgen Wischnewski nach Paris, um mit Mitterrands Nachfolger als Erstem Sekretär der Sozialistischen Partei, Lionel Jospin, Kontakt aufzunehmen. Inoffiziell hat er den Auftrag, ein Treffen zwischen Schmidt und Mitterrand vorzubereiten, der zwei Tage später zu einem Antrittsbesuch bei Präsident Reagan nach Washington fliegt und der auf dem Rückweg eine kurze Reiseunterbrechung in Paris einlegen könnte.

François Mitterrand und Helmut Schmidt

Der Wunsch, sich so bald wie möglich zu treffen, geht von beiden Seiten aus. Mitterrand ist sich darüber klar, daß die Bundesrepublik auch weiterhin Frankreichs wichtigster und engster Partner bleiben muß, außerdem erhofft er sich von dem Besuch des Bundeskanzlers ein günstiges Echo in den USA und Großbritannien, wo seine Wahl zum Staatspräsidenten mit einiger Zurückhaltung aufgenommen worden ist. Schmidt möchte seinerseits gar nicht erst den Eindruck aufkommen lassen, daß die Niederlage seines Freundes Giscard die deutsch-französischen Beziehungen beeinträchtigt. Je eher er den Beweis antritt, daß zwischen Bonn und Paris alles beim alten bleibt, desto schneller kann er vergessen machen, daß die Beziehungen zwischen ihm und Mitterrand bisher nicht gerade herzlich waren.

Sie trafen sich gelegentlich auf internationalen Veranstaltungen, sprachen 1977 im Bundeskanzleramt auch sogar schon einmal unter vier Augen (hauptsächlich über den internationalen Terrorismus), doch nie suchte der eine die Nähe des anderen. Wischnewski hat darum keine allzu große Mühe, den Besuchstermin »festzuklopfen«. Der Zwischenstopp Schmidts in Paris, so formulieren es später die Diplomaten, werde sowohl vom Staatspräsidenten wie auch vom Bundeskanzler für nützlich gehalten.

Schmidt trifft Samstag abend kurz vor Mitternacht in Paris ein – drei Tage, nachdem Mitterrand sein Amt angetreten hat. Die Reise und die anstrengenden Tage in Washington haben ihn ziemlich erschöpft, doch er setzt sich noch zwei Stunden lang mit dem deutschen Botschafter Axel Herbst und mit Staatssekretär van Well zusammen, um »Schularbeiten« zu machen, das heißt, um sich mit der erst am Vortag ernannten französischen Regierung sowie mit der neuen politischen Lage in Frankreich vertraut zu machen. Vor lauter Bemühen, bei seinem »Gang nach Canossa« (wie französische Zeitungen Schmidts Antrittsbesuch charakterisieren) einen guten Eindruck zu machen, fährt er Sonntag morgen sogar zwei Minuten zu früh am Elysée-Palast vor, weswegen Mitterrand ihn nicht foto- und fernsehgerecht auf den Stufen des Elysée-Palastes begrüßen kann. Doch der Staatspräsident, der an diesem Bild großes Interesse hat, holt das in aller Ruhe nach, indem er Schmidt noch einmal nach draußen bittet.

Die ersten Minuten des Tête-à-tête sind für beide Politiker dann offensichtlich die schwierigsten. Es stellt sich nämlich schnell heraus, daß sie einen Dolmetscher brauchen und nicht – wie Schmidt und Giscard – direkt miteinander sprechen können. Schmidt kann kein Französisch und Mitterrand kein Deutsch. Sein Englisch ist andererseits so schlecht, daß es für eine Konversation nicht ausreicht. Außerdem möchte er nicht ausgerechnet Giscard nachäffen, dessen englische Konversationen mit Schmidt bei den regelmäßigen deutsch-französischen Gipfeltreffen schon Pompidou störten und zu der Bemerkung herausforderten: »Das ist der Untergang Europas.« Doch die Gewißheit, daß sie nie so persönlich und so ausführlich miteinander sprechen oder telefonieren können, wie Schmidt es mit Giscard zu tun pflegte, stört ihre Kommunikation nicht. Dreieinhalb Stunden erörtern sie alle wichtigen Weltprobleme und stellen mit gewisser Genugtuung fest, daß sie sich in zwei Bereichen gegenseitig Hilfestellung leisten können: Mitterrand versichert dem deutschen Bundeskanzler, daß er den Doppelbeschluß der NATO für richtig hält und daß er wie Schmidt davon überzeugt ist, daß das militärische Gleichgewicht gewahrt werden oder – dort, wo es gestört ist – wiederhergestellt werden muß. Er gewährt Schmidt damit einen unerwarteten, aber willkommenen Flankenschutz für die innenpolitische Debatte um dieses Thema. Umgekehrt unterstützt Schmidt den neuen französischen Staatspräsidenten bei der Verteidigung des Franc-Kurses, indem er dessen Währungspolitik demonstrativ gutheißt und aus seiner Umgebung verbreiten läßt, »die verrückten Spekulanten werden es bald bedauern, daß sie ihr Kapital aus Frankreich abgezogen haben«. Mitterrand benötigt solche Schützenhilfe, denn seit der Wahl vermag sich der Franc nur mit Mühe innerhalb der im europäischen Währungssystem geltenden Bandbreiten zu halten, andererseits möchte er aus politischen Gründen eine Franc-Abwertung (die wegen der unterschiedlichen Inflationsraten in Frankreich und in der Bundesrepublik schon zu Giscards Zeiten fällig gewesen wäre) so lange wie möglich vermeiden. Die Zusagen des Bundeskanzlers, die Bundesbank werde weiterhin den Franc stützen, kommt ihm darum sehr gelegen.

Fortsetzung der deutsch-französischen Partnerschaft

Schon bei diesem ersten Treffen zwischen Mitterrand und Schmidt wird deutlich, daß beide Politiker die enge deutsch-französische Partnerschaft fortsetzen wollen und daß in ihren Staatsgeschäften irgendwelche Sentimentalitäten keinen Platz haben. Andererseits zeichnen sich aber auch Nuancen ab. Mitterrand will die Partnerschaft nicht so weit treiben, daß eine »Achse Bonn–Paris« entsteht, die die kleineren und weniger gewichtigen europäischen Länder bevormundet – wie es unter Schmidt und Giscard gelegentlich der Fall war.

Dieser Eindruck verstärkt sich noch, als Mitterrand am 12. und 13. Juli 1981 zu seinem ersten deutsch-französischen Gipfeltreffen nach Bonn kommt. In einem Fernsehinterview, das im Hallsteinraum des Palais Schaumburg stattfindet, frage ich ihn: »Während der letzten Amtszeit waren die Beziehungen zwischen Frankreich und Deutschland sehr eng und freundschaftlich, manchmal war sogar von einer Achse Bonn–Paris die Rede. Beabsichtigen Sie, diese enge Zusammenarbeit fortzusetzen, die ja manchmal von den anderen Europäern weniger positiv aufgenommen wird?« In seiner Antwort wendet sich Mitterrand direkt an die Deutschen: »Lassen Sie mich erst sagen, wie sehr ich mich freue, von den Verantwortlichen der Bundesrepublik empfangen zu werden, auf deutschem Boden und beim deutschen Volk zu sein, das ich grüße. Ich möchte ihm mein Gefühl der Freundschaft und der Kooperation zum Ausdruck bringen. Ich kenne seine Qualitäten und seine Fähigkeiten, und ich lege Wert darauf, daß die Deutschen dies wissen. Daraus zu folgern, es gäbe eine Achse Bonn–Paris, ist wohl etwas übertrieben. Es würde den Eindruck erwecken, daß zwei Länder eine Art Regierung für das Europa der Zehn bilden, was von den anderen mit Recht schlecht aufgenommen würde. Andererseits kann man aber weder die Geschichte noch die Geographie ignorieren. Man muß einräumen, daß Frankreich und Deutschland dieses Europa tiefgreifend geprägt haben, und zwar nicht nur durch ihre Konflikte, sondern auch durch Einvernehmen und Zusammenarbeit, durch ihre Kultur, ihr Produktionspotential, ihre herausragenden kreativen Persönlichkeiten. Sie sind damit zwei Länder, denen besonderes Gewicht zukommt. Wenn sie sich nicht verstehen, geht es Europa schlecht. Verstehen sie sich gut, entwickelt sich Europa weiter, was ich befürworte. Ich kämpfte als Soldat im letzten Krieg, weiß also, was Krieg bedeutet. Und über den Kampf hinaus hatte ich auch Gelegenheit, das deutsche Volk kennen und schätzen zu lernen. Hiervon wird mein ganzes Verhalten bestimmt sein. Ich wünsche mir eine Stärkung der Bande zwischen unseren beiden Ländern und somit die Wahrung dessen, was ich als privilegierte Freundschaft bezeichnet habe, die aber keine beherrschende Achse darstellt.« In diesen spontanen Sätzen, die wir mitten in der Hektik des Gipfeltreffens aufnehmen, offenbart sich den Deutschen ein anderer, den meisten bis dahin unbekannter Mitterrand. Die Wirkung, die von dem Interview ausgeht, ist beträchtlich. Viele, die Mitterrand bisher mit Mißtrauen oder auch Ablehnung entgegentraten, sehen ihn in einem anderen Licht und beginnen ihn zu akzeptieren.

XIV

Der sozialistische Erdrutsch

Auflösung des Parlaments

Mit dem eindeutigen Wahlsieg hat Mitterrand sein wichtigstes politisches Ziel erreicht. Doch solange das Parlament noch von einer Mehrheit aus Gaullisten und Giscardisten beherrscht wird, hat er auch als Staatspräsident nur begrenzte Möglichkeiten, die geplanten Reformen und Veränderungen durchzusetzen. Er braucht – wenn er wirklich Erfolg haben will – eine linke Parlamentsmehrheit. Mitterrand löst darum – wie er es im Wahlkampf schon angekündigt hat – die Nationalversammlung auf und läßt die Neuwahlen auf den frühestmöglichen Termin, den 14. und 21. Juni, festlegen. Einige seiner Berater befürchten, daß er damit ein Risiko eingeht (so etwa Rocard), doch davon läßt Mitterrand sich nicht beirren. Er ist überzeugt, daß die Linke nun auch im Parlament triumphieren wird. Die bisherige Regierungsmehrheit und jetzige Opposition hat sich zum Beispiel noch nicht von der Niederlage Giscard d'Estaings erholt. Sie versucht den Wählern zwar einzuhämmern, daß die Parlamentswahlen eine allerletzte Gelegenheit bieten, der »roten Gefahr« Einhalt zu gebieten, doch der Wahlpakt, den Gaullisten und Giscardisten in aller Hast geschlossen haben, wirkt äußerst unglaubwürdig.

Auf der anderen Seite werden die Sozialisten von der Begeisterungswelle profitieren, die der Wahlsieg des sozialistischen Präsidentschaftskandidaten bei vielen Franzosen ausgelöst hat, sowie von ihrem neuen Rang als »Partei des Präsidenten«. Viele Franzosen wissen außerdem, daß das Zusammenspiel der Institutionen, das heißt des Staatspräsidentenamtes und des Parlaments, nur dann funktioniert, wenn beide vom gleichen politischen Lager beherrscht werden – wie es ja auch während der bisherigen 23 Jahre der Fünften Republik der Fall gewesen ist. Mitterrand kann also davon ausgehen, daß viele sozialistisch wählen werden, nur damit die verfassungsmäßige Ordnung herrscht und damit Frankreich eine Staatskrise erspart bleibt.

Die neuen Männer in der ersten Regierung

In ihrem Wahlkampf, der nur zwei Wochen dauert, verwenden die Sozialisten darum auch nur ein einziges Argument. Sie rufen die Wähler auf, dem Staatspräsidenten die Mehrheit zu verschaffen, »die er braucht«. Im übrigen hoffen sie, daß von der Übergangsregierung, die Mitterrand schon einen Tag nach seiner Amtseinführung bildet, eine beruhigende Wirkung ausgeht. Die Mehrzahl der 42 Minister und Staatssekretäre, die alle sozialistischen Strömungen der letzten zwanzig Jahre repräsentieren, gilt als gemäßigt und steht keinesfalls in dem Ruf, tiefgreifende gesellschaftliche Veränderungen durchsetzen zu wollen. Die Schlüsselpositionen sind sogar mit ausgesprochen »zuverlässigen« Parteifreunden besetzt.

An erster Stelle zählt dazu Premierminister Pierre Mauroy, der 53jährige Bürgermeister von Lille. Er steht dem sozialdemokratischen Flügel der Sozialistischen Partei nahe und gehört zu ihren glühendsten Europäern und Atlantikern. Als handfester und jovialer, mit den Problemen der Basis bestens vertrauter Pragmatiker hat er sich immer dann bewährt, wenn Streitigkeiten zwischen den Parteiflügeln zu schlichten waren und wenn die Einheit der Partei gekittet werden mußte. Im Gegensatz zu den vielen jungen »Enarchen« in der Parteiführung wuchs er in einem militanten sozialistischen Milieu auf. Als Zehnjähriger erlebte der Lehrersohn im industriellen Norden Frankreichs die großen Streiks mit. Als Sechzehnjähriger trat er der sozialistischen Jugendbewegung bei. Seit 1974 leitet er den mitgliedstärksten sozialistischen Regionalverband.

Gaston Defferre, 72 Jahre alt, Minister des Innern und für Dezentralisierung, gehört seit jeher zum sozialdemokratischen Flügel der Sozialistischen Partei. Der Bürgermeister von Marseille war wie Mitterrand schon Minister unter der Vierten Republik, ging nach der Rückkehr de Gaulles und nach Gründung der Fünften Republik in die Opposition, hat im Gegensatz zu Mitterrand aber lange Zeit versucht, die Linke ohne Mithilfe der Kommunisten an die Macht zu bringen. Trotzdem blieb Defferre, der dem zweitgrößten sozialistischen Regionalverband vorsteht, ein loyaler Mitarbeiter und Freund Mitterrands. Er hielt ihm auch dann die Treue, als viele andere Rocards Kandidatur unterstützten und vorübergehend (wie ja auch Mauroy) von dem Parteichef abrückten.

Claude Cheysson, 61 Jahre alt, Außenminister, besuchte mit ENA und Polytechnikum zwei der bekanntesten Eliteschulen. 1949 arbeitete er im Bonner Verbindungsbüro der französischen Regierung, stieß 1952 als Kabinettschef zu Mendès France, der damals Präsident des Ministerrats war. Nach mehreren diplomatischen Auslandsposten wurde er als Vertreter Frankreichs zum Europäischen Kommissar in Brüssel ernannt. Obwohl Cheysson sich offen zur Sozialistischen Partei bekannte, verlängerte Staatspräsident Giscard d'Estaing zweimal – 1976 und 1980 – sein Mandat. Als Experte für die Dritte Welt und als Initiator der Verträge von Lomé war er für die Europäische Gemeinschaft unersetzlich geworden – weswegen sich Bundeskanzler Schmidt bei Giscard für Cheyssons Verbleiben in Brüssel einsetzte.

Jacques Delors, Wirtschafts- und Finanzminister, ging aus der christlichen Gewerkschaftsbewegung hervor. Ohne eine der großen Hochschulen zu besuchen, gelangte er über die Nationalbank und das Planungsministerium auf einen ersten Regierungsposten: Er wurde 1969 Berater des gaullistischen Premierministers Chaban-Delmas, für den er neue Formen für die Beziehungen zwischen den Sozialpartnern entwickelte. Später unterrichtete Delors an der Pariser Universität, übernahm den Vorsitz der Wirtschaftskommission im Europäischen Parlament und beriet Mitterrand als Wirtschaftsexperte. Den Verstaatlichungsplänen der Sozialisten steht Delors eher kritisch gegenüber. »Hüten wir uns, Gesellschaften mit unbegrenzter Verantwortlichkeit zu schaffen«, meinte er einmal zu diesem Thema.

Charles Hernu, 58 Jahre alt, Verteidigungsminister, kam über den Journalismus zur Politik. Als 28jähriger gründete er den »Club der Jakobiner«, einen jener politischen Clubs, die schon 1965 Mitterrands Bemühungen um eine Einigung der Linken unterstützten. Seitdem zählt er zu seinen engsten Freunden. Hernu gilt schon seit vielen Jahren als Wehrexperte der Sozialistischen Partei. Als Verteidigungsminister will er die traditionelle gaullistische Verteidigungspolitik fortsetzen.

Auch die beiden Flügelmänner der Sozialistischen Partei erhalten ein Ministeramt. Chevènement übernimmt das Ministerium für Technologie und Forschung, Rocard das Planungsministerium, womit die Gewichte gut verteilt sind. Das Gesamturteil über die erste Regierung Mitterrands lautet: Sie ist so weit rechts, wie es für eine sozialistische Regierung überhaupt nur möglich ist. Mitterrand macht zudem deutlich, daß nach den Parlamentswahlen alle Schlüsselministerien in der gleichen Hand bleiben werden. Ungeklärt bleibt dagegen die Frage, ob bei einem Wahlsieg der Linken kommunistische Minister in die Regierung aufgenommen werden.

Gaullisten und Giscardisten fordern von den Sozialisten und auch von Mitterrand eine klare Aussage, doch sowohl die Sozialisten als auch Mitterrand selbst hüllen sich in Schweigen oder lenken von diesem heiklen Thema ab. Premierminister Mauroy begründet nur, warum in der Übergangsregierung keine Kommunisten vertreten sind: »Unsere Meinungsgegensätze waren in den letzten ein, zwei Jahren so tiefgreifend, daß man sie nicht von einem auf den anderen Tag vergessen kann.« Damit wird klar, daß die Sozialisten ihre Entscheidung vom Verhalten der Kommunisten abhängig machen wollen. Viele Franzosen gewinnen sogar den Eindruck, daß Mitterrand auf die Kommunisten verzichten würde, falls die

Sozialisten die absolute Mehrheit erzielen und nicht gezwungen sind, eine Koalition zu bilden. Sie stimmen für die Sozialisten, um den Kommunisten den Zugang zur Regierung zu blockieren. Als Mitterrand dann trotz der absoluten sozialistischen Mehrheit kommunistische Minister in die Regierung aufnimmt, fühlen sie sich getäuscht und verprellt – was einen nicht unbeträchtlichen Schatten auf den sozialistischen Wahlsieg wirft.

Der »rosarote Tornado«

Daß ein politischer Erdrutsch bevorsteht, läßt schon der erste Wahlgang erkennen: Sozialisten und Linksradikale erzielen 37,51 % der Stimmen und damit fast genausoviel wie Gaullisten (20,80 %) und Giscardisten (19,20 %) zusammen. Die Kommunisten können Marchais' schlechtes Ergebnis bei den Präsidentschaftswahlen knapp verbessern, erreichen mit 16,17 % aber bei weitem noch nicht ihre früheren Stimmanteile. Ein Drittel der französischen Wähler bleibt an diesem 14. Juni den Wahlurnen fern – aus Wahlmüdigkeit, aber sicherlich auch, weil viele Wähler des rechten Lagers die Hoffnung verloren haben, daß der Siegeszug der Linken noch gestoppt werden kann.

Das Ergebnis der Stichwahl, die eine Woche später stattfindet, bestätigt diese Erwartung. Die Sozialisten ziehen mit 269 Abgeordneten (162 mehr als bisher) in die Nationalversammlung ein und können damit die absolute Mehrheit der insgesamt 490 Sitze erobern. Einen Teil der Mandate verdanken sie (wie zwanzig Jahre lang vor allem die Gaullisten) dem französischen Wahlsystem, das stets die siegreiche Partei begünstigt. Alle anderen Parteien stecken Niederlagen ein. Die Kommunistische Partei verliert nicht nur fast die Hälfte ihrer Mandate – sie rutscht von 86 auf 44 Sitze –, sondern wird auch qualitativ dezimiert. Etwa ein Dutzend ihrer wichtigsten Führungskräfte – darunter Charles Fiterman, der zweite Mann der Partei, Roland Leroy, Herausgeber der Parteizeitung »l'Humanité«, Pierre Juquin (Medienexperte) und Maxime Gremetz (»Außenminister«) – werden von sozialistischen Kandidaten aus der Nationalversammlung verdrängt. Unter den Parteien der früheren Mehrheit können die Gaullisten der sozialistischen Flut etwas besser widerstehen als die Giscardisten. Sie bleiben mit 83 Abgeordneten (70 weniger als vorher) vertreten, während sich die Anhänger des bisherigen Staatspräsidenten mit 61 Sitzen (54 weniger als bisher) begnügen müssen.

Um das sensationelle Wahlergebnis in Worte fassen zu können, greifen die französischen Zeitungen auf das Vokabular von Naturkatastrophen zurück. Sie sprechen von einem »Erdrutsch«, einer »Springflut« und einem »rosaroten Tornado«. Die Veränderungen, die in Frankreich vonstatten gehen, haben in der Tat elementare Ausmaße. Innerhalb von sechs Monaten erobert eine Partei, die über zwei Jahrzehnte lang zur Opposition gehörte, das Amt des Staatspräsidenten und die absolute Mehrheit im Parlament. Eine ganze »classe politique« – eine politische Schicht –, die sich bereits mit der Staatsmacht identifizierte, wird von ihren Erbhöfen vertrieben. An ihre Stelle rückt ein Heer junger Abgeordneter, die bisher höchstens als Bürgermeister oder Regionalräte am politischen Leben beteiligt waren. Mit ihrer Hilfe kann Mitterrand jedes Gesetz, jedes Programm und jede Reform durchsetzen, die er zur Verwirklichung seiner sozialistischen Vorstellungen von »mehr Freiheit, Gleichheit und Gerechtigkeit« für nötig hält.

Dieser fast unbegrenzte Handlungsspielraum macht ihn zum stärksten und unabhängigsten Politiker aller vergleichbaren westeuropäischen Staaten. Er vergrößert aber auch das Risiko seiner Amtsführung. Da es keine Opposition mehr gibt, die ihn bremsen oder gar aufhalten kann, trägt er für das Ausmaß und die Folgen der Veränderung sowie für Erfolg und Mißerfolg bei der Bewältigung der Krisen die volle und ausschließliche Verantwortung.

XV

Vier kommunistische Minister

Ein sozialistisches Angebot

Wer geglaubt oder gehofft hatte, Mitterrand würde angesichts des überwältigenden Wahlsieges auf eine kommunistische Regierungsbeteiligung verzichten, sieht sich getäuscht. Unmittelbar nach Bekanntgabe der Wahlergebnisse übermittelt die Sozialistische Partei den Kommunisten eine Einladung zu Verhandlungen über eine gemeinsame Grundsatzerklärung, die – falls sie zufriedenstellend ausfällt – als Basis für eine Koalitionsregierung dienen soll. Die Entscheidung, den Kommunisten ein solches Angebot zu unterbreiten, ist bereits am 15. Juni, also einen Tag nach dem ersten Wahlgang, von Staatspräsident Mitterrand, Premierminister Mauroy und Parteichef Jospin getroffen worden. Nachdem die drei Sozialisten das Für und Wider gegeneinander abgewogen haben, steht für sie fest, daß eine kommunistische Regierungsbeteiligung weniger Risiken birgt als der umgekehrte Fall.

Wichtigster Grund für diesen Schritt, dessen Bedeutung sich die drei Politiker stets vor Augen halten: Die zur

Bewältigung der Wirtschaftskrise notwendigen Entscheidungen können nur durchgesetzt werden, wenn die Kommunisten daran beteiligt werden. Bleiben die Kommunisten in der Opposition – und mit ihr die starke, kommunistisch gelenkte CGT-Gewerkschaft –, dann muß die sozialistische Reformpolitik zusätzliche Schwierigkeiten überwinden. Ein weiteres, mehr politisches Argument: Solange die Kommunisten in der Regierungssolidarität eingebunden sind, können sie besser kontrolliert und (hoffentlich) noch weiter geschwächt werden – eine Taktik, die die Pariser (linke) Zeitung »Libération« als den »tertiären, indirekten Antikommunismus des François Mitterrand« bezeichnet. Es kommt aber noch eine weitere Überlegung hinzu, die jeglicher Hintergedanken entbehrt: Mitterrand möchte seine Idee von der linken Union, an der er auf seinem ganzen langen Weg an die Macht festgehalten hat und die ihm schließlich auch zum Sieg verhalf, bis zur allerletzten Konsequenz – der kommunistischen Regierungsbeteiligung – verwirklichen. Täte er das nicht, würde er sich gegenüber den Millionen kommunistischen Wählern, die für ihn und für die Sozialisten gestimmt haben, wie ein Verräter vorkommen.

Über die Nachteile ihrer Entscheidung sind sich Mitterrand, Mauroy und Jospin durchaus im klaren. Sie wissen genau, daß sie mit der moskautreuesten, dem stalinistischen Erbe am meisten verpflichteten und am wenigsten demokratischen kommunistischen Partei des Westens paktieren und daß dieser Partner letztlich nur das Ziel kennt, die Kräfteverhältnisse im Lager der Linken wieder zu seinen Gunsten umzukehren. Sie rechnen sogar damit, daß die Kommunisten – wenn sie den Zeitpunkt für richtig halten – die Regierung verlassen und sich in eine rücksichtslose Opposition verwandeln werden. Die damit verbundenen Gefahren nehmen sie jedoch ebenso in Kauf wie das Kopfschütteln und die Kritik, die ihr Pakt mit den Kommunisten auslösen werden. Vor die Wahl gestellt, wo das geringere Übel liegt, entscheiden sie sich für die Regierungsbeteiligung der Kommunisten. Um allerdings zu verhindern, daß der Schock im Ausland gar zu groß wird, läßt Mitterrand einige wichtige Partner im Westen und vor allem in der zutiefst antikommunistischen arabischen Welt durch Sonderbotschafter auf das bevorstehende Ereignis vorbereiten.

Das Ergebnis der Verhandlungen

Die Verhandlungen zwischen Sozialisten und Kommunisten beginnen im gleichen Raum der kommunistischen Parteizentrale, in dem 1977 die Bemühungen um eine Aktualisierung des gemeinsamen Regierungsprogramms scheiterten. Im Gegensatz zu damals zeigt sich Marchais dieses Mal jedoch äußerst freundlich und kompromißbereit. Er verzichtet auf eine lange Diskussion über das Ausmaß der Verstaatlichungen und akzeptiert die sozialistischen Vorschläge. Auch als die Sozialisten verlangen, daß sich die kommunistische Regierungssolidarität über den Ministerrat hinaus bis auf die Städte und Gemeinden sowie auf die Betriebe erstrecken muß, willigt der Parteichef ein. »Es müssen eigentlich nur noch die Aufnahmeanträge der Sozialistischen Partei unterschrieben werden«, bemerkt Marchais mit einem etwas gequälten Lächeln in einer Sitzungspause zu den Journalisten, worauf der sozialistische Parteichef Jospin kontert: »Da stellen wir noch viel härtere Bedingungen.« Es vergeht schließlich aber doch noch eine halbe Nacht, bis die Kommunistische Partei auch in den wichtigen außenpolitischen Fragen (zumindest den Worten nach) auf den sozialistischen Kurs einschwenkt und damit gegenüber ihrer noch einige Wochen zuvor vertretenen Politik eine totale Kehrtwendung macht.

Erst dann sind sie bereit, zu unterschreiben, daß »bei Verhandlungen über die Abrüstung auch den sowjetischen SS-20-Raketen Rechnung getragen wird«, daß »jedes Volk das Recht auf Selbstbestimmung hat«, daß »Einmischungen von außen her« zu verurteilen sind, daß die »Sowjets ihre Truppen aus Afghanistan zurückziehen« sollten, daß »Israel das Recht auf seine Existenz und seine Sicherheit hat« – ebenso wie auch »das palästinensische Volk ein Vaterland« beanspruchen kann – und schließlich, daß »Polen und sein Volk den Prozeß der wirtschaftlichen, sozialen und demokratischen Erneuerung, in den sie eingetreten sind, selber fortführen« sollten. Die Kommunisten schwören mit dieser gemeinsamen sozialistisch-kommunistischen Erklärung allem ab, was sie bisher von Mitterrand trennte.

Welchen Wert die Unterschrift hat, die Marchais im Namen seiner Partei darunter setzt, wird sich im Konfliktfall zeigen. Jedenfalls hat die Kommunistische Partei bewiesen, daß sie großes Interesse hat, nach den zwei verlorenen Wahlschlachten wieder einmal ein positives Ergebnis verbuchen zu können. Mitterrand hofft sogar, daß sie schon aus Rücksicht auf ihre enttäuschten Anhänger gezwungen sein wird, den jetzt eingeschlagenen Kurs mindestens zwei oder drei Jahre lang beizubehalten. Er bietet den Kommunisten darum gleich vier Ministerämter an, obwohl sie sich vielleicht mit zwei zufriedengegeben hätten. Es handelt sich zwar nicht um die großen klassischen Ministerien, doch auch keineswegs um Verlegenheitslösungen. Die vier Kommunisten, die am Mittwochmorgen gegen 9.30 Uhr in zwei Privatwagen in den Hof des Elysée-Palastes einfahren und dann wie ein Glückskleeblatt vor den Dutzenden von Kameras posieren, scheinen jedenfalls zufrieden zu sein. Es sind: Charles Fiterman (Staatsminister für Verkehr und damit Nummer drei in der Regierung), Anicet Le Pors (Minister für Verwaltungsreform), Jack Ralite (Minister für Gesundheit) und Marcel Rigout (Minister für Berufsbildung). Als erstmals seit 34 Jahren wieder kommunistische Minister am großen ovalen Tisch Platz nehmen, an dem traditionell der Ministerrat abgehalten wird, betont Mitterrand in einer kurzen Ansprache, daß die »politische Öffnung, die in der Zusammensetzung der Regierung zum Ausdruck kommt, dem entspricht, was das Volk entschieden hat«, und daß nicht nur »die Hoffnungen des Volkes immens« seien, »sondern auch die historische Verantwortung der Regierung«.

Auswirkungen der Ernennung der kommunistischen Minister

Die Mehrheit der Franzosen nimmt die Ernennung der vier kommunistischen Minister mit ziemlicher Gleichgültigkeit hin. Einmal gehören kommunistische Abgeordnete, Senatoren, Bürgermeister und Gemeinderatsmitglieder längst zum politischen Alltag. Zum anderen werden die Gründe, die Mitterrand zu dieser Entscheidung veranlaßt haben, weitgehend akzeptiert. Im Ausland, vor allem bei den westlichen Partnern, wirkt die Nachricht aus Paris dagegen wie ein Schock. Es wird vor allem befürchtet, daß Verkehrsminister Fiterman Einblick in die geheimen Nachschub- und Fluchtpläne der NATO bekommt, die zu seinem Arbeitsbereich gehören, und daß diese Informationen alsbald in die Hände des Kreml gelangen.

Um die Regierungen zu beruhigen, läßt Mitterrand die Partner wissen, daß alle wichtigen Sicherheitsfragen im Nationalen Verteidigungsrat behandelt werden, zu dem die Kommunisten keinen Zugang haben. Andererseits bemüht sich Fiterman – vor allem nachdem Außenminister Cheysson die kommunistischen Kollegen als »Laufburschen« abqualifiziert –, den Eindruck zu verwischen, ihm würde ein Teil seines Aufgabenbereichs vorenthalten. In der kommunistischen Zeitschrift »Révolution« schreibt der Verkehrsminister: »Uns steht alles zur Verfügung, was ein Minister braucht und was zu seiner Arbeit gehört.«

Bei der ersten sich bietenden Gelegenheit macht Mitterrand im übrigen deutlich, daß er sich in die Angelegenheit mit den kommunistischen Ministern nicht hereinreden lassen will. Nachdem die amerikanische Regierung verlauten läßt, die Regierungszusammensetzung in Paris werde »die Beziehungen zwischen den USA und Frankreich beeinträchtigen«, und nachdem ihm der amerikanische Vizepräsident Bush ausgerechnet am Tage der ersten sozialistisch-kommunistischen Ministerratssitzung die »Besorgnisse« der Amerikaner übermittelt (wobei er – um den Kommunisten nicht zu begegnen – den Elysée-Palast durch einen Nebeneingang betritt), antwortet Mitterrand nonchalant: »Ich wäre sehr erstaunt gewesen, wenn die Amerikaner bravo gerufen hätten. Wie sie reagieren, ist deren Sache. Meine Entscheidung ist meine Angelegenheit.«

Ähnlich, wenn auch freundschaftlicher, steht Mitterrand dem Bundeskanzler Rede und Antwort, als Schmidt ihn beim deutsch-französischen Gipfeltreffen in Bonn über eine Stunde lang nach den kommunistischen Ministern befragt – von denen dieses erste Mal noch keiner mitgekommen ist. Was er ungefähr gesagt hat, wiederholt er anschließend in meinem Fernsehinterview: »Lassen Sie mich in aller Freundschaft sagen – da wir uns schon sehr lange kennen – und mit allem Respekt vor den deutschen Zuschauern, daß Sie das überhaupt nichts angeht. Diese Entscheidung geht lediglich Frankreich etwas an.«

Mitterrand zeigt dann aber doch Verständnis dafür, daß sich die Deutschen fragen, was in ihrem wichtigsten Nachbarland vor sich geht, und erläutert, daß Frankreich »in der weltweiten Krise des Kapitalismus«, die durch das Ansteigen der Energiekosten ausgelöst worden sei, »eine gemeinsame Anstrengung möglichst großer Teile seiner Bevölkerung und in erster Linie seiner produktiven Kräfte« brauche. Und er erinnert daran, daß 1944/45 auch de Gaulle Kommunisten in die Regierung holte, obwohl damals die politische Lage viel kritischer war und der Stalinismus noch uneingeschränkt die französischen Kommunisten beherrschte.

XVI

Zwischen Utopie und Wirklichkeit

Die Grenzen des Machbaren

Sobald die neue Regierung gebildet worden ist, die sich – abgesehen von den vier kommunistischen Ministern – von der ersten, der Übergangsregierung, kaum unterscheidet, beginnt Staatspräsident Mitterrand sein großes Abenteuer, das sozialistische Frankreich zu verwirklichen, von dem er seit zwanzig Jahren träumt. Es ist ein phantastisches Unterfangen, das nur jemand wagt, der in historischen Dimensionen denkt und der sich nicht von den vielen Hindernissen und Widerständen abschrecken läßt, die den Traum von der Wirklichkeit trennen.

Noch ist nicht genau abzusehen, wie dieses »Land Utopia« aussehen wird, das Mitterrand vor Augen hat – und wieviel er davon verwirklichen kann. Er betont immer wieder, daß er alle, aber auch alle Versprechungen einhalten wird, die er während des Wahlkampfes gemacht hat. Sie sind in den »110 Vorschlägen für Frankreich« enthalten, die die Sozialistische Partei als »Plattform« ihres Kandidaten bezeichnete und von denen Mitterrand die meisten in seine »Regierungscharta« übernommen hat. Doch schon in den ersten hundert Tagen seiner Amtszeit muß er feststellen, daß viele Probleme aus der Perspektive des Staatspräsidenten anders aussehen als aus der des Oppositionspolitikers, daß es Zwänge gibt, die alle idealistischen Vorstellungen von einer besseren und schöneren Welt zunichte machen. Das trifft besonders für die Arbeitslosigkeit und die Inflation zu, für die es angesichts der Einbindung in eine kritische Weltlage einfach kein Geheimrezept gibt, das gilt aber auch für andere Bereiche, die nicht allein vom Geld abhängen.

Noch hat sich Mitterrand dadurch nicht entmutigen lassen. Er setzt seine Gratwanderung zwischen dem Erträumten und dem Machbaren fort – beflügelt von der Vision eines »Sozialismus à la française«, getrieben auch von den millionenfachen Hoffnungen, die sich an seine Amtszeit knüpfen. Aber die Euphorie der ersten Stunden hat deutlich nachgelassen.

Wo die Grenzen des Machbaren liegen – zumindest für den Augenblick –, zeigt sich schon bei der Verwirklichung des ambitiösen Sozialprogramms, das ein Paradepferd des Wahlkampfprogramms bildet. Die Erhöhung des staatlich garantierten Mindestlohns (SMIG), von der knapp eine Million französischer Arbeitnehmer betroffen sind, wird auf 10% beschränkt – von den ursprünglich versprochenen (und von den Kommunisten befürworteten) 30% kann zunächst keine Rede mehr sein. Auch die Erhöhungen von Familienbeihilfen und Altersfürsorge, die sofort nach der Wahl gewährt werden, fallen magerer als erhofft aus.

Diese »Wahlgeschenke« waren wichtig und angesichts des starken französischen Einkommengefälles unbedingt nötig. Noch wichtiger aber sind Maßnahmen zur

Schaffung von Arbeitsplätzen, nachdem die Zahl der Arbeitslosen seit dem Machtwechsel in beschleunigtem Rhythmus ansteigt und schon gegen Ende 1981 auf die Zweimillionengrenze zusteuert. Das Rekorddefizit von 95 Milliarden Franc (umgerechnet etwa 42 Milliarden Mark), das die Regierung für 1982 vorsieht, soll darum fast ausschließlich für neue Arbeitsplätze ausgegeben werden. Von den in Mitterrands Plänen vorgesehenen 210 000 neuen Arbeitsplätzen, davon 150 000 im öffentlichen Bereich, kann zunächst allerdings nur die Hälfte realisiert werden. Es sollen 65 000 neue Stellen bei der Post, im Gesundheitswesen und im Schulbereich geschaffen werden sowie 37 000 Beamtenposten. Eine weitere Belebung des Arbeitsmarktes erhofft sich die Regierung durch eine Ankurbelung der wirtschaftlichen Aktivitäten in den Bereichen, die arbeitskräfteintensiv sind – so der Mittel- und der Kleinindustrie. Auch besteht nach wie vor Hoffnung, daß durch die Vorverlegung des Rentenalters auf 60 Jahre und durch die schrittweise Einführung der 35-Stunden-Woche weitere Arbeitsplätze frei werden. Doch die ersten Verhandlungen zwischen Gewerkschaften und Unternehmern haben schon gezeigt, daß diese Fernziele nur langsam erreicht werden können und daß sie kaum die erhofften Ergebnisse bringen. Zunächst hat man sich nur auf das Prinzip einer einstündigen Arbeitszeitverkürzung und auf eine fünfte Urlaubswoche einigen können.

Die Opposition der Wirtschaft

Mitterrands größtes Handicap ist die Feindseligkeit der Wirtschaft, die seinen Wahlsieg und die von den Sozialisten erzielte absolute Parlamentsmehrheit immer noch als ein nationales Unglück betrachtet. Während Giscard d'Estaing »nur« gegen seine gespaltene Mehrheit und gegen die großen Gewerkschaften ankämpfen mußte, um seine Wirtschaftspolitik durchzusetzen, hat sein Nachfolger einen viel hochkarätigeren Feind: die Industrie, den Handel und die Finanzwelt. Sie bilden – solange die politischen Parteien den Schock ihrer Niederlage noch nicht überwunden haben – die eigentliche Opposition gegen sein Regime, und zwar eine mächtige.

Seitdem Mitterrand das Amt des Staatspräsidenten übernommen hat, hält sich die Wirtschaft mit Investitionen zurück, baut Arbeitskräfte ab, erhöht die Preise und versucht, soviel Kapital wie möglich – auf legalem und auf illegalem Wege – ins Ausland zu transferieren. Die Gründe für dieses Verhalten sind – abgesehen von den politischen – vielfältig. Die Linke steht seit jeher – wie bereits gesagt – in dem Ruf, daß sie mehr Bereitschaft (und mehr Erfahrung) zum »Umverteilen« hat als zum Haushalten und Produzieren. Man fragt sich, auf welchem Wege sie zukünftig (außer der bereits beschlossenen 25%igen Steuererhöhung für Höchsteinkommen) zur Kasse bitten wird, um ihre Mehrausgaben zu finanzieren. Außerdem herrscht Ungewißheit, in welchem Ausmaß tatsächlich die unternehmerische Unabhängigkeit gewährleistet bleibt. Wo genau der Wirtschaftskurs des sozialistischen Frankreichs verlaufen wird, müssen Mitterrand und Mauroy noch definieren.

Das Kernstück seines Programms – die »nationalisations«, die Verstaatlichung von elf wichtigen Industriekonzernen und eines großen Teils des noch nicht verstaatlichten Kreditgewerbes – will Mitterrand auf jeden Fall verwirklichen. An diesen Verstaatlichungen hängt er (wie überhaupt die französische Linke) mit einer fast mythischen Verklärung, obwohl es inzwischen viele wirtschaftliche, finanzielle und marktpolitische Gründe gibt, die den Verzicht auf zumindest einen Teil der »Überführung in öffentliches Eigentum« als sinnvoll erscheinen lassen könnten. Doch darüber läßt Mitterrand nicht mit sich reden. Er erhofft sich von den Verstaatlichungen eine bessere Steuerung der gesamtwirtschaftlichen Prozesse, einen geringeren Export von Kapital und von Arbeitsplätzen und infolgedessen positive Auswirkungen auf den Arbeitsmarkt. Er besteht auch darauf, daß die Verstaatlichungen innerhalb der ersten drei Monate seiner Amtszeit eingeleitet werden, weil er sich sagt, daß zu lange Verzögerungen den Gegnern der Verstaatlichungen (vor allem den Betroffenen selber) zuviel Spielraum zur Errichtung von juristischen und anderen Barrieren geben. Daß mit den Verstaatlichungen Ernst gemacht werden soll, erfahren die Franzosen am 7. Juli 1981 durch Premierminister Mauroy. Er nennt die Banken noch vor den Industrieunternehmen, schränkt aber die frühere Ankündigung von Mitterrand, das »gesamte Bankwesen« werde verstaatlicht, doch etwas ein. Am 9. September 1981 entscheidet die Regierung, daß 36 Privatinstitute betroffen sind, während 136 ausländische Banken und 65 kleinere Privatbanken unberührt bleiben. Damit befinden sich – die schon seit Kriegsende verstaatlichten Großbanken eingerechnet – 95 % der französischen Einlagen auf den Konten von Staatsbanken.

Für elf große Industrieunternehmen bzw. Industriegruppen legt Mauroy einen ungefähren Zeitplan fest. Im Bereich der Rüstungsindustrie sollen die »Groupe Dassault« (zweitgrößter Flugzeughersteller Frankreichs, 17 500 Arbeitnehmer) und der mit der Waffenfabrikation befaßte Zweig der Firma Matra (zweitgrößter Rüstungsbetrieb, 2550 Arbeitnehmer) zu 51 % verstaatlicht werden. Eine 100 %ige, sofortige Verstaatlichung ist im Stahlbereich für die beiden Gesellschaften Usinor (größter Stahlhersteller, 32 238 Arbeitnehmer) und Sacilor (zweitgrößter Stahlhersteller, ca. 25 000 Arbeitnehmer) vorgesehen.

Hier wird die Übernahme am schnellsten und am reibungslosesten vonstatten gehen, weil die Stahlindustrie sowieso schon weitgehend von staatlichen Krediten und Subventionen lebt. Eine ebenfalls sofortige 100 %ige Verstaatlichung steht fünf Industriegruppen bevor: der »Compagnie Générale d'Electricité« (CGE, Frankreichs größtes Unternehmen für elektrischen Anlagenbau, 180 000 Arbeitnehmer), Péchiney Ugine Kuhlmann (größter Aluminiumproduzent, 89 000 Arbeitnehmer), Rhône-Poulenc (Nummer eins der Chemie, 95 000 Arbeitnehmer), Saint-Gobain Pont-à-Mousson (größter Flachglashersteller, 163 000 Arbeitnehmer) und Thomson-Brandt (größter Hersteller von Haushaltsgeräten und Unterhaltungselektronik, 128 400 Arbeitnehmer). Bei diesen fünf Industriegruppen sollen lediglich die von Ausländern gehaltenen Aktienpakete ausgespart werden. Drei weitere Industriegruppen, bei denen ausländische Beteiligungen besonders groß sind, werden ebenfalls in die Verstaatlichungspläne einbezogen, jedoch sollen zunächst Verhandlungen mit den Eigentümern geführt werden. Es sind: CII-Honeywell-Bull (größter Computerhersteller, 20260 Arbeitnehmer, starke amerikanische Beteiligung), ITT-France (Fernsprechwesen, 7600 Arbeitnehmer, überwiegend amerikanisches Kapital) und Roussel-Uclaf (zweitgrößter französischer Pharmahersteller, 17500 Arbeitnehmer, zu fast 60% im Besitz des deutschen Hoechst-Konzerns). Insgesamt wird sich nach Verwirklichung dieser Pläne der staatliche Anteil an der französischen Bruttoproduktion von 12% auf 17% erhöhen.

Die Vorbereitung und die Durchführung der Verstaatlichungen stoßen allerdings auf eine Reihe wirtschaftlicher, finanziärer und juristischer Probleme, die nicht innerhalb weniger Wochen gelöst werden können. Offen bleibt zum Beispiel die Frage, wie hoch die Eigentümer der Industriegesellschaften entschädigt werden sollen. Premierminister Mauroy erklärt, die Entschädigung solle »juristisch unanfechtbar und finanziell ausgeglichen« erfolgen. Geplant ist der Umtausch der Aktien in Schuldverschreibungen mit einer Laufzeit von fünfzehn Jahren. Ungewiß ist auch noch die Entflechtung der ausländischen Beteiligungen sowie die Rolle der Filialunternehmen. Eigenmächtige Entscheidungen kann sich die Regierung nicht erlauben, da ihr sonst viele Prozesse ins Haus stehen, die die Rechtmäßigkeit der Verstaatlichungen anzweifeln. Hoechst hat bereits angedeutet, daß man die Verstaatlichung der Mehrheitsanteile nicht hinnehmen werde, zumal eine Entschädigung niemals die Investitionskosten in Frankreich ausgleichen könne.

Offenen Widerstand gegen Mitterrands »nationalisations« gibt es bisher nur aus zwei Richtungen. Der Präsident des französischen Arbeitgeberverbandes (CNPF), François Ceyrac, bezeichnet die Verstaatlichungen als »unnütz, teuer, gefährlich für Frankreich, im Gegensatz zu den Grundsätzen der Freiheit, mit einem Wort: eine wirtschaftliche Absurdität«. Jean-Maxime Lévêque, Chef der Privatbank Crédit Commercial de France, der schon während des Wahlkampfes in Großanzeigen gegen Mitterrand zu Felde gezogen war, nennt die Verstaatlichungen »einen Anschlag auf die individuellen Freiheiten«. Unter vier Augen werden Unternehmer, Bankiers und Manager noch deutlicher. Sie sprechen von einer Katastrophe und vom Niedergang der französischen Wirtschaft, die nicht nur ihre Märkte und ihre Konkurrenzfähigkeit aufs Spiel setzt, sondern auf lange Sicht auch ihren wirtschaftlichen und technischen Fortschritt.

Die französische Bevölkerung macht sich über die Verstaatlichungswelle dagegen keine übermäßigen Gedanken. Nachdem schon 1936 die französische Nationalbank sowie sofort nach dem Zweiten Weltkrieg die Automobilwerke Renault, die Luftverkehrsgesellschaft Air France, die Eisenbahnen (SNCF), die Gas- und Elektrizitätswerke (EDF-GDF) sowie vier Großbanken (Crédit Lyonnais, Société Générale, Comptoir d'Escompte de Paris, Banque Nationale pour le Commerce et l'Industrie) verstaatlicht wurden, haben sich die Franzosen an den Umgang mit Staatsunternehmen gewöhnt. Viele realisieren zum Beispiel gar nicht, daß ihre Konten von einer staatlichen Bank geführt werden. So verlangten am Morgen nach Mitterrands Wahlsieg zahlreiche Kunden ihre Einlagen zurück, weil »der neue Staatspräsident alle

Banken nationalisieren will« – ohne zu wissen, daß ihre Bank sich seit über dreißig Jahren in Staatsbesitz befindet.

Die Regierung bemüht sich überdies, etwaige Bedenken zu zerstreuen. Sie weist darauf hin, daß die staatlichen Renault-Werke zu den bestverdienenden europäischen Automobilwerken gehören und daß der französische Wirtschaftsaufschwung der fünfziger Jahre ohne die unter de Gaulle vorgenommenen Nationalisierungen nicht stattgefunden hätte. Ähnlich erhofft man sich von den geplanten Verstaatlichungen Impulse für Investitionen, Arbeitsplätze und für die Ausbildung von Lehrlingen und Fachkräften. Den für die Verstaatlichung vorgesehenen Schlüsselindustrien wird im übrigen zugesichert, daß sie ihre volle unternehmerische Verantwortung behalten – allerdings innerhalb der vom Staat festgesetzten Richtlinien und der vom Wirtschaftsplan (einem Instrument, das es ebenfalls seit dem Zweiten Weltkrieg gibt) gesteckten Ziele.

Atomenergie – ein Mittelweg

Während Mitterrand bei den Verstaatlichungen ein Prinzip durchsetzen will, von dem ihn auch Widerstände und Rückschläge nicht abbringen können, verhält er sich gegenüber der Atomenergie sehr viel flexibler. Ein Wahlversprechen löst er sofort ein: Die in der bretonischen Gemeinde Plogoff vorgesehene Zentrale, die zum Symbol der französischen Anti-Atombewegung geworden ist, wird gestrichen. Außerdem läßt er den Bau von fünf bereits geplanten, aber noch nicht begonnenen Kraftwerken »einfrieren«, darunter die Baustufen 3 und 4 des in unmittelbarer Nähe der deutsch-luxemburgischen Grenzen gelegenen Atommeilers Cattenom. Andererseits läßt er die noch am 16. Mai von der Regierung Barre beschlossene Erweiterung der Wiederaufbereitungsanlage La Hague im Norden Frankreichs, von der auch die deutschen Kernkraftwerke abhängig sind, zunächst gelten. Auch soll die Einfrierung der fünf Bauprojekte keineswegs schon deren Annullierung bedeuten. Erst wenn eine »große nationale Debatte« stattgefunden hat, so die Regierung, sollen die endgültigen Entscheidungen fallen. Vieles deutet sogar darauf hin, daß Mitterrand, der zunächst Giscards »totalen Nuklearstaat« stutzen wollte (schon jetzt stammen 41% des Stromverbrauchs aus Kernkraftwerken, 1985 sollte der Anteil auf 55% steigen), einen ähnlichen, nur leicht abgeschwächten Kurs steuern wird.

Die steigenden Dollarkurse und die Preiserhöhungen für Erdöl haben die Energieeinfuhren derart verteuert, daß Frankreich auf den Atomstrom kaum verzichten kann. Außerdem muß Mitterrand die wirtschaftlichen Folgen in den zumeist ärmeren Regionen Frankreichs berücksichtigen, in denen die Kraftwerke gebaut werden. Schon jetzt haben die Kommunistische Partei und die mit ihr verbündete CGT-Gewerkschaft eine lautstarke Pro-Nuklear-Kampagne begonnen, in der sie fordern, daß die geplanten Kernkraftwerke – schon im Interesse der Arbeitsplätze – fertiggebaut werden. Vor die Wahl gestellt, ob er den Kernkraftbefürwortern oder den Kernkraftgegnern nachgibt, die seine Energiepolitik scharf angreifen, dürfte Mitterrand sich für die Kernkraft entscheiden. Als »Bonbon« für die Umweltschützer hält er ein umfangreiches Programm zur Erforschung neuer Energiequellen und zur Wiederbelebung der Steinkohle bereit.

Mehr Demokratie, mehr Gerechtigkeit

Ein wesentlicher Teil der von Mitterrand vorgesehenen und bereits eingeleiteten Veränderungen zielt auf eine Demokratisierung des öffentlichen und privaten Lebens. Als Antwort auf den »Etat Giscard« – den Giscard-Staat – sowie auf die von der zentralen Hauptstadt Paris ausgehenden Einengungen und Bevormundungen der Bürger sollen in allen Bereichen – der Politik, der Wirtschaft, der Justiz, der Kultur und dem Alltagsleben – neue Strukturen und neue Regeln geschaffen werden, die das Leben der Menschen freier und humaner machen. Wichtigster Schritt auf diesem Weg ist die in drei Stufen vorgesehene Dezentralisierung des Zentralstaates Frankreich.

Der von Minister Defferre vorgelegte Gesetzentwurf über die »Rechte und Freiheiten der Gemeinden, Départements und Regionen« hat das erklärte Ziel, »mit einem zentralistischen Regime Schluß zu machen, das sich während der letzten Jahrzehnte verschärft hat«. Der erste Teil dieser Reform, die auf revolutionäre Weise in jahrhundertealte Grundstrukturen der französischen Staatsverwaltung eingreift, wird schon vier Wochen nach dem sozialistischen Sieg bei den Parlamentswahlen verabschiedet. Er schafft die ungeliebte zentralistische Symbolfigur der Präfekten ab, die seit Kaiser Napoleon I. als »Paschas« (so nannte er sie) und als »kleine Kaiser« (so nannte sie das Volk) die Staatsmacht in den Départements verkörperten. Zukünftig dürfen sich die Präfekten, die bei offiziellen Gelegenheiten in goldbetreßten, dunkelblauen Uniformen auftraten, nur noch »Kommissare der Republik« nennen. Sie verlieren die administrative und finanzielle Vormundschaft über Städte und Gemeinden, die sie bisher so mächtig machte, und fungieren nur noch als Berater.

Dagegen können die Gemeinderäte und die Generalräte der Départements von jetzt an selber über ihre Haushalte entscheiden – was sie beschließen, hat volle Rechtskraft und braucht nicht mehr vom Präfekten genehmigt zu werden. Mit dieser Reform, die ein Jahrhundertwerk darstellt, erntet Mitterrand Beifall und Kritik. Beifall, weil nun nicht mehr jede kleine Entscheidung – zum Beispiel über die Asphaltierung eines Stückchens Dorfstraße – in Paris getroffen wird, ein Verwaltungsvorgang, der mitunter jahrelang dauerte. Kritik, weil die Dezentralisierung in Gang gesetzt wird, ohne daß überhaupt geklärt ist, mit welchen Finanzmitteln die Generalräte und die Gemeinden ausgestattet werden und welche Zuständigkeiten sie übernehmen sollen. Die entsprechenden Gesetzentwürfe plant die Regierung erst für 1982 und 1983. Außerdem wird befürchtet, daß in vielen der 36 400 französischen Gemeinden, von denen 95 % weniger als 2000 Einwohner haben, die Bürgermeister oder die Gemeinderäte zu geringe administrative Kenntnisse besitzen, um die neugewonnene Autonomie bewältigen zu können. Die »Jakobiner«, die grundsätzlichen Verfechter des Zentralstaates, die es auch im sozialistischen Lager gibt, haben zudem Angst, daß die im Rahmen der Dezentralisierung vorgesehenen Sonderrechte für Korsika und für das Baskenland separatistischen Tendenzen Vorschub leisten und daß schließlich die Einheit der französischen Nation aufs Spiel gesetzt wird.

Weitere Reformen im Rahmen der Demokratisierung sollen das Zivilbewußtsein der Franzosen stärken und sowohl ihren Freiraum wie auch ihre Verantwortung innerhalb der Gesellschaft vergrößern. Die nach Präsidentschaftswahlen übliche Amnestie erstreckt Mitterrand nicht nur auf Verkehrssünder und andere leichte Fälle, sondern auch auf Straftäter. Insgesamt verlassen 6235 Frauen, Männer und Jugendliche die französischen Gefängnisse, darunter 21 Mütter mit Kindern (zu denen als prominenteste Gefangene Christina von Opel gehört, was Justizminister Badinter, der ihr Anwalt war, als Begünstigung ausgelegt wird). Diese Maßnahme soll vor allem das Klima in den französischen Gefängnissen verbessern, die seit Jahren völlig überfüllt sind und in denen täglich Revolten drohen. Den Gerichtshof für Staatssicherheit, einem Sondergericht für politische Straftäter, Hochverräter, Meuterer und Spione, läßt Mitterrand ganz abschaffen. Er war 1963 von de Gaulle gegründet worden, um vor allem die »aufständischen« Offiziere des Algerienkrieges abzuurteilen.

Mitterrand hat dieses »Sondertribunal in den Händen einer Regierung« stets abgelehnt, weil »die Justiz unabhängig sein muß von einer Staatsmacht und von einer politischen Partei«. In Zukunft sollen die bisher vom Staatsgerichtshof behandelten Fälle normalen Gerichten übertragen werden. 72 Angeklagte, die auf ihre Aburteilung warten, werden entlassen, darunter Korsen, Basken, Antillen-Franzosen und ein Spion. Um über diese Sofortmaßnahmen hinaus die Strafverfolgung und die Rechtsprechung zu humanisieren, plant Mitterrand zusammen mit Justizminister Badinter zwei weitere wichtige Reformen: Das erst am 2. Februar 1981 in Kraft gesetzte »Gesetz für Sicherheit und Freiheit«, das auf den gaullistischen Justizminister Alain Peyrefitte zurückgeht und das Repression und Abschreckung befürwortete, wird aufgehoben und soll neugefaßt werden. Den neuen Schwerpunkt soll die Wiedereingliederung des Täters in die Gesellschaft bilden. Vor allem aber wird die Todesstrafe abgeschafft, die Frankreich als eines der letzten europäischen Länder praktiziert hat. So wurden während der Amtszeit von Giscard d'Estaing immerhin noch drei Mörder durch die Guillotine, das französische Fallbeil, getötet. Mitterrand setzt diese Entscheidung durch, obwohl erst kürzlich wieder eine Umfrage ergeben hat, daß 62% der Franzosen die Todesstrafe befürworten. Er findet, daß sich das Fallbeil weder mit der heutigen Moral noch mit dem herrschenden Bewußtsein vereinbaren läßt und daß die Todesstrafe – wie Vergleiche mit anderen Ländern zeigen – Kapitalverbrechen weder einschränken noch verhindern kann.

Nicht immer wird im Rausch des Reformens das richtige Maß eingehalten. Besonders deutlich tritt das bei der Behandlung des schwierigen Komplexes »Rundfunk und Fernsehen« zutage. 23 Jahre lang waren die Medien – die sich in Frankreich zu 100% im Staatsbesitz befinden – bevorzugter propagandistischer Tummelplatz der Machthaber, wobei Giscard d'Estaing seine Vorgänger de Gaulle (den man bereits der Telekratie bezichtigte) und Pompidou bei weitem übertraf.

Mitterrand, der oft und lange genug darunter gelitten hat, möchte so schnell wie möglich mit diesem Mißbrauch aufräumen. Er beauftragt seinen Minister für

Kommunikation, Georges Fillioud, einen ehemaligen Journalisten, neue Statuten für die drei Fernsehsender TF 1, Antenne 2 und FR 3 und für die nationale Rundfunkanstalt Radio France zu entwerfen. Sie sollen ein pluralistisches und ausgewogenes Programm garantieren. Da ein solches Gesetzeswerk aber seine Zeit braucht und da die Schaltstellen der Medien immer noch von den Günstlingen des alten Regimes beherrscht werden, leitet Fillioud gleichzeitig einen großangelegten Säuberungsprozeß ein. Intendanten, Direktoren, Chefredakteure und prominente politische Moderatoren werden unter Druck gesetzt, ihre Posten zu räumen oder zumindest vom Bildschirm zu verschwinden. Als das zunächst nichts nützt, erklärt Premierminister Mauroy in aller Öffentlichkeit: »Wir feuern niemanden, aber wir fordern auch niemanden auf, zu bleiben.« Daraufhin hat die Vertreibungskampagne, die selbst Linkszeitungen als Hexenjagd bezeichnen, schließlich Erfolg. Bis auf wenige Ausnahmen werden sämtliche Führungskräfte in Rundfunk und Fernsehen ausgetauscht. An die Stelle der Stars, die zu Symbolen des alten Regimes geworden waren, treten neue Gesichter. Dieser Austausch hat eine gewisse Berechtigung, doch er läßt auch einen bitteren Geschmack zurück. Es entsteht der Verdacht, daß Mitterrand und seine Regierung wie ihre Vorgänger der Versuchung erliegen, die Medien zu kontrollieren und für ihre politischen Interessen einzusetzen.

Klare Verhältnisse und normale Arbeitsbedingungen, auf die unzählige Mitarbeiter in den französischen Funkhäusern warten, sind darum frühestens nach Verabschiedung der neuen Statuten zu erwarten, die eine Trennung zwischen der Staatsmacht und den Medien herstellen sollen. Parallel dazu soll auch das bisher beim Staat liegende Monopol zum Betrieb von Rundfunksendern durchlöchert werden. Die ehemaligen »Piratensender« und heutigen »freien Radios«, von denen es inzwischen über zweihundert gibt, werden unter bestimmten Auflagen (Reichweite maximal 30 Kilometer, Unabhängigkeit von wirtschaftlichen und politischen Interessen) legalisiert. Die Frage, ob sie auch Werbung ausstrahlen dürfen – ohne die sie letztlich nicht existieren können –, muß allerdings noch geklärt werden.

Verteidigungs- und Außenpolitik

Die größte Kontinuität bewahrt Mitterrand ohne Zweifel im Bereich der Verteidigungspolitik. Die Force de Frappe, das Hauptinstrument der französischen Abschreckungsstrategie, wird wie schon unter Giscard d'Estaing modernisiert und ausgebaut. Beim Besuch der strategischen Atom-U-Boot-Flotte in der Nähe von Brest gibt der neue Staatspräsident feierlich bekannt, daß ein siebentes Exemplar dieser schwimmenden Raketenabschußbasis gebaut und bis 1990 in Dienst gestellt werden soll. Nach dem Stapellauf des zweiten französischen Atom-U-Bootes für Angriffszwecke, der am 1. September 1981 in Cherbourg stattfindet, beteuert Verteidigungsminister Hernu, daß Frankreich einerseits loyaler Partner der Atlantischen Gemeinschaft bleiben wird, daß eine militärische Reintegration in die NATO jedoch ausgeschlossen ist. »Im Interesse unserer Sicherheit«, so Hernu wörtlich, »bestehen wir auf eine politische, militärische und strategische Autonomie der Entscheidung.«

Um waffentechnisch nicht ins Hintertreffen zu geraten, läßt Mitterrand die unter Giscard d'Estaing begonnene Entwicklung der Neutronenbombe fortsetzen – was bei einigen westlichen Partnern, wie vor allem auch im Lager der Sozialistischen Internationale, Verwunderung auslöst. Verteidigungsminister Hernu dazu: »Wir setzen die Forschung fort, wir machen sehr ausgefeilte Versuche. Frankreich könnte sich also – wenn es wollte – die Neutronenbombe zulegen. Doch die Entscheidung liegt natürlich beim Staatspräsidenten.«

Ähnlich wie die Verteidigungspolitik bleibt auch die Außenpolitik in eingefahrenen, bereits von de Gaulle, Pompidou und Giscard d'Estaing vorgezeichneten Bahnen. Keine der eingegangenen internationalen Verpflichtungen wird aufgekündigt oder eingeschränkt. Die Deutlichkeit, mit der Mitterrand sich gegen die Aufstellung sowjetischer Mittelstreckenraketen und für den Doppelbeschluß der NATO hinsichtlich einer Nachrüstung ausspricht, läßt die Regierungen in Washington, London und Bonn sogar erfreut aufhorchen, während Moskau verärgert reagiert und seine alten Vorbehalte gegenüber dem sozialistischen Staatspräsidenten bestätigt sieht. Andererseits setzt Mitterrand aber auch im Rahmen seiner Außenpolitik eigene Akzente. Es sind die gleichen, die seine Innenpolitik bestimmen. Er möchte nicht nur Krisen verwalten und auf bestehende Situationen reagieren, sondern eine neue Moral, eine neue Ethik der Beziehungen zwischen den Menschen, den Völkern und den Ideologien verwirklichen.

Die Mitglieder der Europäischen Gemeinschaft bekommen das schon bei ihrem ersten Zusammentreffen mit Mitterrand zu spüren. Auf dem Europäischen Ratstreffen Ende Juni 1981 in Luxemburg schlägt er ihnen einen »europäischen Sozialraum« vor, eine Art Pakt zur Schaffung von Arbeitsplätzen und zur Belebung der Wirtschaftstätigkeit. Als Mitterrand Details vorträgt und die Einführung der 35-Stunden-Woche (auf europäischer Ebene) und Investitionshilfen für neue Technologien und Zukunftsindustrien vorschlägt, reagieren die meisten anwesenden Regierungschefs kühl oder belächeln sogar den »Träumer« Mitterrand. Was er anregt, steht im Gegensatz zu der bisherigen, auf Inflationsbekämpfung ausgerichteten europäischen Wirtschaftsdoktrin. Doch spätestens bei den Ministerberatungen über die Neuaufteilung der europäischen Haushaltsbeiträge merken sie, daß er es mit seiner bürgernahen, vorrangig auf die Schaffung von Arbeitsplätzen ausgerichteten Sozialpolitik ernst meint. Wirtschafts- und Finanzminister Delors verlangt, daß die EG beweist, daß sie »für die Menschen, die in unseren Städten leben, die in unseren Fabriken, den Büros und auf den Bauernhöfen arbeiten, etwas zu tun vermag«. Ein Versagen auf diesem wichtigen Gebiet, so warnt Delors, würde zum Protektionismus führen.

Noch deutlichere sozialistische Akzente setzt Mitterrand im Umgang mit der Dritten Welt. Er setzt sich mit Vorrang dafür ein, daß die Nord-Süd-Beziehungen verbessert und konkretisiert werden und daß die Industriestaaten ihre finanziellen Aufwendungen für die ärmsten Entwicklungsländer trotz ihrer eigenen Wirtschaftsprobleme erhöhen. Um mit gutem Beispiel voranzugehen, wird Frankreich bis 1988 seine Entwicklungshilfe auf 0,7% des Bruttosozialproduktes steigern (und damit einen erheblichen Rückstand aufholen). »Solidarität bei der Entwicklung der Dritten Welt scheint mir der Schlüssel für unsere gemeinsame Zukunft zu sein«, erklärt Mitterrand vor der UNO-Konferenz der am wenigsten entwickelten Länder in Paris, »denn wenn wir der Dritten Welt helfen, dann helfen wir uns selber bei der Überwindung der Krise.«

Im Gegensatz zu Giscard d'Estaing, der in der Dritten Welt vornehmlich mit den offiziellen Regierungen zusammenarbeitete, bezieht Mitterrand auch all diejenigen in seine Außenpolitik ein, die um ihre Freiheit kämpfen und die unterdrückt werden. Er riskiert sogar einen offenen Konflikt mit den Vereinigten Staaten, indem er den Westen aufruft, eher den »unterdrückten Völkern Lateinamerikas zu helfen, als deren Regime zu unterstützen«, die er unumwunden als »blutige Diktaturen« bezeichnet. Umgekehrt äußert er »ernste Vorbehalte« gegenüber der amerikanischen Lateinamerikapolitik. Erstes konkretes Beispiel seines neuen außenpolitischen Stils ist Frankreichs gleichzeitig mit Mexiko verkündete Anerkennung der beiden größten Befreiungsbewegungen von El Salvador als »repräsentative politische Kräfte«. Dieser Schritt, der weltweit Aufsehen erregt, geht eindeutig auf Régis Debray zurück, den einstigen Weggefährten des kubanischen Revolutionärs Ché Guevara, mit dem Mitterrand seit vielen Jahren befreundet ist und den er als außenpolitischen Berater in den Elysée-Palast geholt hat.

Wenn die Umstände es erfordern, findet Mitterrand aber auch im Bereich der Außenpolitik einen Mittelweg zwischen seinen Wunschvorstellungen und den Gegebenheiten. Ein vielsagendes Beispiel ist der Waffenexport. Offiziell heißt zukünftig die Parole »weniger Kanonen, mehr Maschinen«, doch die Praxis sieht anders aus. Einerseits will man keine Waffen mehr an Länder liefern, die die Menschenrechte verletzten (wie Chile und Südafrika), andererseits bemühen sich die französischen Waffenhändler um neue Märkte in der arabischen Welt. Die heimische Waffenindustrie mit 300 000 Beschäftigten und einem Exportanteil von 60 % ist ein so wichtiger Wirtschaftsfaktor, daß auch Mitterrand, der persönlich jegliches Kriegsmaterial verabscheut und der beim Besuch der Internationalen Luftfahrtausstellung von Le Bourget die martialisch aufgeschichtete Raketenbestükkung der Mirage-Bomber wegräumen läßt, keine andere Politik als seine Vorgänger riskiert.

Einen ähnlichen Realitätssinn beweist Mitterrand in der Nahostpolitik. Während des Wahlkampfes schien es so, als würde er im Gegensatz zu Giscard eine betont israelfreundliche Politik einschlagen und die arabische Welt vernachlässigen. Doch die energiepolitische, wirtschaftspolitische und monetäre Abhängigkeit Frankreichs von den Ölstaaten verändert das Schwergewicht. Mitterrand macht seinen ersten offiziellen Staatsbesuch in Saudi-Arabien, von dem Frankreich die Hälfte seines Erdöls bezieht und mit dem es beträchtliche Wirtschaftsbeziehungen unterhält. Die unermüdliche Verteidigung des Franc-Kurses, die die französische Regierung betreibt, geschieht offenbar auch hauptsächlich wegen des arabischen Kapitals, das sich in Frankreich befindet. Bei einer Abwertung würden die Araber ihr Interesse an Investitionen in Frankreich verlieren.

Hundert Tage Mitterrand

Einhundert Tage nach Mitterrands Amtsantritt zieht Frankreich eine erste Bilanz: der »Etat de grâce« – der Gnadenzustand – geht zu Ende, den Mitterrand für sich in Anspruch nahm. Die Stimmung im Land, die ein Meinungsforschungsinstitut erfragt hat, bringt die Sonntagszeitung »Journal du Dimanche« am 16. August 1981 auf folgende Kurzform:

Familienbeihilfen, Mindestlohnerhöhung, Dezentralisation: Bravo!
Kommunistische Minister, Verstaatlichung: o. k.!
Inflation, Franc-Kurs, Arbeitslosigkeit: Aua!
Gastarbeiter, Gefängnisse, Todesstrafe: Nein!

Verwendete Literatur

Jean-Marie Borzeix: Mitterrand lui-même, Editions Stock, 1973

Roland Cayrol: François Mitterrand 1945–1967, Fondation National des Sciences Politiques, 1967

Jacques Chapsal: La vie politique sous la Ve République, Presses Universitaires de France, 1981

Jacques Chapsal und Alain Lancelot: La vie politique en France depuis 1940, Presses Universitaires de France, 1966

Claude Estier: Mitterrand Président, Editions Stock, 1981

Franz-Olivier Giesbert: François Mitterrand ou la tentation de l'histoire, Editions du Séuil, 1977

François Mitterrand: Ici et maintenant, Librairie Arthème Fayard, 1980

François Mitterrand: L'abeille et l'architecte, Flammarion, 1978

François Mitterrand: La paille et le grain, Flammarion, 1975

François Mitterrand: La rose au poing, Flammarion, 1973

François Mitterrand: Ma part de vérité, Librairie Arthème Fayard, 1969

François Mitterrand: Politique, Librairie Arthème Fayard, 1977

Thierry Pfister: Les Socialistes, Editions Albin Michel, 1977

Personen- und Sachregister

Abrüstung 300
Abschreckung 269, 318, 320
Abu Daud 221
Adenauer, Konrad 77
Afghanistan-Krise 229 ff., 300
Agence France Presse (AFP) 81
Albrecht, Bertie 170
Algerienkrieg 60, 63, 71, 317
Allende, Salvador 275
Amnestie 317
Anti-Atombewegung 313
Antikommunismus 117, 120, 298
Arbeiter
-bewegung 182, 202
-klasse 184
-schaft 102, 130, 134, 139, 160
Arbeitslosigkeit 20, 23, 219 f., 223, 230 f., 238, 244 f., 248, 306 f., 325
Arbeitsmarkt 307, 309
Arbeitszeitverkürzung 307
Atlantische Gemeinschaft s. NATO
Atomenergie 222, 313 f.
Atomstreitmacht 133 f., 188, 269 f.
Außenpolitik 76, 96, 133, 233, 320–324
Autonomie 316, 320

Badinter, Robert 252, 317 f.
Balzac, Honoré de 157
Banken 309 f., 312 f.
Barenboim, Daniel 275
Barrault, Jean-Louis 104
Barre, Raymond 20, 187 f., 225, 244, 266, 314
Beauharnais, Josephine 43
Ben Bella, Achmed 61
Bérégovoy, Pierre 265
Berlioz, Hector 276
Biard, André, General 271
Bidault, Georges 55, 57
Billières, René 92
Billoux, François 55
Blum, Leon 39
de Boissieu, Alain, General 259, 271
Bokassa, Jean Bedel, Kaiser 20, 221, 223 f., 254
Bouchardeau, Huguette 245
Brandt, Willy 25, 27, 159, 177, 273, 279, 280 ff.
Breschnjew, Leonid 229 f.
Bürokratismus 250
Bush, George 302

Caillau, Michel 50
»Canard enchaîné« 223
Cardin, Pierre 255
Caze, Roger 144
CERES (Centre d'études, de recherches et d'éducation socialistes) 124 ff., 129, 182, 201, 208
Cervantes Saavedra, Miguel de 157

Ceyrac, François 312
CFDT (Confédération Française Démocratique du Travail) 181, 202
CGT (Confédération Générale du Travail) 56, 66, 110, 231, 298, 314
Chaban-Delmas, Jacques 147, 149, 152, 253, 292
Chevènement, Jean-Pierre 124 ff., 129, 189, 191, 202, 208, 213, 235, 293
Cheysson, Claude 292, 302
Chirac, Jacques 21, 187, 224–227, 234, 245, 248 f., 251, 254, 267
Club der Jakobiner 293
CNPF (Arbeitgeberverband) 312
Cohen, Albert 176
Cohn-Bendit, Daniel 99, 101
Cotta, Michèle 115
Craxi, Bettino 274
Crépeau, Michel 245
Croizat, Ambroise 55

Dalida 170
Dante Alighieri 42
Dayan, Georges 33, 40, 92
Dayan, Irène 213
Debray, Régis 323
Debré, Michel 245
Defferre, Gaston 80, 92, 116 ff., 123–126, 129, 291, 315
Delon, Alain 251
Delors, Jacques 92, 149, 182, 292, 322
Demokratie 97 f., 137
Demokratische und Sozialistische Union des Widerstandes 54
Demokratisierung 317
Demonstration 101, 104, 110, 112
Deniau, Jean-François 244
Départements 315 f.
»Deutsches Allgemeines Sonntagsblatt« 185
Deutsches Fernsehen 158, 162
Deutsches Reich 41
Dezentralisierung 169, 291, 315 f., 325
Diktatur 112
– des Proletariats 184 ff.
Diskussion 127, 137, 185, 204 f., 213, 228, 299
Dissidenten 232
Dritte Republik 38, 53
Dritte Welt 292, 322 f.
Drogenmißbrauch 231
Duclos, Jacques 66, 116 f.
Duhamel, Alain 119
Dynamik 122, 204

Ecologisten 262
Einheit 76
Einigungskongreß s. Kongreß von Epinay-sur-Seine
Eisenstein, Sergej 276
ENA (Verwaltungshochschule) 124, 201, 292
Energiepolitik 268, 314
Engels, Friedrich 39
Entkolonialisierung 60, 63
Entschließungsanträge 206 f.
Entspannung 77
Entwicklungshilfe 322
Entwicklungsländer 322
Erziehungspolitik 99
Ethik 321
Euratom 76

Eurokommunismus 185
Europäische Gemeinschaft 76, 130 f., 292, 321 f.
Europäische Union für Kohle und Stahl 76
Europäische Verteidigungsgemeinschaft 77
Europäischer Rat 244, 321
Europäisches Parlament 292
Europawahlen 208, 282
l'Express 80, 136, 241

Fabius, Laurent 208, 215
Fabre, Robert 137, 141, 165 f., 187, 189–192, 196 ff.
Familienplanung 84
Faure, Edgar 59
Fédération Bouches-du-Rhône 124
Fédération de Paris 125
Fernsehen 12, 14, 16, 29, 32, 84, 108 f., 144, 148, 152 ff., 191 ff., 199 f., 209 ff., 220, 226, 229, 251–259, 268, 276, 318 f.
FGDS s. Föderation der Sozialistischen und Demokratischen Linken
Fillioud, Georges 319
Finanzpolitik 19
Fiterman, Charles 249, 295, 301 f.
FLN (algerische Befreiungsorganisation) 201
Föderalisten 96, 113
Föderation der Sozialistischen und Demokratischen Linken (FGDS) 82, 91–95, 112 f., 116
Force de Frappe 195, 269 f., 320
Forschung 293, 321
»France Soir« 178
Französische Sektion der Arbeiter-Internationalen s. SFIO
Freiheit 137 f., 260, 271, 276, 296, 312
Freundschaft, deutsch-französische 77 f., 159, 268, 279, 283 f., 286
Frey, Roger 75 f., 271
Frieden 276
Fuentes, Carlos 274
Fünfte Republik 16, 26 f., 69 f., 74 ff., 104, 145, 199, 290 f.

Garaud, Marie-France 245
Gastarbeiter 230 f., 325
Gauchisten 105, 107
Gaulle, Charles de 19, 21, 25 f., 46, 49 f., 54 f., 57 f., 65 ff., 69 f., 74–81, 83–86, 88 f., 92, 96–103, 105 f., 109, 111 ff., 115, 118 f., 123, 155, 168, 220, 259, 261, 269, 271, 278, 291, 303, 313, 317 f., 321
Gaullismus 75 f., 97, 117
Gaullisten 18, 26, 75 f., 105, 112, 198, 224–227, 245, 247, 250, 260, 267, 289 f., 293 ff.
Geismar, Alain 99, 101
Generalstreik 102, 104
Gerechtigkeit 276, 296
Gewerkschaft 56, 66, 100 f., 147, 181, 202, 231, 292, 298, 308, 314
Gipfeltreffen
– der europäischen kommunistischen Parteien 229
– der Linksparteien 189 f., 197
–, deutsch-französisches 285, 286, 288, 303

Giroud, Françoise 136
Giscard d'Estaing, Anne Aymone 14
Giscard d'Estaing, Valéry 7, 14–17, 19–24, 27 ff., 31, 98, 141, 147, 150–155, 161, 163–167, 188, 195, 208 ff., 217–227, 231, 237, 242–271, 273, 277, 278 f., 283–286, 289, 292, 308, 314 f., 318–321, 323 f.
Giscardisten 18, 198, 225 f., 245, 259, 267, 289 f., 293 ff.
Gleichgewicht, militärisches 285
Gleichheit 296
Goethe, Johann Wolfgang von 43, 273
Gonzalez, Felipe 274
Gouze, Christine 170, 213
Gouze, Danielle, s. *Mitterrand, Danielle*
Grass, Günter 176 f.
Gremetz, Maxime 295
Grundordnung 133
Guevara, Ché 323
Guillevic, Eugène 232

Hamsler, Jean 176
Hanin, Roger 8, 213 f., 276
Henry, André 231
Herbst, Axel 284
Hernu, Charles 292 f., 320
Hitler, Adolf 38 f.
Hugo, Victor 241, 251
Humanisten 275
»l'Humanité« 139, 182, 187, 228, 295
Hunt, Pierre 221

»Ici et maintenant« *(Mitterrand)* 194
Indochinakrieg 57
Industrie 307, 308 ff.
Inflation 20, 150, 219 f., 223, 245, 286, 306, 325
Information 277
Innenpolitik 321
Intellektuelle 228, 232 ff.
Investition 308, 311, 313, 322, 324
Isolation 27

Jakobiner 316
Jaurès, Jean 120, 158, 276
Jørgensen, Anker 274
Jospin, Lionel 12, 208, 215, 283, 297 ff.
»Journal du Dimanche« 325
Joxe, Pierre 8, 208, 215
Juquin, Pierre 13, 295

Kapital 308 f., 324
Kapitalismus 206, 231, 280, 303
Kastler, Alfred 274
Kehayan, Jean 232 f.
Kennedy, John F. 263
Klassenkampf 139
Koexistenz, friedliche 77
Kollektivismus 192
Kolonialpolitik 62
Komitee zur Verteidigung der Bürger- und Berufsrechte in der Bundesrepublik 280
Kommission der Fünfzehn 187 ff.
Kommunalpolitik 165
Kommunalwahlen 182
Kommunismus 46, 112, 117, 143, 184, 228
Kommunisten 18 f., 27, 54 ff., 62, 66 f., 74, 80–83, 85 f., 94, 96, 102, 105, 107, 111 ff., 117 f., 120 f., 127 f., 130 ff., 136 f.,

141, 148, 150, 155, 184, 188, 190 ff., 195, 198, 234, 238 f., 247, 251, 258, 274, 280 f., 291, 293 f., 297–303, 306
Kommunistische Partei 17, 57 f., 64, 79, 82, 89 ff., 93, 95, 97, 106, 110, 116, 124 f., 133 ff., 138 f., 142 f., 147, 149, 179, 181 ff., 185 ff., 189, 194, 196 f., 204, 207, 227–233, 239 f., 249 f., 295, 300, 314
–, 22. Kongreß der 183 f., 186
–, 23. Kongreß der 228
Kompromiß, historischer 186
Konformismus 120
Kongreß von Epinay-sur-Seine 123 ff., 127 ff., 143
Kongreß von Tours 86
Konvention der Republikanischen Institutionen 95, 123 f., 126
Kooperation 287
Krieg, kalter 64, 83, 194
Krise 104, 290, 296, 321 f.
Krivine, Alain 117, 201

»L'abeille et l'architecte« *(Mitterrand)* 281
»La rose au poing« *(Mitterrand)* 136
Laguiller, Arlette 245
Lalonde, Brice 245, 248, 262
Lamartine, Alphonse 172
Laniel, Joseph 59 f.
Lapidus, Ted 255
Lassance, Marcel 255
»Le Monde« 196
Le Pors, Anicet 301
Lecanuet, Jean 84 f.
Lecat, Jean-Philippe 244
Leroy, Roland 295
Lévêque, Jean-Maxime 312
Liberalisierung 20
Liberalität 219
»Libération« 298
»Libre« 45, 53
Linksföderation s. Föderation der Sozialistischen und Demokratischen Linken (FGDS)
Linksradikale 137, 141, 147, 189 f., 192, 294
Linkssozialisten 89
Lohnpolitik 57
Lomé, Verträge von 292

M'Bow, Amadou-Mahtar 274
»Ma part de la vérité« *(Mitterrand)* 87, 93, 97, 100, 119 f.
Machiavelli, Niccolò 157
Machtwechsel 14 f., 23 f., 27 ff., 89, 91, 102, 133, 144, 238, 263 f., 279, 307
Maiunruhen 98–101, 104, 112 f., 201
Manifest 232, 234 f.
Manipulation 253
Maoisten 102
Maoti, Serge 276
Marchais, Georges 107, 130 ff., 134 f., 139, 141, 149, 157, 165 f., 179, 182, 184, 187, 191 ff., 195 ff., 209, 227, 230–234, 245, 247, 249 ff., 254, 272, 294, 299 f.
Marie, André 59
Marrane, Georges 55
Marx, Karl 39, 119
Marxismus 250
– Leninismus 202
Marxisten 19
Massu, Jaques, General 109 f.
»Matin« 268

Mauriac, François 34, 38, 50, 158
Mauroy, Pierre 92, 95, 118, 124 ff., 128, 165, 201, 205–208, 218, 265, 272 f., 275, 291, 293, 297 f., 308 f., 311, 319
Medien 318 f.
Meinung, öffentliche 215
Mendès France, Pierre 59, 61, 63 f., 101, 103, 105 ff., 111, 272, 281, 292
Menschenrechte 280, 324
Mercouri, Melina 274
Mermaz, Louis 8, 214
Mindestlohn (SMIG) 154, 235, 306
Ministerrat 109, 265, 292, 301
Mitterrand, Danielle 8, 10 ff., 31, 33, 50 f., 53, 157, 162, 169–173, 177 f., 201, 213, 215, 236 f., 272, 275, 278
Mitterrand, François
Abkommen mit Kommunisten 91, 93–96, 127, 186 f., 200, 297–300
Affären 64 f., 70–73, 81, 131, 178, 242
Afrikareise 60
Ämter 8, 55–60, 64, 73, 88, 91, 95, 116, 128, 147, 167 ff., 208
Bücher und Schriften 48, 87, 93, 97, 100, 119 f., 136, 174 f., 177, 194, 281
Château-Chinon 8 ff., 73, 88, 143, 147, 162 f., 165, 167 f., 211, 247, 274, 277
Cluny 169–172
Durchhaltepolitik 205
Ehe 50 f.
Erziehung 36
Familie 35 ff., 272, 274
Ferien 172, 282
Fernsehen 108 f., 151, 153 f., 167, 251–258, 260, 278
Force tranquille 240, 242
Francisque-Orden 47 f., 81
Freunde 33 f., 177, 265, 272 ff., 282
Gefangenschaft 41–46, 48, 282
–, Flucht aus 44 f., 282
Haus 156 f., 162
Interviews 158–162, 235 ff., 278, 286, 288, 303
Journalismus 45, 53
Karriere 17, 25 f., 47, 55, 58 ff., 73, 200
Latché 172, 274, 277, 282
Lehrzeit, politische 55
Niederlagen 198 f., 204
Opposition 17, 26, 66, 68 ff., 73 f., 76, 78
Parlamentswahlen 54
Präsidentschaftskandidaturen 79–82, 87, 148 ff., 179, 214 f., 217, 234, 240, 262
Präsidentschaftswahl 8 f., 16, 22 ff., 27
Pressekonferenzen 103, 105 ff., 109, 115
Programme 19, 22, 129, 161, 207, 306, 308
Reden 75, 87, 92, 103, 127, 271
Rekrutenleben 40
Résistance 47–50, 54
Saint-Paul-Kolleg 37 f.
Schattenkabinett 92
Schriftstellerei 39, 176 f.
Sozialismus 17, 90, 103, 120, 130
Staatspräsident 265 f., 269 ff.,

273 f., 277 f., 289, 305 f., 308, 312
Strategie 89 f., 117, 124, 182, 204, 234
Studium 38 f.
und *Brandt* 27, 273, 281 ff.
und *de Gaulle* 49 f., 66 f., 69, 74, 76
und *Giscard d'Estaing* 151, 153 f., 251 – 258, 260 f.
und *Grass* 176 f.
und *Marchais* 130 f., 134 f., 179, 191
und *Rocard* 204, 207 ff., 214 f.
und *Schmidt* 283 – 287
Vater 35 f.
Vermögensverhältnisse 277 f.
Wahlgeschenke 306
Wahlkampf 83 – 88, 148 ff., 152, 155, 162, 218, 234 f., 241 f., 248, 253, 260, 265, 270, 305, 323
Mitterrand, Gilbert 170, 172, 272
Mitterrand, Jean-Christophe 170, 172, 272
Mitterrand, Joseph 36
Mitterrand, Yvonne 36
Mollet, Guy 60, 67, 92, 101, 116, 118, 123, 126, 128 f.
Monopol 320
Montesquieu, Charles de 157
Moral 321
Moulin, Jean 276

Nacht der Barrikaden 101
Nahostpolitik 324
Napoleon I. Bonaparte 43, 315
Nationale Bewegung der Kriegsgefangenen und Deportierten 49
Nationale Union 55
Nationaler Verteidigungsrat 64, 302
Nationales Sekretariat 202 f.
Nationalisierung 121, 132, 188 f., 308, 313
Nationalsozialisten 53
Nationalversammlung 62, 67, 70, 75, 77, 95, 100, 120, 128 f., 190, 261, 271 f., 289, 294 f.
NATO 77, 134, 138, 160, 302, 320
– Doppelbeschluß 285, 320
Neutronenbombe 321
Nixon, Richard 145

Opel, Christina von 317
Opposition 89 f., 100, 112, 119, 142, 167, 267, 289, 291, 295 f., 298 f., 308
Ordnung 271, 290
d'Ornano, Michel 225
ORTF (Office de Radiodiffusion Télévision Française) 219 f.

Palme, Olof 274
Papandreou, Andreas 274
Papeguet, Marie-Claire 8
Parlament 224, 264, 289 f., 295
Parlamentswahlen 54, 91, 94, 113, 141, 163, 181, 183, 198, 205, 228, 264, 272, 289, 293, 315
Patriotismus 50, 276
PC (Parti Communiste) s. Kommunistische Partei
Pelletier, Monique 244
Pesquet, Robert 71 ff.
Pétain, Philippe 46 ff., 54
Peyrefitte, Alain 318
Pierre, Leibwächter 31, 236

»Pilgerfahrt durch Thüringen« *(Mitterrand)* 48
Pisani, Edgar 182
Plato 157
Pleven, René 59
Pluralismus 96
Poher, Alain 118, 123, 155 f.
Pompidou, Georges 96, 101 f., 109, 118 f., 130 ff., 141, 144–148, 201, 220, 271, 273, 278, 285, 318, 321
Poniatowski, Michel 164
Pontillon, Robert 158
Poulidor, Raymond 26
Prager Frühling 102, 121
Präsidentschaftskandidatur 212 ff.
Präsidentschaftswahlen 117, 123, 147, 162, 200, 205, 215, 225, 233, 294, 317
»Prawda« 233
Presse 80 f., 145, 154, 211, 220 f.
-club 205
-konferenz 103, 105 ff., 109, 115, 244
Prodhomme, Ernest 42
Programm, sozialistisches 129
Programme Commun du Gouvernement 17, 82, 127, 130, 132 f., 135–138, 141, 143, 148 f., 161, 187 ff., 191 ff., 195 f., 198, 228, 281
–, Aktualisierung des 187 f., 193, 299
Propaganda 143, 164, 228
Protektionismus 322
PS (Parti Socialiste) s. Sozialistische Partei
PSU s. Vereinigte Sozialistische Partei

Queuille, Henri 59
Quilès, Paul 208, 215

Radikale 89, 95
Radikale Partei 79, 91 f.
Radikalenerlaß, deutscher 280
Radikalsozialisten 80, 82, 105
Ralite, Jack 301
Ramadier, Paul 55, 57, 59
Reagan, Ronald 283
Referendum 102, 105, 115, 130 ff.
Reform 169, 219, 315, 317 f.
-politik 298
Regierung, provisorische 105 ff.
Regierungsprogramm, gemeinsames, s. Programme Commun
Repression 232, 318
Republikanische Sicherheitspolizei (CRS) 62
Résistance 46–49, 178, 259, 276
Revolution 98 f.
»Révolution« 302
Riboud, Jean 8, 213 f.
Rigout, Marcel 301
Rocard, Michel 13, 18, 116 f., 149, 178, 181, 191, 199–215, 217 f., 291, 293
Rocard, Yves 201
Rochet, Waldeck 82, 93 f., 101, 106 f., 110 f., 121, 170, 179
Roter Gürtel 230
Roucaute, Yves 233
Rousseau, Jean Jacques 42
Rousselet, André 213
RPR (Sammlungsbewegung für die Republik) 224
Rüstungsindustrie 310

Saint-John Perse 176

Salinger, Pierre 263
Sanguinetti, Antoine 260
Säuberungsaktionen 53, 62, 319
Sauvageot, Jean 99, 101
Savary, Alain 118, 125–129
Schiller, Friedrich von 43
Schmidt, Helmut 28, 159, 171, 203, 243 f., 279 f., 283–287, 292, 303
Schoelcher, Victor 276
Scholl-Latour, Peter 103
Schuman, Robert 55, 59
Séguéla, Jacques 8, 240 ff., 254 f.
Séguy, Georges 110
Selbstbestimmung 202, 300
Selbstverwaltung 202
Senghor, Leopold 274 f.
SFIO (Französische Sektion der Arbeiter-Internationalen) 79, 92, 116, 118, 123 f., 129, 142
Sicherheit 271
SMIG s. Mindestlohn
Soarez, Mario 274
Solidarität 322
– mit San Salvador und Lateinamerika 278
Sozialdemokratische Partei Deutschlands (SPD) 159, 203, 273, 280 f., 283
Sozialismus 111, 115, 118 f., 122, 130, 143, 165, 200, 206 f., 218, 249, 271, 306
-Marxismus 226
Sozialisten 17, 19, 24, 80 ff., 86 f., 89, 91, 96, 117, 127, 132 ff., 137, 147, 178, 189 ff., 194, 196, 198, 200, 206 f., 228, 232 f., 247, 262, 274, 279 f., 290, 294, 298, 308
Sozialistische Internationale 27, 138, 159, 177, 265, 273 f., 321
Sozialistische Partei 18, 30 f., 60, 95, 115 f., 118, 123–126, 128–131, 135, 138 f., 141 ff., 149, 156, 159, 165, 167, 170, 179, 181 ff., 186, 197, 199, 201–205, 208 f., 242, 272, 276, 278, 280 f., 291 ff., 297, 299, 305
– Kongreß in Metz 205–209, 215
– Seminar in Seillac 186
– Sonderkongreß 215, 217
Sozialistisches Projekt 235, 260
Sozialpolitik 134, 322
Sozialprogramm 306
Staatsgerichtshof 317
Stahlindustrie 310
Stalinismus 83, 137, 303
Stendhal 157
Stichwahl 247, 294
Streik 57, 102, 104
Studentenbewegung 233
Studentenrevolte s. Maiunruhen

Tapferkeit 276
Technologie 293, 322
Terrorismus 284
Thatcher, Margaret 223
Theodorakis, Mikis 170, 274
Thorez, Maurice 55
Tillon, Charles 55
Todesstrafe 222, 318, 325
Trotzkisten 102

UDF (Union für die französische Demokratie) 198
UDSR (Demokratische und Sozialistische Union des Widerstandes) 54, 58 f., 79, 82
Ultras 71
UNESCO 275

Union, linke, s. Vereinigte Linke
»Unité« 176
UNM (Union für eine neue Mehrheit) 267
UNO 323
UPI (United Press International) 109

Verantwortung 317
Vereinigte Sozialistische Partei (PSU) 94, 116, 149, 178, 200 f.
Vereinte Linke 89, 116, 121, 137, 139, 143 f., 166, 192–195, 207, 228, 232, 234, 239, 298
Verstaatlichung 19, 56, 120 ff., 134 f., 188–191, 194, 202, 235, 308–313, 325
Verteidigungspolitik 293, 320 f.
Vichy-Regime 46 ff.
Viermächtekonferenz 57
Vierte Republik 26, 53 ff., 58, 65, 74, 76, 81, 88, 123, 178, 242, 291
Vietnam-Friedensverhandlungen 104
Vignancour, Jean-Louis 85
Volksfront 39, 82, 86, 247, 267
Volksrepublikaner 89
Voltaire 42

Waffenexport 323
Wahlalter 17
Währungspolitik 285
Warschauer Pakt 138
Well, Günther van 284
Weltkrieg
–, Erster 46, 276
–, Zweiter 53, 276, 312 f.
Weltmacht 224
Weltpolitik 212
Widerstand s. Résistance
Wirtschaft 104, 150, 235, 238, 308, 312 f., 322, 324
Wirtschaftspolitik 19, 134
Wischnewski, Hans-Jürgen 283 f.

Zahlungsbilanzdefizit 150
Zentralismus, demokratischer 133, 185, 228
Zola, Emile 157